선교 핸드북

선교 핸드북

발행일 2018년 3월 10일 초판 1쇄

지은이 심재두
펴낸이 박종태
펴낸곳 비전북
출판등록 2011년 2월 22일 제396-2011-000038호

마케팅 강한덕
관리 정문구 정광석 강지선 이나리 김태영
주소 경기도 고양시 일산서구 송산로 499-10(덕이동)

공급처 (주)비전북
전화 (031)907-3927
팩스 (031)905-3927

이메일 visionbooks@hanmail.net
ISBN 979-11-86387-28-3 03230

선교 핸드북

The Handbook of Mission

25년차 선교사가 경험을 담아
가이드북으로 정리한 선교의

핵심 요약집

심재두 지음

비전북

"너희는 온 천하에 다니며 만민에게 복음을 전파하라."
알바니아 선교와 특별히 선교를 준비하는 귀한 분들에게
이 책을 드립니다.

머리말

고등학교 3학년 때 선교사로 헌신하고 의과대학을 다니면서도 계속 선교를 가까이 하였다. 졸업 후에 OMF 선교사들과 성경 공부하고 다양한 선교세미나와 수련회에 참석하면서 자연스럽게 선교에 입문하였다. 그리고 선교 책들을 많이 읽으면서 선교의 깊이가 더할 수 있었다. 1992년에 훈련을 받고 선교지로 출발하여 25년이 되었다.

이 책을 출간하는 이유는 두 가지이다.

첫째, 선교를 준비하고 그 길을 걸어가는 후임들을 지원 하고 싶었기 때문이다. 돌이켜보면 지난 선교 과정에서 늘 아쉬움이 있었다. 그것은 필요할 때마다 바로바로 열어볼 수 있는 정리된 실제적인 선교 책이 있었으면 하는 것이었다. 그런 책들을 읽었더라면 선교를 좀 더 잘 이해하면서 준비하고, 선교지에서도 덜 실수하고, 사역의 방향을 더 잘 가졌을 것으로 생각한다. 그런 책들을 기대하다가 오히려 필자가 책을 출간하게 되었다. 어떤 분은 필자를 기록의 전문가라고 하였는데, 25년 동안 경험한 선교를 일기와 노트에 계속 잘 기록해 둔 것이 큰 도움이 되었다.

둘째, 선교에 대한 질문들 때문이다. 그동안 많은 선교 강의 및 선교 만남 시간을 가졌다. 교회들과 학생 선교단체들에서의 선교 강의 시에, 선교대회의 세미나와 모임에서, 그리고 개인적인 만남과 대화에서 선교에 관해 다양한 질문을 받아왔다. 그때마다 최선을 다하여 잘 설명을 했으나 같은 질문들이 반복되는 것을 보고, 그런 질문들을 모아서 책을 만드는 일이 필요할 것으로 생각했다. 이 책은 형태를 질의응답으로 정리하지는 않았으나 질문을 받은 내용을 담아 요약서술형으로 편집하였다.

의학 책 중에는 교과서를 잘 요약해서 실제적으로 정리한 여러 종류의 책들이 있다. 소위 핸드북(handbook), 포켓북(pocketbook), 매뉴얼(manual) 또는 임상 실습책(clinical practice)라고 명명하는 데 실제 진료를 하면서 많은 도움이 된다. 이와 같이 필자의 책이 선교의 좋은 핸드북이 되기를 바란다.

이 책은 선교신학적이거나 선교학적인 책이기보다는 선교의 실제적인 것을 경험적으로 정리한 내용으로서 학문적으로는 많이 부족할 것이다. 그러나 선교 관심자부터 현직 선교사까지 실제적인 면에서 도움이 될 것으로 생각한다. 그동안 신학을 하라고 주변에서 여러 번 권유가 있어 깊이 기도해 보았지만 하나님께서 그 길을 열어 주시지 않아서 아직도 평신도 의료 선교사로 지내고 있다. 어쩌면 평신도 사역자로 살아온 경험이 이 책에 더 도움이 될 수 있었을지도 모르겠다.

이 책이 한국 선교를 부흥시키는 데 작은 일조를 하고, 어떤 이들을 선교에 헌신하게 하고 사역을 잘 감당하게 하는 길잡이 역할을 한다면 그것으로 나에게 최고의 감사와 기쁨이 될 것이다. 더하여 필자의 부족한 내용을 비판하고 더 좋은 내용을 담은 책들이 계속 나오면 좋겠다.

선교의 동력이 자꾸 떨어지고 있다. 교회의 위기와 약화 및 헌금과 선교비의 감소 같은 부정적인 소식이 계속 들려오고 있고, 그것은 선교사들에게 압박이 되고 있다. 이러한 때에는 앞으로 어떻게 살며 선교를 다시 활성화할 수 있을까? 무엇보다 다시 십자가 앞에 엎드려 약속하신 성령을 충만히 받도록 기도하며 선교에 재헌신하는 일이 필요하다. 그리고 동시에 아래와 같은 일이 시작되기를 기도한다.

첫째, 교단과 교회와 선교단체의 연합과 협력이다. 선교를 위하여 교단과 교회들이 머리를 맞대고 논의를 많이 하고 협력하는 결론을 가지면 좋겠다. 또한 선교 자원들을 같이 나누고 교류하는 일들이 시작되기를 소망한다.

둘째, 선교사들의 연합과 협력이다. 현장에서 자원과 경험을 나누고 서로 윈윈할 수 있는 사랑의 마음 및 협력과 지원의 구체화가 이루어지기를 바란다. 선교사들이 단독으로, 또는 연합으로 사역과 현장에 관한 선교 책을 많이 출간하는 일이 많아지기를 기도한다.

셋째, 사업 선교와 재정을 자립할 수 있는 영역의 전문인 선교에 더 집중하면 좋을 것이다.

넷째, 교회와 단체의 선교 관심자와 헌신자를 등록하고 계속 추적하고 격려하고 훈련해서 반드시 파송 선교사가 되도록 모두 노력하면 좋겠다.

다섯째, 성도들이 소천하기 전에 자신의 재산 일부를 선교에 기부하는 운동이 일어나기를 기도한다.

부족한 사람을 선교사로 불러서 일하게 하신 삼위일체 하나님께 모든 영광을 드리며, 25년 동안 늘 사랑해주신 원동교회(담임목사 정현민)와 선교부 임원들, 다양한 케어로 섬기고 지지해 준 개척선교회, 많은 격려와 위로를 준 고향 같은 한국누가회, 그리고 함께 일한 알바니아의 선교사들과 다양하게 관계를 맺은 많은 이들에게 깊은 감사에 감사를 드린다. 그리고 이런 내용을 잘 모으고 정리할 수 있도록 격려와 지지를 아끼지 않은 아내와 아이들에게도 감사한다. 출판을 허락해주신 비전북출판사의 박종태 장로님과 내용을 읽어보고 꼭 필요한 책이라고 응원해주며 출판사를 연결해준 이종훈 형제(안과 의사), 책을 꼼꼼히 읽고 부드럽게 교정해준 귀한 후배들, 박경희 자매(소아청소년과 의사)와 김동훈 형제(공중보건 의사)에게 감사한다.

2018년 초에

심재두 선교사 드림

3. 선교사 케어

4. 선교사 사역

5. 선교 설문 조사

선교사 준비

부르심과 헌신

　선교의 기저에는 하나님의 부르심이 있다. 하나님은 우리를 다양하게 부르신다. 부르심을 느끼는 이들은 온전히 헌신해야 한다. 부르심을 꼭 감정적으로 느끼지 못할 수도 있고 아무런 감동이 없을 수도 있다. 감동은 헌신에 대한 증거가 아니다. 헌신한 사실을 날마다 묵상하는 것이 헌신을 깊게 한다.

　하나님의 부르심이 반드시 이적을 통해 오는 것은 아니다. 일상의 방법을 통해서도 말씀해 주신다. 그러나 필요한 경우에는 평생 잊을 수 없는 방법으로 부르심을 각인시켜주신다. 이적의 체험이 반드시 부르심에만 관련된 것은 아니다. 이미 부르신 것을 확인하는 목적으로도 사용하신다. 그리고 사역에 큰 변화를 가져와야만 하는 상황에서도 사용하신다. 우리는 기드온에게 나타나신 하나님, 바울에게 마게도니아인의 환상으로 사역 방향을 가르쳐주신 하나님을 기억한다.

　반복되는 부르심을 생각하면 하나님의 부르심은 단 한 번만으로 끝나는 것은 아니다. 여러 번 반복되기도 한다. 그것은 헌신을 재확인시켜주며 헌신을 더 깊게 해주기도 한다. 요나와 같이 불순종할 때 다시 부르시고 순종의 길로 인도한다. 베드로같이 실패했을 때 다시 부르신다. 그리고 '네가 나를 사랑하느냐'고 세 번이나 물으셨다. 특별한 사역이 있을 때 다시 부르신다. 예를 들어 선교지의 변경, 사역의 변화와 순교를 앞두고 다시 부르실 수 있다.

선교에 대한 구체적인 정보는 확실히 선교지에 대한 관심을 고취시킨다. 그러나 많이 아는 것이 항상 선교 헌신에 도움이 되는 것은 아니다. 조금 알아도 믿음으로 헌신하는 것이 중요하다. 선박으로 선교를 하는 어느 기관에서 해양대학의 기독 학생들에게 기관사와 승무원 선교사로 헌신하라고 했는데, 강의 후에 어느 학생이 "바다에서 사는 것이 얼마나 힘든데요. 그리고 소개하신 그 배로는 큰 바다에서 항해하기 힘들어요. 그것을 알기 때문에 헌신하기 힘들다"라고 고백했다고 한다.

선교대회나 수련회에서 선교 헌신을 한 사람은 일어서서 앞으로 나오라고 말하는 것을 지양한다. 대신에 모든 이들에게 한 선교지를 택하도록 권면한다. 그것은 우리 모두를 예외 없이 선교에 부르셨다는 것을 확인시켜준다. 앞에 나오지 않고 앉아있는 사람들도 선교의 구경꾼이 아니라 동일하게 선교에 헌신한 자들이다. 나오지 않았다고 해서 그들에게 선교 명령에서 면제되었다는 증명이 되지 않는다.

선교 헌신은 군대에 가는 것과 같다. 남자들은 모두 군대를 가야 한다. 그것은 대한민국 국민의 의무이다. 원하든 원하지 않든 간에 군대를 가야 한다. 남자들은 우선 징집명령을 받고 신체검사를 받아야 한다. 검사에서 탈락한 사람만 다른 근무를 한다. 이처럼 선교 명령에는 예외 없이 모두 참여해야 한다. 거기서 성령의 원하심대로 나누어진다. 국내 사역자와 해외 사역자로. 그러나 헌신하겠다 해도 모두 선교사가 될 수 있는 것은 아니다. 성령께서 선별하신다. 선교 헌신은 하나님 나라 시민의 신성한 의무이다.

1. 선교사 준비

선교에 헌신한 것을 아무에게도 알리지 않고 숨기면 선교사가 되기 어렵다. 오히려 선교 헌신을 친구들과 교회와 사람들에게 알리면 많은 이들의 도움을 받을 수 있다. 필자도 교회에 일찍 선교 헌신을 알렸고 목사님과 장로님들이 다 알고 계셨다. 후에 내가 선교를 가려고 할 때 목사님과 장로님들이 이 부분에 대하여 정보를 가지고 계셨기에 파송과 지원을 잘 결정해주셨다.

헌신은 자신을 선교의 출발점으로 옮기는 것이다. 선교 헌신 이후에 할 일은 너무나 많다. 지체 말고 시작하라. 훈련, 타문화 경험, 선교단체 찾기, 선교 기도 모임 참석, 선교사들과의 교제, 지역 연구, 교회 선교부에 등록하기, 선교로 미래를 재계획하는 것을 포함한다. 출발선에 있는 모든 이들이 선교로 달려가는 것이 아니다.

선교 헌신은 아래와 같은 단계로 나눌 수 있다.

- 제1단계 ———— 세계를 품은 그리스도인에 대한 자각
- 제2단계 ———— 가는 선교사인가 남는 선교사인가?
- 제3단계 ———— 어디로 갈 것인가?
- 제4단계 ———— 단기 선교사인가 장기 선교사인가?

모든 이들에게 선교사가 되는 기회가 주어진다. 추수할 것이 많고 일군이 적은 상황에서 하나님은 많은 신자들을 선교사로 부르고 계신다. 자신에게 선교사가 될 기회가 찾아올 때 이런저런 이유로 거절하면 다음에는 전혀 기회가 안 올 수도 있다. 또한 다시 기회가 왔을 때 같은 이유와 다른 추가된 이유로 거부하기 쉽다. 사실 우리

에게 선교 거부권이 없지만 많은 신자들이 그 거부권을 행사한다.

자신이 헌신했다고 했을 때 그 동기를 잘 살피고 유지하는 일이 매우 중요하다. 선교 헌신의 동기에는 3종류가 있다. 선교지원서를 쓰는 동기(written motive), 숨겨진 다른 동기(hidden motive), 지금은 설명할 수 없으나 미래의 상황에서 나타날 수 있는 동기(unexplained motive)들이다. 동기는 순수해야 하며 순수한 동기가 오래간다. 선교사를 많이 파송한 교회에서 계속 더 많은 선교사를 배출하는 것 같다. 이유는 정보가 많은 것 이외에도 헌신의 분위기와 헌신자들을 지원하려는 보내는 자의 헌신이 그 교회에 가득하기 때문일 것이다. 그 외 그런 교회들은 헌신한 선교자원들을 잘 관리한다. 정보 전달, 선교세미나와 수련회, 단기 선교의 경험 제공, 선교기도회, 재정 참여, 장기 선교사와의 교제는 선교를 동원하는 지름길 중의 하나이다.

여러 국가에서 경험한 한국 선교 헌신자와 서구 선교 헌신자를 아래와 같이 비교해 보았다.

	구분	한국 선교 헌신자	서구 선교 헌신자
1	헌신의 기전	감정 > 논리	논리 > 감정
2	헌신의 강도	약함, 반복필요	강함, 약속 지키기 문화
3	선교지에 가기까지	주변의 강한 영향	본인이 결정
4	걸림돌	군대, 결혼, 신학 준비	은행의 학자금 융자 갚기
5	결과	늦은 나이에 선교지로 출발	젊은 나이에 선교지로 출발

(1) 한국 선교 헌신자들은 수련회나 부흥회 등에서 말씀을 듣고 은혜에 감격하여 헌신하는 경우가 대부분이다. 뜨거운 경험과

1. 선교사 준비

감정에 호소하는 메시지 앞에서 예수님을 위하여 무언가를 해야 한다는 도전에 대한 반응으로 선교에 헌신한다. 그런 헌신은 그 사람의 인생관, 세계관, 가치관에 의한 장기적인 결정이기보다는 즉흥적인 경향이 적지 않다. 그래서 감정이 식으면 선교 헌신을 잊어버리기 쉽다. 그러므로 이런 경우 헌신이 세계관과 인생관에 분명히 자리 잡기까지 반복적 고백과 재확인이 필요하다.

서구 신자들은 어렸을 때부터 매우 논리적이고 이성적으로 자라왔다. 자기 생각에 논리적으로 맞으면 "예" 하고, 아니면 "아니요"라고 분명하게 말한다. 선교에 관한 강의를 듣고 이성적으로 마땅히 헌신해야 할 부분으로 이해되면 헌신을 한다. 전혀 감정적인 부분이 없다고 말할 수 없으나 주 기전이 논리와 이성이다. 서구 형제들처럼 세계관과 가치관 속에 논리를 통해 바로 입력되는 경우에는 헌신과 고백이 자주 반복될 필요가 없을 것이다.

그러나 이성적인 것이 헌신을 제한할 수도 있다. 서구 선교사들은 선교 현장에서 새로운 상황에 부딪치거나 중요한 일을 결정해야 하는 시점에서 논리적으로 판단하여 결정한다. 예를 들어 선교사 자녀가 선교지에서 초등학교 과정은 마쳤으나 중학교 과정이 없을 때 아이들을 위해 미국에 돌아가서 아이들이 대학에 들어갈 때까지 선교를 보류하거나 중단한다. 그러나 한국 선교사들은 논리에 기초한 결정을 잘하지 못 한다.

(2) 선교에 헌신하고 구체적으로 선교지에 가기까지 한국 신자들은 주변의 영향을 많이 받는다. 대표적으로 부모님과 형제들,

친척들, 친구들과 출석하는 교회이다. 그들은 선교 헌신에 도움이 되기도 하지만 반대할 수도 있다. 그러나 서구 신자들은 이런 면에서 매우 자유롭다. 스스로 결정하는 것이 일반적이며 그냥 자신의 결정을 부모님에게 통보할 뿐이다. 대개의 경우 주변 사람들은 그의 결정을 존중하고 축복한다. 서구 신자들은 대학에 가면 기숙사 생활을 하며 독립적으로 살아간다. 그리고 매사를 자신이 결정한다. 그들은 대학의 과목 선택, 전문 과목 공부, 졸업 이후 진로, 결혼 등의 결정에서 매우 자유롭다.

재정 면에서 한국 신자들은 재정 자립이 매우 어렵고 계속 부모님의 도움을 받아야 하지만, 서구 신자들은 재정에 대해서도 부모에게서 일찍 자립한다.

영국의 한 의사 부부와 아들이 중심가에서 만났는데 부인이 배낭을 메고 나왔다. 아들이 아프리카로 3개월 단기 선교를 가는 데 배낭이 필요하다고 해서 메고 나온 것이었다. 그들의 만남은 2분도 안 되어 마쳤고 아들은 바로 떠났다. 서구 선교사들 중 20대 젊은 선교사들에게 물어보면 대부분이 선교사 결정을 자신이 했다고 한다.

(3) 헌신하고 선교사로 나가기까지 한국 남자 신자들은 많은 걸림돌을 가지고 있다. 대표적인 것으로 남자 신자들은 군대와 결혼문제이고 여자 신자들은 결혼문제일 수 있다. 군대를 갔다 와야 하고 학업도 마쳐야 하고 사회 경험도 하려고 하다 보면, 결국은 일찍 선교지에 나가는 것이 매우 어렵다. 특별히 자매들의 경우 교회 내에서 결혼하기가 쉽지 않은데 그럴 때 독신으로 나가야 할지, 아니면

결혼까지 기다려야 할지 선택이 매우 어렵다. 딸을 가진 부모들도 독신으로 선교지에 나가는 것을 심하게 반대할 수 있다.

서구 남자 신자들의 경우 군대에 갈 필요가 없으므로 대학을 마친 후 곧바로 선교지에 갈 수 있다. 결혼도 독신으로 살거나 현지에서 현지인과 결혼하기도 한다. 그 후에도 사역은 계속한다. 신학 준비에서도 매우 자유롭다. 보통은 선교 훈련을 받는 것으로 충분하게 느끼지만 필요한 경우에 성경 학교나 신학교 경력을 가지고 선교지로 향하기도 한다.

의료 선교사의 경우에 의학 공부 6년을 마치고 다시 3년의 군대 복무와 4, 5년의 전문의 과정을 마치고 선교 훈련까지 받게 되면 약 33세가 된다. 그 뒤로 신학 준비도 한다면 늦은 나이에 선교지로 출발하게 된다. 서구 남자 신자들은 군 복무에 대한 부담이 적다. 그러나 서구 신자들은 대학 때에 정부로부터 학자금을 대출받아 공부를 마친 후에 그 대출금을 갚아나가는 제도에 묶이는 경우가 종종 있다. 그 대출금을 다 갚는데 상당한 시간이 걸린다. 그것이 헌신하는데 큰 어려움 중의 하나이다.

(4) 활기 있고 좀 더 건강한 젊은 나이에 선교지에 가게 되면 체력과 현지 적응 면에서 유리할 것이다. 결혼을 안 했다면 가족에 대한 부담 없이 온통 사역에 집중할 수 있다. 그리고 재정 모금에 대한 부담도 적게 된다. 한국 헌신자들이 선교지로 출발하는 평균나이는 30대다. 서구 헌신자들의 선교 헌신의 나이는 다양하지만 상당수는 20대다. 젊음과 체력은 큰 장점이다. 그리고 선교 경

험 후에 선교학 과정을 이수하고 선교학 교수나 선교 분야에서 계속해서 수고한다.

선교의 성경적 기초 — 대위임령

하나님은 모든 시대의 위대한 선교를 교회와 성도들에게 위임하셨다. 하늘과 땅의 모든 권세를 가지신 예수님은 제자들에게 증인이 되라하시며 땅끝까지 가라고 하셨다. 그리고 성령의 약속을 하셨다. 선교의 성경적 기초는 구약과 신약에 많이 있는데 여기서는 마태복음 28:18~20절과 사도행전 1:8절을 대표적으로 소개한다.

이 두 본문은 우리에게 아래와 같이 정리하게 해 준다.

- 누가 선교하는가? : 성령께서
- 누구에게 하는가? : 모든 민족에게
- 누구를 통해? : 능력을 받은 제자들을 통하여
- 언제 선교하는가? : 예수님의 승천부터 재림까지(본문에는 없지만 유추가 가능하다.)
- 어디에서 선교하는가? : 예루살렘과 온 유대와 사마리아와 땅끝까지
- 무엇을 하는가? : 가서, 제자 삼고, 세례 주고, 가르쳐 지키게
- 어떻게 하는가? : 증인됨을 통하여

- 왜 선교하는가? : 예수님의 명령이므로

둘째로 이 두 말씀은 우리가 세계 선교에 어떻게 순종해야 하는지 설명한다.

- 절대적/상대적 : 이 말씀은 선교가 모든 시대의 모든 그리스도인에게 주신 절대적 사명임을 보여 준다.
- 보편적/특수적 : 이 말씀은 선교가 특별히 믿음이 좋은 신자들이나 특별히 부르심 받은 이들과 선교를 할 수 있는 여건이 좋은 큰 교회들에게만 주신 사명이 아니라 모든 신자들에게 – 그들의 현재의 형편에 상관없이 – 주신 보편적 사명임을 나타낸다.
- 수동적/능동적 : 이 말씀은 우리가 능동적으로 적극적으로 선교를 하기보다는 성령께서 주도하시는 선교 사역에 수동적으로 순종하며 따라가야 하는 것을 의미한다.
- 반복적/단회적 : 이 말씀은 한두 번 선교에 참여하는 것으로 우리의 선교 사명이 끝나지 않고 우리의 생애 동안 계속해서 그리고 대를 이어 반복해서 순종하는 사역임을 보여 준다.

성경은 우리에게 네 가지 형태의 순종을 보여주고 있다.

- 알고 순종하는 것 : 예수님은 십자가의 고난을 아시고도 순종으로 나아가셨다. 바울은 아가보의 예언에도 예루살렘으로 가기를 주저하지 않았다.

- 모르고 순종하는 것 : 베드로는 하늘에서 내려온 환상을 온전히 이해하지 못했다. 고넬료의 집에 들어가서도 의심했다. 그러나 그가 설교하자 성령께서 임하셨다. 모르고 순종했으나 큰 역사를 섬길 수 있었다.
- 모르고 불순종하는 것 : 예수님을 십자가에 못 박으라고 외치던 성난 군중들은 자기들이 무엇을 하는지도 몰랐다. 베드로는 그들이 몰라서 그랬다고 했다. 그러나 그들은 회개하고 세례를 받았다.
- 알고 불순종하는 것 : 유다는 예수님이 하나님의 아들이요 구세주임을 알고도 돈의 욕심에 예수를 팔려고 결심했다. 그는 알고 불순종했으며 이런 이들은 회개에 이르기 쉽지 않다.

하나님이 초청하신 이 선교를 알고 순종해야 하고 모르고도 순종하면 역사가 일어난다. 혹 모르고 불순종하여도 후에 깨달으면 순종해야 한다. 선교를 알고도 순종하지 않는 것은 알고 불순종하는 죄를 짓는 것이다.

선교 부르심의 특별한 경험

필자는 고등학교 3학년 때 선교 헌신을 하였다. 의과대학에 합격시켜 주시면 의료 선교사가 되겠다고 약속하였고, 대학교 때는 의료 선교사들을 많이 만났고 필자가 속한 한국누가회에는 선교 헌신자들도 많았다. 선교수련회 때는 많은 새로운 헌신이 더하였다. 의과대학 졸업 후 내과 전문의가 되기 위해 수련을 받았고 후에 군대에 가면서부터 선교기관들과 접촉하면서 선교를 준비하였다. 1987년에 아내와 결혼하면서 아래와 같은 선교 체험을 하였다.

엘리야와 까마귀

1987년 5월 23일 토요일의 결혼식에서 매일성경 본문을 가지고 주례께서 하신 말씀이다.

아합과 이세벨을 피하여 엘리야는 그릿 시냇가에 숨어 지냈다. 거기서 까마귀가 아침과 저녁으로 떡과 고기를 가져왔다.

우리 부부는 6년 후에 선교사가 되었다. 하나님은 많은 까마귀를 보내시고 선교 사역의 필요를 채워주셨다. 까마귀의 부리에 얼마나 많은 떡과 고기를 가져올 수 있을까! 분명히 많은 까마귀가 동원되었을 것이다. 한국 까마귀, 미국 까마귀, 네덜란드 까마귀, 어린 까마귀, 나이든 까마귀, 그리고 이름 모르는 까마귀까지 우리를 지원해 주었다.

과부와의 만남

엘리야는 그릿 시냇가를 떠나서 시돈에 속한 사르밧 과부에게 갔다.

우리 부부의 선교 첫 열매는 과부였다. 과부는 전날 꿈을 꾸고 길에 나가서 만나는 이를 집으로 들이라는 말씀을 듣고 다음 날 필자를 만났다. 여러 과정을 거쳐 그녀가 예수를 믿으면서 두 딸도 예수를 믿게 되었다. 넷째 딸은 전임 사역자가 되어 그 지역 교회를 섬기고 그 주변지역에 교회들도 새롭게 개척하였다.

외아들의 죽음과 부활

사르밧의 과부에게 외아들이 있었다. 그는 죽었지만 엘리야의 기도로 다시 살아났다.

과부에게 외아들이 있었다. 1996년 봄에 군대에 가서 훈련 중에 목이 부러져서 중환자실에서 숨을 거두었다. 죽기 몇 시간 전에 필자가 전한 복음을 듣고 예수를 영접했다. 비록 몸은 죽었으나 예수님의 죽음과 부활을 통해 구원받았다.

우리 가정의 경험처럼 하나님은 선교에 부르실 때부터 그 이후 언제든지 필요하면 기이한 말씀과 성취와 기적을 허락하신다.

성육신과 동화(Incarnation and Identification)

선교의 두 중요한 요소가 있는 데 성육신과 동화이다. 성육신이란 예수님이 이 땅에 친히 사람의 몸을 입고 내려오셨듯이 선교사도 예수님을 본받아 선교 현지와 현지인들에게 내려가는 것이다. 이것은 단순히 가는 것이 아니라 그들의 삶 속으로 들어가는 것을 의미한다. 생활방식, 언어, 음식, 사고방식, 정신세계, 철학, 관계, 학문, 일을 포함하여 그들과 같이 되는 것이다. 예수님이 완전한 인간이셨고 완전한 유다의 백성이었던 것을 생각하면, 선교사들은 비록 예수님과 같이 그 지역에 태어나지는 않았더라도 점점 더 그들과 같이 되어 할 수 있다면 구분과 차이가 없는 자가 되어야 한다는 것이다.

요한복음 1:14절에서 "말씀이 육신이 되어 우리 가운데 거하시매"라는 표현이 있듯이 선교사도 그들과 같이 그들 가운데 있어야 하는 성육신을 이루어야 한다.

성육신 이후 "예수께서 마태의 집에 앉아 음식을 잡수실 때에 많은 세리와 죄인들이 와서 예수와 그 제자들과 함께 앉았더니"의 마태복음 9:10절 같이 예수님은 세리와 죄인들과 어울리셨고 동화되셨다. 그렇기에 마태를 비롯한 세리와 죄인들이 예수님께 쉽게 나아올 수 있었다. 동류로서 취급받은 것이다. 그러나 예수님은 죄가 없으셨다.

성육신과 동화가 이루어지기 위해 예수님은 30년을 기다리셨는지 모른다. 그 후에 사역을 시작하셨다. 준비가 되었기에 3년이라는 짧은 사역기간에도 엄청난 사역을 이루셨다. 장기 선교사는 보통 성육신과 동화를 잘 경험하는 편이다. 그러나 단기 선교사는 성육신과 동화를 부분으로만 경험한다. 초단기의 경우는 아예 두 가지 모두 경험하기 힘들다.

올바르고 완전한 성육신과 동화가 되지 못하면 선교사에게는 많은 문제점이 발생한다. 어쩌면 선교지에서 일어나는 많은 문제는 이 두 가지를 잘 이루지 못한 것에서 비롯된다고 볼 수도 있다. 예를 들어 제국주의적이고 우월적인 선교의 모습을 보이는 것, 상하관계나 수직관계로 현지인과 일하려고 하는 것, 현지인에게는 가지 않고 주로 오게 하여 사역하는 모습, 현지인과 잘 접촉하지 않으면서 본인의 영역에서만 사역하려는 계획들, 현지 언어 배우는 일을 게을리 하는 것, 현지의 문화를 존중하지 않고 우습게 여기는 것, 현지인과 충돌하는 것, 현지인과 거리를 두는 것 같은 많은 왜곡된 선교를 만들게 된다.

선교의 목적

전통적으로 선교는 크게 두 가지 목적을 가지고 있다. 첫째는 교회 개척(To plant church)이며, 둘째는 하나님의 사랑을 필요한 자들에게 나누는 것(To demonstrate God's love to the needy)이다. 전자가 특별 은혜라면 후자는 일반 은혜에 속한 것으로 선교사는 복음을 전하고 구원 역사를 담당하면서 동시에 선교지에서 개인과 지역 사회의 발전과 변화에 기여해야 한다는 것이다. 실제로 많은 선교사들이 교회를 개척하고 제자를 만들고 구원 역사를 이루어가면서도 문맹퇴치와 교육, 전염병 및 기생충 퇴치와 의료 교육 및 예방 사업, 농업, 식수 개발, 산업에 기여하는 다양한 역할을 하였다. 쉽게 우리나라만 보아도 선교사들의 역사와 손길이 교회와 사회 전반에 큰 영향을 주었다.

그러나 선교 현장에서 이 두 가지 목적이 실제적으로 다섯 가지로 분류될 수 있다.

1. 영적 공허(Spiritual Emptyness)를 돕는 일
2. 질병(Disease) 퇴치
3. 가난(Poverty) 구제
4. 교육(Education) 사업
5. 리더십(Leadership) 개발

알바니아의 샬롬팀은 교회 개척과 제자 사역과 개인 전도와 교제를 통해서 영적 공허를 도왔고, 클리닉을 통해서 질병을 치료하고 의학 교육을 했으며, 가난을 위해 브엘세바라는 사업체를 운영하는 사업 선교사가 사역을 하였고, 다양한 형태의 교육 사역을 하였으며, 알바니아 교회와 사회의 리더십을 세우기 위해 노력했다. 그리고 질병의 원인으로는 가난이, 그리고 가난의 원인으로는 교육 문제가 나아가 총체적으로 그 나라의 리더십 부재가 원인이 된다는 연결점도 알게 되었고, 이 모두가 그 나라의 영적 공허의 한 배경이 된다는 것도 알게 되었다.

그러나 궁극적으로 보면 선교의 목적은 하나님 나라를 세워가는 것이다. 예수님이 이 땅에 오셔서 첫 말씀으로 '회개하라 천국

(하나님의 나라)이 가까이 왔다'고 한 것을 기억해야 한다. 이것을 표로 그리면 다음과 같다.

선교 목적과 사역 내용

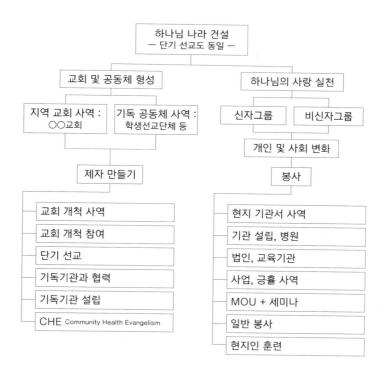

이런 목적을 기초로 하여 각 교회 선교부와 선교단체는 자체적으로 사명선언문과 비전선언문을 만들어서 사역하면 된다.

선교 훈련

선교 훈련은 점점 더 강조되는 추세다. 결국 훈련이 사역이고 사역의 열매와 직결되어 있기에 그러하다. 군인이 잘 훈련받으면 전쟁에서 생존하며 목표를 이룰 가능성이 많은 것처럼 영적 전쟁터에 가게 될 선교사도 그러하다. 감사하게도 모든 선교기관이 훈련의 중요성을 충분히 알고 있으며 이를 위한 시간 사용을 인정하고 있다.

선교 훈련에는 목표가 있다. 기본적인 자질을 발견하고 격려하여 성숙하게 하는 것과 잘못된 자질을 발견하고 옳게 고쳐주는 것과 좋은 자질을 발견해서 극대화하는 것과 실제적인 선교적 필요를 반복하여 연습해서 습관화시키는 것이다. 이는 선교지에서 충분히 자립하도록 하는 것이며 훈련의 성과는 선교지의 삶과 사역을 통해 재평가되어야 한다.

선교 훈련의 내용에는 아래와 같이 여러 가지 단계가 있다.

- 일반 훈련 : 선교 신학, 선교학, 문화 이해, 선교사의 자질, 생활
- 인격 훈련 : 순종, 팀 사역, 가정 사역, 아이들 교육, 갈등 이해와 해결, 섬김, 봉사, 헌신
- 전략 및 사역 훈련 : 교회 개척과 운영, 문화 도전과 극복, 어린이 사역, 청소년 사역, 지도자 훈련, 성경 공부 사역

선교 훈련은 매우 구체적이고 현실적이어야 한다. 선교 훈련과 사역과의 관계에서 공부한 것과 사회생활이 다른 것과 같이 훈련과 실제 선교 사역에 차이가 있을 수 있다. 각 선교지는 고유의 어려움이 있고 거기에 맞는 사역을 만들어가야 하기 때문이다. 훈련과 사역이 일치되기 위해서는 훈련을 실제로 많이 받아야 한다.

무엇보다 우선되어야 할 훈련은 성령 안에서 선교사가 자신을 쳐서 복종케 하는 연단을 받는 것이다. 다음으로는 배경, 졸업장, 경험, 성공 사례, 나이, 출신교회 같은 경력을 내려놓고 훈련을 받아야 한다. 그런 겸손함을 가져야 진정한 마음으로 훈련을 받고 변화를 경험한다. 선교지에서의 많은 문제는 훈련을 안 받은 것이 아니라 잘못 받은 것에 있다.

현장에서 필자를 포함하여 많은 선교사를 바라보면서 안타까웠던 것은 인격이 참 부족한 선교사들이 많고, 더불어 사는 것을 모르는 선교사들도 적지 않으며, 갈등이 있을 때 어린아이처럼 반응하는 이들이 대부분이고, 자기 욕심을 내려놓지 못하는 이들도 있고, 남의 말을 잘 듣는 훈련이 정말 부족하며 섬기는 것이 무엇인지 모르는 이들도 적지 않다. 또한 재정 사용에 규모가 없는 이들도 있고 사람에 대한 이해가 참 부족하거나 사역에 대한 준비가 안 되어 있는 선교사도 많다. 가능하면 이 모든 것이 선교지에 오기 전에 준비하면 좋겠다.

훈련에는 선교지의 팀도 참여할 수 있다. 팀이 경험한 많은 사례연구를 나누어야 한다. 앞으로 사역할 선교 현지의 다양한 경우를 실제로 다루면서 선교사는 전반적인 통찰력을 가지게 된다. 선교 현지에서 시행착오를 통해서 배우는 것도 유익하지만 훈련 중에 선교의 실제적인 것을 많이 다루는 것은 미래의 실수를 예방해준다. 한국은 대학의 전공과 직업에서의 전문성이 일치하지 않는 경우가 많다. 훈련과 현지에서의 적용에 일관성이 적은 것은 우리의 교육 문화와 관계가 없지 않다. 선교지를 결정하고 그 선교지의 상황에 따라 훈련받는 것이 필요하며 일반 훈련 이외에 선교지 중심의 사전 훈련이 매우 중요하다.

훈련기관에서의 수료는 얼마나 더 깊고 구체적인 훈련을 받아야 하는 지를 안내하는 총론일 뿐이다. 각론을 계속해서 훈련받지 않으면 성숙한 선교 사역을 만들 수 없다. 선교 훈련 수료 시에는 피훈련자에 대한 객관적인 평가가 있어야 한다. 가능하면 모든 것이 점수화해야 한다. 그것을 기초로 해서 수년 후에는 더 나은 변화를 추구해야 한다. 선교지에 있는 나는 얼마나 변했고 성장했을까 하는 의문을 쉬지 않고 갖고 있다. 선교 훈련은 반복되어야 한다. 새로운 훈련이 필요하며 강도 높은 훈련도 삽입되어야 한다.

매일 일기를 쓰는 것을 훈련해야 한다고 말하고 싶다. 다른 훈련을 줄이더라도 일기를 쓰는 훈련은 우선적으로 시작하고 계속되어야 한다. 일기는 자신과 사역을 정리하고 평가하는 중요한 자료가 된다. 필자가 선교단체의 대표라면, 모든 선교사에게 일기를 쓰게 하고 안식년에 의무적으로 제출하도록 할 것이다.

또한, 선교 훈련 중에 묵상 훈련은 아무리 강조해도 지나치지 않다. 필자가 선교사가 된 후에 얻은 중요한 변화 중 하나는 고요한 곳에서 주님과 조용히 묵상하는 것이었다. 그 묵상 시간이 얼마나 유익하고 멋이 있었는지, 말로 다 표현할 수 없다. 자유, 기쁨, 평안 중의 평안, 조정, 비전, 계획, 정리, 글, 위로 같은 많은 것을 그 시간에 얻을 수 있었다.

훈련기관의 선택은 어떻게 할 것인가? 교단과 선교단체에 부속된 선교기관이 있고 개방형으로 훈련을 시키는 기관도 있다. 그 중에서 교회와 선교단체에서 지정한 곳이나 인정받는 곳에서 훈련받고 수료 받으면 된다. 그 외 더 훈련받고 싶은 내용은 교회, 선교단체와 상의해야한다.

사실 훈련기관도 중요하지만 어떻게 훈련을 받는가도 매우 중요하다. 시간을 보내는 식보다는 훈련을 위해 땀을 흘리는 것이 필요하다. 어쩌면 좀 더 나은 훈련기관은 있겠지만 나에게 최고의 훈련기관은 없을 수 있다. 기존의 훈련기관을 수료한 이후에 자신과 미래의 선교지에 맞는 훈련기관을 가능하면 국내외에서 다시 선택해서 훈련받는 것도 좋은 일이다.

선교 훈련을 마친 사람들이 종종 착각할 수 있는 예를 아래에서 제시한다.

- 훈련 만능주의 : 훈련만 잘 받으면 훌륭한 선교사가 된다.
- 최고 착각주의 : 내가 배운 것이 최고이므로 밀어붙인다.
- 현실주의 : 배운 것은 배운 것이고 현실은 현실이다.
- 나의 길(My way) : 많은 것을 배웠지만 나의 길을 가련다.
- 특수 의식주의 : 수료한 훈련기관을 특수한 곳으로, 자신은 특수 훈련을 받은 것으로 착각한다.

현장의 경험을 기초로 훈련은 아래의 방향으로 변화되어야
한다.

- 파송 지향형 훈련 : 훈련만 받고 나가지 않는 이들도 많이 발생하
  고 있다. 파송을 전제로 훈련받아야 한다.
- 선교 현장적 훈련 : 선교 현장을 결정하고 거기에 맞는 정착과 사
  역을 연구하고 구체적으로 준비하는 훈련이 되어야 한다.
- 팀 사역 전제 훈련 : 앞으로의 선교는 단독 사역이 아닌 팀 사역 중
  심으로 되어야 한다.
- 맞춤형 훈련 : 단체가 필요한 선교사로 현장에 필요한 선교사로
  맞추어 훈련할 필요가 점점 더 요구된다.

선교 현장의 팀장이 바라는 훈련으로 선교지 출발 전에 많은
훈련이 있으나 이 두 가지를 더해야 한다.

- 전도 훈련 : 선교 강의를 하기 전에 전도를 몇 명했는지 물어보면
  100명 중 5명 정도가 전도한 경험이 있다고 한다. 전도를 한 번도
  안 해 본 후보자들이 선교지로 나오고 있다. 한국에서 전도 훈련
  이 충분히 이루어져야겠다. 아니면 선교지에서 일정 기간 인턴 과
  정을 지나며 전도 훈련을 더 받으면 좋겠다.
- 능력 훈련(기도 훈련) : 선교사는 전파하고, 가르치고, 치유하는
  (preaching, teaching, healing) 3대 사역의 능력과 기술을 갖추어야
  한다. 예수님과 사도행전 시대는 이런 사역을 통합적으로 하였다.

비록 그 사역들이 전문성에 따라 분야별로 나누어졌지만 지금은 다시 신통합적으로 이 세 가지를 모두 갖춘 선교사 또는 그것을 갖춘 팀 사역이 더욱 필요하다. 특별히 이슬람 지역과 제한 지역에서는 능력을 경험한 이들이 파송되도록 조치해야 한다. 기도하며 성령의 능력을 받아야 하고 그것을 행할 수 있는 기본을 갖춘 자들이 선교지에 파송되어야 한다. 이를 선교 훈련과 허입에 반영해야 한다. 결국 이 능력 훈련은 기도 훈련과 병행된다.

선교사의 자질

선교사는 보통사람이다. 선교사가 되기 위해서 특별한 자질이 필요한 것은 아니다. 보통의 신자들이 하는 것을 꾸준하고 성실히 하는 것이 중요한 자질이다. 경건의 시간(Quiet Time), 전도, 기도 생활, 성경 읽기와 공부, 교회 출석과 봉사, 올바른 재정 생활, 여러 섬김과 수고, 책 읽기, 균형 잡힌 시간 생활 등은 선교사의 기본 자질이 되어야 한다. 국내 사역에서 검증된 사람들이 선교사로 가야 한다. 기본자질이 훌륭한 선교사들이 선교지에서도 훌륭하게 사역한다. 선교는 국내 사역의 연장이다.

선교는 전도의 경험이 많을수록 좋다. 선교사는 쉬지 않고 전도하는 사람이어야 한다. 선교사 모집에서 제일 중요한 질문은, 얼마나 많은 사람이 당신 때문에 예수를 믿었는가라는 질문일 것이다. 몇 개의 교회와 단체와 선교 훈련원에서 전도한 것에 대해 아브라함 같이 50명 이상 전도한 사람은 몇 명인지 그리고 45명, 40, 30, 20, 10명 전도한 사람이 있는지 질문을 하였다. 아쉽게도 5명 이상 전도한 사람은 소수였고 1명 이상 전도한 사람이 몇 명 있었다.

그러나 대부분은 손을 들지 못했다. 여러 선교대회에서도 같은 질문을 했다. 손을 든 숫자는 비슷했다. 더욱이 전도한 이들이 계속 교회에 나오거나 제자로 자란 사람은 거의 없었다. 최근 현지에 온 파송 선교사 중에서도 전도를 전혀 안 해본 분들도 있다는 것이 오늘날 선교사 파송의 현실이다.

국내에서 제자 사역 경험이 없는 사람은 선교지에서도 제자 양육이 쉽지 않다. 제자 사역의 열매가 있는 사람이 선교사가 되는 것이 옳다. 사도 바울과 바나바도 안디옥 교회에서 파송 받기 전에 제자 사역을 했다. 국내에 제자가 많은 선교사들은 그들로부터 많은 도움을 받는다.

선교사의 기본 자질은 전도 외에 기도라고 할 수 있다. 기도와 전도는 선교사의 양날의 무기이다. 기도의 사람들이 많이 선교사가 되면 좋겠다. 무시로 성령 안에서, 쉬지 않고, 정기적으로, 그리고 부정기적으로 산기도와 새벽기도와 금식기도로 기도가 삶에 배인 분들이 선교사로 많이 나오면 좋겠다. 기도로 성령 충만하고 능력까지 겸비하면 최상의 선교사로 사역할 수 있다. 모든 것은 기도에서 나오는 것이다.

선교와 영어

선교사에게 영어가 필요한 상황이 있다. 여행, 현지 언어를 배울 때, 서구 선교사와 연합 사역 및 교제, 선교사 자녀 학교와 관련된 일 처리, 아이들에게 영어를 가르쳐주어야 할 때, 한국이 아닌 제3국에서 신학 등의 공부를 하려고 할 때, 위기 상황 시에 현지나 다른 나라의 병원서 진료받을 때, 영어로 편지나 문서를 다룰 때이며, 그 외 중요하게 필요할 때가 많다.

그래서 선교사에게 영어는 준 필수조건이다. 영어를 통해 사역의 다양성을 만들 수 있다. 영어를 못하면 결정적인 순간에 제한을 느낄 수 있고 국제 무대 속으로 들어가기 어렵다. 어떤 경우는 영어의 미숙으로 인해 여러 실수를 범한다.

영어를 배울 수 있는 장소로 과거에는 영어권이 추천되었고 지금도 여전히 더 선호 지역이지만, 이제는 한국에서도 충분히 배울 수 있다. 그리고 필요하다면 현지에서도 영어 학원에 다니며 배울 수 있고, 국제 파송기관에 있는 경우는 훈련 중이나 신학교에서, 그리고 언어 학교에서 배울 수 있다. 선교사는 현지어를 배우는 데 최선의 노력을 기울여야 하지만 영어를 제2언어로 배우려는 노력을 기울여야 한다.

선교지에서 영어를 잘 배운 몇 선교사의 예가 있다. 타 선교기관의 사역에 참여하면서 영어권 선교사와 부지런히 교제한 여성 선교사, 영국 선교사에게 주 중 일정 시간에 영어를 가르쳐달라고 하여 배운 선교사, 안식년을 이용하여 영어 학교에서 영어를 배운 선교사, 현지의 영어 학원에 등록해서 영어를 배운 선교사, 현지의 영어사용기관에서 일하면서 일상 영어를 배운 선교사들이다. 경험적으로 선교지에서 영어를 잘하면 사역에 장점이 많다.

1. 영어가 공용어인 나라에서 파송된 선교사들과의 사역이 가능해진다.
   − 미국 교회에서 온 단기 팀과의 사역 경험
   − OM 선교회의 사역 경험
   − 영국 선교사와의 사역 경험
   − YWAM(예수전도단)과의 사역 경험
2. 미국과 캐나다 등에서 온 1.5세 및 2세들과의 사역이 가능해진다.
   − 한국어가 약한 교포들과의 사역 경험
3. 처음 간 지역에서 영어로 설교하고 통역을 써서 복음을 전할 수 있었다.
   − 선교지에 가서 초기에도 복음 전도가 가능한 경험
4. 영어권 지역에 가서 안식년을 보내며 공부할 수 있었다.
   − 영어가 가능한 것을 입증할 서류가 있으면 매우 유리
   − 어느 선교사는 훈련 시에 ACTI(아시아 타 문화훈련원에서 영어로 교육) 훈련기관에서 받은 수료증이 후에 미국의 다른 교육기관 지원에 도움이 되었다.
5. 영어를 통해 영어권 선교사들의 교제, 자료 나눔 및 상담과 지원
   − 영어권에서 방문한 이들을 위한 질의응답 및 자문
6. 영어권 환자들 진료
   − 현장의 많은 영어권 선교사들을 진료하며 도움을 준다.

7. 단기 사역자 중 영어권에서 온 이들은 현지 적응이 빠르며 독립적으로
   일하기도 한다.
   - 한국에서 온 단기 사역자들은 거의 항상 선교사들이 붙어서 다
     녀야 한다.

필자는 안식년에 미국의 병원에서 연수할 기회가 있었다. 6개
월 동안 미국 의사를 따라다니며 회진하고 잘 배운 덕에 영어가 일
취월장하였다. 그리고 그 기간에 하나님의 은혜로 언어치료사인
할머니를 만나서 발음에 많은 교정을 받았다. 후에 알바니아에 돌
아와서 영어권 선교사들이 이용하는 클리닉에서 1년간 일을 할 수
있었다. 그때 배운 영어 덕분이었다.

선교사 파송

파송은 선교사 준비 기간의 절정이며 새로운 출발과 변화를
예고하는 시간이다. 결혼식과 더불어 긴 결혼 여정이 시작되듯이
파송식과 더불어 새로운 선교 여정이 시작된다. 좋은 가정을 만들
어 가야 하듯 멋있는 선교 역사를 만들기 위해 선교사는 새로운 각
오를 해야 한다.
한국을 떠나기 전에 매우 바쁘다. 비행기 표 구입, 이삿짐의

41

준비와 운송, 아이들의 물건과 교육자료 준비, 집과 차량의 뒷정리, 현지 선교지와 연락, 기도 카드 작성과 발송, 재정 모금, 각종 서류 및 자격증 준비, 비자, 환전, 사역 준비들이 있어 출발 전까지 선교사는 매우 지친 상태로 간신이 출국하기도 한다. 오늘의 시대가 디지털 시대가 되고 인터넷으로 많은 일을 처리할 수 있어도 준비의 양이 줄어들지는 않은 것 같다. 이 기간에 교회와 가까운 친구들이 역할을 분담해서 도움을 주면 좋겠다. 필자의 경우는 같은 팀으로 오는 선교사들을 계속 접촉하면서 서류와 물건 준비와 이사에 관해서 자세히 정보를 주어서 온 선교사마다 스트레스를 덜 받았다고 들었다.

선교사가 되었다고 부모님에 대한 책임이 덜해지는 것은 아니다. 선교사는 몸은 멀어도 부모님을 존경하고 돌보아드려야 한다. 전화, 전자메일, 편지, 선물, 사진, 선교부에서 정기적으로 재정을 보냄, 안식년 때는 꼭 부모님 곁에서 일정 기간을 보내기 등은 부모님을 잘 모시는 방법들이다. 후원회와 교회에도 부모님에 대한 정보와 상황을 알려주면 필요한 때 좋은 역할을 해줄 수 있을 것이다.

만약 연로하신 부모님을 모실 다른 가족이 없다면 선교사는 선교지 출발을 늦추고 모시는 것이 좋다. 국내에서 선교에 봉사할 일을 찾아 일하는 것으로 기다려야 한다. 선교지에 있더라도 부모님이 심각하게 아프신 경우는 선교 사역의 일시 중단을 심각하게 고려해야 한다.

선교지에 있는 선교사라고 해서 불신자 가족에 대한 책임이 면제되는 것은 아니다. 선교사는 여전히 가족 구원에 관해 일차적인 역할과 책임을 지고 있다. 선교사는 쉬지 않고 전화와 편지와 다양한 방법으로 가족들이 예수를 믿도록 힘써야 한다. 그리고 무엇보다 기도를 열심히 해야 한다.

선교사가 한국에 남은 재산을 잘 정리하는 것은 중요한 일이다. 집은 가능한 팔지 말고 안식년을 위하여 남겨두어야 한다. 어느 선교사는 경험 있는 선교사의 조언을 받지 못해서인지 한국의 집을 팔았다고 한다. 안식년에 와서는 거할 집이 없어서 매우 어렵게 시간을 보내고 쉬지도 못했다고 한다. 다른 재산이 있으면 그것은 일차적으로 선교를 위해서 사용하지 말고 노후와 아이들의 장래를 위해 잘 보관하여야 한다. 선교사는 노후와 장래에 관해서도 교회와 후원자들에게 부담이 되지 않는 방법을 찾아야 한다.

선교사들이 정리해야할 다른 일들은 자동차 정리, 인감과 도장 관리, 한국 물건들의 정리, 예비군과 민방위 훈련 면제에 대한 신고, 의료보험의 일시 정지들이다.

파송기관의 비교

구분	국제기관	국내기관(교회와 교단 포함)
선교 경험	대체로 풍부	많이 축적 중
선교 역사	긴 역사	짧은 역사(대부분이 1980년 이후)
선교사 허입	까다롭고 시간이 걸림	비교적 쉬움
선교 훈련	많은 훈련(영어 포함)	소정의 훈련
선교사 관리	인격, 재정, 사역 등 총체적	충분하지 못했으나 노력과 변화 중

1. 선교사 준비

		한국 및 서구 선교사 자녀 학교 및
자녀 교육	선교사학교 및 국제 학교	국제 학교
팀 사역	팀 사역 및 역할 분담	개인적 사역이 강함
위기관리	잘 대처, 노하우 소유	점점 개선되어 가고 있는 중
의사소통	문화적 이질감, 어려움	의사소통의 원활
피드백	한국 교회에 기여 부족	한국 선교에 직접적인 이익
후원자 관리	비교적 어려움(개인 관리)	개인, 교회, 선교부에서 노력
영주권	훈련받은 나라나 서구의 영주권을 받기도 한다.	현지 영주권은 가능할 수 있다.

(이 비교는 일반적인 비교임)

　　필자가 파송되던 시절보다 현재는 선교기관이 더 많고 다양해
졌다. 그것은 선택의 폭이 넓어졌다는 것을 의미하기도 하지만 각
기관의 질적 변화가 얼마나 더 잘 이루어졌는지는 다시 살펴보아
야 한다. 여전히 파송기관의 선택은 선교사 개인의 책임이 크다.

　　선교사가 현지에 가지고 가야하는 것들은 다음과 같다.

- 국제운전면허증
- 최종학교(대학교) 졸업증명서 및 경력증명서 한글 및 영문(또는 해
  당 국가의 언어)
- 비자카드
- 선교사 증명서(영문 및 해당 국가 언어, 선교본부 발행)
- 아이들의 재학 및 성적 증명서(영문)

- 예방접종 카드 및 증명서(영문)
- 앨범 및 가족사진
- 주민등록등본 및 호적등본(여권의 연장, 체류증명서 및 한국대사관과 관련된 업무에 이용)·선물(한국적 풍취가 많은)
- 일반약품 및 상용약(충분히 가져간다)
- 건강증명서(종합 진단 및 과거의 질병력이 담긴 방사선 사진과 검사 결과)
- 현지의 비자 획득에 필요한 서류들
  - 범죄사실증명서(한글 및 영문)
  - 기본증명서(한글 및 영문)
  - 가족관계증명서(한글 및 영문)
  - 전문 면허(한글 및 영문)
  - 현지의 선교사가 준비하라고 한 서류들(한글 및 영문)

재정 모금

아래는 필자가 영국 기독 의사와 대화하면서 나누었던 한 조각이다.

필자 : 오래전에 영국 병사들은 전쟁터에서 엎드리지 않았으니 얼마나 용감했냐?

영국 의사 : "It's crazy."(미친 짓이었다.)

다 함께 : 크게 웃음

    재정 모금을 포함하여 많은 선교의 일들에는 시대와 상황에 대한 변화를 포함한다. 선교사의 재정 모금은 필수요소 중 하나이다. 전쟁에 실탄이 필요하듯이 재정은 사역의 실탄과 같기 때문이다. 이런 선교사의 재정 모금에는 명분과 실제라는 양면이 존재한다. 허드슨 테일러나 조지 뮬러와 같이 기도만으로 하나님께 의지할 것인가, 아니면 재정의 필요를 알리고 모금을 적극적으로 할 것인가. 기도하는 사람도 모금을 위해 다니는 사람도 같이 고통과 어려움을 겪는다. 어느 방법도 나쁘지 않으며 각자의 믿음의 분량대로 결정하되 소속 선교부의 원리를 잘 따라야 한다. 기도만 하다가 재정이 부족해서 하나님을 의심하고 원망하면 좋지 않으며 기도 없이 모금의 실제적인 일에만 얽매이면 초라함만 경험하게 된다.

    중요한 원리는 방법은 달라도 온전히 하나님을 의지해야 한다는 것이다. 이 원리가 정립되어 있지 않으면서 모양만 취하는 것은 의미가 없다. 하나님을 의지하는 선교사는 앞으로의 선교 사역도 온전히 하나님을 의지하게 된다. 이는 재정 모금에서 정직하지 않으면 선교 사역도 부정직하게 될 수 있다는 것이다. 잘 될 나무를 떡잎부터 알아본다면 잘 될 선교사는 재정 모금에서부터 알게 된다.

    재정 모금의 중요성을 다시 나누어보면 아래와 같다.

• 선교를 나누면서 공동체와 개인에게 유익이 된다.

- 선교 헌신자를 얻을 수 있다.
- 접촉한 이들이 기도 후원자가 된다.
- 모금 과정을 통해 믿음을 많이 배울 수 있다.
- 재정 사용에 관하여 무거운 책임을 갖게 된다.

일반적으로 선교사는 기도후원회와 선교후원회를 갖는 것이 좋다. 선교지에 있으면 점점더 기도와 재정에 더 필요가 생긴다. 가장 우선되는 필요는 기도, 다음은 격려, 다음은 사역 후원, 그리고 마지막은 재정과 물질 후원이다. 후원회는 선교사의 필요를 도울 수 있는 귀한 그룹이다. 다른 후원회는 없어도 기도후원회는 있어야 한다. 보통 선교사를 위해 가장 많이 기도하는 그룹은 역시 파송(후원) 교회이다. 후원 교회와 친분이 두터우면 한 후원 교회가 재정 후원의 대부분을 감당하는 것이 보통이다. 그래서 선교를 준비하는 사람들은 평소에 교회와 주변의 성도들에게 좋은 신임을 받고 있어야 한다. 선교에 헌신한 사람들은 자신의 헌신을 공표하는 것이 좋다. 그럴 때 본인도 확신을 갖게 되고 주변의 분들도 선교에 동참하여 선교에 눈을 뜨게 된다. 필자도 선교에 헌신했다고 일찍부터 목사님과 장로님들에게 말씀드렸다. 선교사 훈련을 받고 교회의 인준과 파송을 요청했을 때 교회가 놀라지 않았고 신중하게 판단한 후에 파송과 재정 지원을 약속해 주셨다. 교회 대학부의 간사로 일할 때, 세 명의 선교 관심자를 대상으로 선교그룹을 만들어서 인도하였다. 그들 중 한 사람은 결혼하여 장기 선교사로 사역하고 있다. 선교사는 사용된 재정에 대해 보고할 기관을 반드시 가지고 있어야 하는 데 파송 교회와 소속 선교기관에 정기적으로 해야한다. 한다. 그것은 자기를 위하고 선교 사역을 위한 것이다. 재정에 대한 유혹은 선교사에게도 예외가 아니다.

선임 선교사들의 재정 사용으로 인해 후임들이 많은 시험을 받는다. 어떤 이는 너무 인색하고, 다른 이는 헤픈 것 같이 보인다. 많이 가진 이는 나누기를 즐겨해야 한다. 적게 가진 이는 입으로 힘든 이야기를 푸는 것을 절제해야 한다. 어느 선교간행물에서 한국 선교사들이 재정이 항상 부족하다는 말을 자주한다고 서구 선교사들이 지적하는 글을 본 적이 있다. 동시에 서구 선교사들은 한국 선교사들의 집과 자동차도 언급했다. 그런 한국 선교사들의 집에 가보면 비싼 물건들이 제법 있고 휴가도 비용이 많이 드는 곳에 가기도 하여 재정이 부족하다는 말이 어색하게 들린다. 단체로 식사했을 경우에도 선교사들은 즐겨 내는 것을 기뻐해야 한다. 특별한 식사초대인 경우를 제외하고 한 명의 선교사에게 모든 짐을 지우지 말고 Dutch식으로 나누는 것이 좋다. 어느 선교사는 이런 경우에 늘 손이 작고 느린 편이다. 설날 같은 날에 모든 선교사들이 한 접시씩 가져와서 음식을 나누게 된다. 준비해 온 음식을 보면 인색함과 풍성함이 엿보인다. 선교사는 모든 일에 하나님에 속한 사람으로서의 풍성함과 여유를 가져야 한다. 거저 받았으니 거저 주는 것을 자원함으로 실천해야 한다.

소위 평신도 선교사들의 재정 모금은 매우 쉽지 않다. 목사 선교사가 될 것을 요구받거나 선교지에서 재정을 자립하라는 말을 듣는다. 특히 전문인 선교사는 더욱더 재정 자립을 쉽게 할 것으로 오해하는 경우도 많다. 평신도 선교사도 비록 모금이 어렵더라도 교회와 주변에서 후원을 받는 것이 좋다. 재정에 대한 공적 책임을 가질 때 겸손히 충성되게 사역하기 때문이다. 직장을 가졌다가 선교사가 된 사람들은 일반적으로 재정 사용에 있어 규모가 있다.

그들은 헌금을 하시는 분들이 얼마나 어렵게 헌금을 하는지 경험을 통해 잘 알고 있다. 평신도 전문인 선교사는 선교 현지에서 재정을 벌 수 있는 가능성을 갖기도 한다. 현지의 사역에 크게 지장이 없는 한 도전해 볼 필요가 있다. 직업은 재정 수입 외에 신분적인 안정의 기회를 제공하기도 한다. 직업을 갖고 선교할 때 과거의 전도 사역을 감당하기 위해서는 두 배의 노력이 든다. 아니면 직업이 핑계가 되어 선교 사역에 많은 손해를 가져올 수 있다. 기회가 오히려 손실을 가져올 수도 있다.

마지막으로 우리 선교사들에게 초기부터 선교지에 가서 재정을 자립하도록 강조했었으면 어떻게 되었을까에 관한 내용을 다루고 싶다. 텐트메이킹(Tent-making)이나 사업 선교(BAM)를 강조하지 않아도 재정을 만들면서 선교를 하도록 했다면 선교지 적응도 더 잘하고 문화속으로도 더 들어가고 IMF 외환위기같은 변화에도 능동적으로 대처했을 것 같은 생각이 든다. 연구와 논의가 있어야 겠지만 선교사의 재정에도 여러 변화가 일어나기를 바란다. 내가 아는 어느 단체의 선교사들은 한국에서 재정 지원을 하지 않는다. 그러기에 선교 헌신하여 나가는 때부터 확실하게 재정 자립을 시도하고 만들어낸다. 일부 프로젝트를 위하여서는 재정 지원을 받지만 다른 재정들은 자립을 한다고 들었다.

배우자와 선교

독신에 관한 것은 다른 장에서 다루었기에 여기서는 배우자와 선교를 논하고자 한다.

예수를 믿은 시기가 모두 다르듯이 선교에 헌신하는 것도 남편과 아내가 서로 다르다. 그 시기, 부르심, 교회와 교단적 배경도 많은 차이가 있다. 믿음으로 이해하게 되는 것은 내가 선교에 헌신하면 하나님은 나에게 맞게 최고의 배우자를 주신다는 것이다. 바라는 것들의 실상과 보지 못하는 것들의 증거로서 그것은 분명하다.

미혼일 때 선교에 헌신한 경우

필자의 경우가 그러하다. 나는 고등학교 3학년 때 헌신했고 아내와는 의과대학서 만나 연애했다. 아내는 내가 장기 선교 헌신자인 것을 알았고 연애 시절에 밥을 해주러 같이 가겠다고 하였다. 결혼 후에 선교 훈련을 받으면서 아내는 헌신했다. 그리고 같이 선교지로 출발했다. 다른 경우도 있다. 여러 선교 수련회에서 적지 않은 이들이 헌신의 밤에 선교를 위해 일어섰고 약속하였다. 그러나 후에 선교를 좋아하지만, 필드에 나가는 것을 원치 않는 배우자를 만나서 선교의 꿈을 묻어 두게 되는 이들도 보았다. 그러나 선교 헌신을 잊지 않고 단기 선교를 하고 있고 후원을 하며 교회의 선교부를 맡아서 섬기고 있다. 아마도 나이가 들어 시니어 선교나 다른 형태로 계속 선교 사역을 할 것으로 생각한다. 헌신이 반드시

장기 선교사로 나가야하는 것을 의미하지는 않기에 후자의 경우
도 귀한 헌신과 참여라고 생각한다.

배우자 만나기 - 선교 모임과 소개와 광고 그리고 기도와…

선교 헌신이 반드시 결혼의 조건이라고 강조하는 것은 맞지
않을 수도 있지만, 개인에 따라 그것을 필수 요소로 생각한다면 그
것도 틀린 일은 아니다. 선교에 헌신한 배우자를 얻고 싶다면 여러
가지 실제적인 방법이 있을 것이다. 예를 들어 다양한 선교훈련원
에서 배우자를 만날 수 있다. 그것을 목적으로 훈련받는 것은 아니
지만, 이 과정에서 만날 수 있다. 다른 방법으로는 소개를 받는 것
이다. 자신의 만남의 범위에 한계가 있기에 교회와 선교기관과 친
구들에게 부탁하는 방법이다. 다른 추천 방법으로는 자신을 SNS
나 여러 카톡방에 광고하는 것이다. 이것은 매우 당당한 방법으로
젊은이들에게 강력히 추천하고 싶다. 그런 용기가 좋은 대답을 가
져올 것으로 생각한다. 기타 여러 방법이 있을 수 있다. 좋은 배우
자를 위해 늘 기도하고 구하고 찾고 두드리는 일도 반드시 잊지 말
아야 한다.

결혼한 이후에 헌신한 경우

부부가 같이 은혜를 받고 헌신하여 선교사로 나간다면 매우 좋
은 일이다. 선교세미나나 부흥회에서 같이 결단할 수 있다. 그런 경
우에는 자녀들의 헌신도 중요하므로 열린 대화가 필요할 것이다.

만약 부부 중 한 명만 헌신하게 되면 어떻게 해야 할지는 매

선교사 준비

우 어려운 경우가 된다. 가능한 상대에게 잘 설명하고 설득하여 같이 움직이도록 최선을 다하는 것이 좋고 우리 부부처럼 훈련을 같이 받아보는 것도 도움이 된다. 어느 경우는 아내만 선교지로 나간 경우도 있다. 남편과 세 아이가 동의를 해주었다. 대신 가까운 지역서 사역하고 교회와 선교기관의 허락을 받아 정기적으로 가족들이 서로 만남의 시간을 갖는다. 서구 문화에서는 거의 용납이 안 되어 추천할만한 경우가 되는지는 모르겠지만 그 가정의 선택은 존중되어야 한다.

선교지에서 배우자가 사망한 경우

25년 선교하는 동안에 선교사의 배우자가 사망한 소식을 많이 듣게 되었다. 어떤 경우는 부부가 다 사망하여 아이를 동생 선교사에게 입양한 적도 있다. 세 딸을 가진 어느 부인은 훈련 중에 암이 발견되어 투병하다가 사망하였고 남편은 그 후 다른 독신과 결혼하여 다시 선교지로 출발하였다. 어느 부인 선교사는 갑자기 손을 쓸 사이도 현지에서 사망하였고 현지에서 암이 발견되어 암으로 사망한 경우들도 있으며 남편이 사고로 순직한 예도 있다. (장례식에 참석하면 눈물이 쏟아지는 것을 참을 수 없었는데 아마도 내가 선교사이기 때문으로 그런 상황의 전후가 이해되기 때문이었을 것이다. 우리 부부는 선교사 순직 소식을 들으면 마음이 시리도록 아픔을 느꼈고, 늘 겸손함으로 인생의 주관자이신 하나님을 바라보며 주신 시간 동안 최선을 다하고 있다) 남편이 사망한 경우에 부인 선교사는 대개 선교지를 떠나지 않고 일정 휴식을 취한 뒤에 다시 선교지로 돌아가서 부부가 하던 사역을 계속 진행하는 것으로 보인다. 남편 선교사는 결혼을 안 하고 사역을 계속하는 경우도 있고 결혼을 하는 경우도 있었다. 어떤 형태가 가장 좋은지는 주어진 상황 속에서 판단하며 교회와 선교기관들과 상의하여 결정하는 것이 맞을 것이다.

어떤 배우자가 선교에 가장 적합하냐는 것은 질문은 될 수 있어도 어리석은 것이다. 혹 대답을 하더라도 그것은 과거를 돌아보거나 경험들을 나누는 것이며 미래적인 것이 되기 어렵다. 서로가 사랑하면서 결혼하는 것이 중요하며 이차적으로 선교를 같이 나누면 될 것이다. 필자의 경험으로는 사람 → 사랑 → 사명 → 사역의 순으로 진행하는 것이 맞을 것이다.

유언장과 연명 치료 중단

모든 선교사는 선교부에 유언장을 작성해야 한다. 심지어는 초단기로 일하고 단기로 사역하는 경우에도 유언장을 작성하는 것이 맞다. 납치와 사고와 사망 같은 일이 발생하기 때문이다. 죽음은 하나님께 속하여 두려워할 필요가 없지만, 기술적인 부분에서는 본인과 남은 분들을 위하여 내용을 상세히 기록해 놓아야 한다. 그리고 공증을 받아야 한다.

유언장은 일반적인 서식을 따라 기록하되 자녀와 가족과 친구들에게, 그리고 교회에 남길 짧은 글을 담는 것이 좋고 한국의 재산, 자녀 문제와 위임(부부가 모두 사망한 경우), 현지의 미래 재산과 관련된 사역들에 관한 것(선교부에 일체 위임)들과 각 가정의 특수한 내용이다. 유언장은 아내도 작성해야 하고 필요하면 자녀들도 해야한다. 선교사는 이런 과정을 통해서 하나님만을 신뢰하며 죽음을 초월한 신앙 자세를 준비해야 한다. 그 외 납치에 대해서도 유언장에 미리 작성해 놓는 것이 필요하다.

연명 치료 중단은 생명 윤리와 존엄사에 관한 것이기도 하다. 현지에서 생명이 위독하지만 충분한 치료를 받을 수 없는 상황, 의료가 발달한 한국이나 이웃 국가로 갈 수 없는 상황, 최선의 치료에도 불구하고 뇌사 상태에 빠진 상황과 기타 의료적 상황에서 어떻게 할 것인지를 미리 결정해 놓는 것이다. 이런 준비는 실제 상황에 닥쳐서 발생할 수 있는 많은 혼란을 줄이고 신속하고 정확한 결정을 만드는 기초가 된다.

선교사 정착

2

초기 정착

선교사의 초기 정착 과정은 건물의 기초를 놓는 것과 같다. 천천히, 견고히, 정확하게 놓도록 노력해야 한다. 이 과정에서 어려움을 겪으면 선교 사역 내내 고생하기 쉽다. 초기 정착은 첫인상이다. 그 인상은 오래 남는다. 초기에 그 나라와 민족에 대해 좋은 인상을 형성하는 것은 좋은 정착의 지름길이다. 잘못된 인상은 선교사의 마음과 입에 많은 비판을 남긴다.

선교사의 현지 문화 진입은 다시 태어나는 것과 같은 개념이다. 어린아이와 같이 일정 기간은 선임의 지도와 보호 아래에 들어가야 한다. 어린아이들이 모르고 실수를 하듯이 현지 문화에 대하여 많은 실수를 하게 된다. 실수를 통하여 배우며 문화에 정착해 가는 것이 정상적인 방법이다. 선교지 문화에 새로 태어나야 한다는 것을 선교사들은 각자의 말로 이해할 것이다.

하나님이 원하시는 방법으로 검증된 방법으로 다시 태어나는 것이 좋은 선교사가 되는 기초이다. 그러기 위해서 선교사는 주변인들의 충고를 잘 듣고 겸손하며 순종해야 한다.

초기 정착에서 한국 선교사들이 자주 범하는 것 두 가지는 첫째, 선교사는 다시 태어난다는 것을 인정하지 않는 것과 둘째, 한국 선교사는 비교적 급하고(quick-tempered) 기다리는 것에 매우 약한 것이다.

엄마의 배 속에 있던 아이가 태어나는 것은 말할 수 없는 고통과 스트레스이다. 다만 표현을 못 할 뿐이다. 현지 문화에 들어오는 초임 선교사에게는 이런 고통과 스트레스가 있음을 잘 인지해야 한다. 그것을 기초로 선임들의 사랑과 보호가 있어야 한다. 태어난 후 신생아의 한 달은 매우 예민한 기간이다. 소아과에서는 신생아학과가 독립되어 있을 정도이다. 초임 선교사의 한 달은 신생아와 같이 먹고 자고 듣고 도움을 받으며 지내는 것이 좋다. 어느 초임은 오자마자 선임들과 충돌을 일으킨다. 이런 경우 선임들은 사건과 결과만 보지 말고 전체적으로 이해를 해야 한다. 초임 선교사들은 자신들이 연약하며 보호가 필요하고, 자립할 때까지 시간이 걸린다는 것을 이해해야 한다. 선임들의 도움을 거절하면 적응과 정착, 관계 형성, 바른 이해에 상처가 남는다. 그 상처들은 의외로 오래간다. 때로는 선임들과의 관계에서 치명적인 후유증을 갖는다.

초임 선교사가, 추수할 것이 많은데 서둘러야 하지 않느냐고 물을 수 있다. 그러나 성급하고 잘못된 추수는 많은 문제를 일으킬 수 있음을 잘 알아야 한다. 추수 과정에서 충분히 일할 수 있고 덜 실수할 수준까지 예비 추수꾼으로 머물면서 관찰해야 한다.

초기 정착 시 선교사들이 숙지할 사항들은 아래와 같다.
첫째, 영성 유지하기
둘째, 새로 태어난 것이므로 연약한 것을 인정
셋째, 연약하므로 다른 사람들의 도움받기
넷째, 서두르지 말고 인내하기
다섯째, 불필요한 스트레스와 피할 수 있는 스트레스의 배제

여섯째, 무엇을 하든지 균형 유지하기

일곱째, 하나님에 대한 믿음

언어 공부

선교사의 언어 공부는 정말 쉽지 않다. 그러나 반드시 해야 하니 정말 어려운 일이다. 경험적으로 보면 여자가 남자보다 더 잘하고, 연령이 어릴수록 더 유리하며 영어에 능하거나 다른 외국어를 배워본 경험이 있으면 더 잘하는 것 같고, 독신자가 가정 있는 사람보다 유리하다.

여성이 언어의 표현과 구사 면에서 남성보다 뛰어난 이유는 아래와 같다.

첫째, 여성은 남성보다 말하는 것을 좋아한다.

둘째, 실제로 필요한 일상생활에서 배우기 때문에 잘 이해하고 잘 기억한다.

셋째, 언어를 빨리 배워야 하는 조급함이나 의무감이 적어서 여유를 갖고 관계 속에서 서서히 표현을 배워가기 때문에 장기적으로 볼 때 유리하다.

넷째, 다른 사람들의 말을 잘 듣는 편이다.

다섯째, 발음 면에서 현지인들이나 여성 선교사들의 목소리가 명확하여 상호 의사 전달이 정확하다.

언어 구사 면에서 독신자가 가정 있는 사람보다 유리한 점들은 아래와 같다.

첫째, 가정 있는 사람과 달리 한글을 사용할 기회가 적다. 많은 시간을 현지 언어에 집중할 수 있다.

둘째, 현지인들과의 접촉이 많다.

셋째, 가정일이 적으므로 더 많은 시간을 언어 공부에 드릴 수 있다.

반대로 불리한 점도 있다.

첫째, 부부간에 하는 상호 교정을 할 수 없다.

둘째, 남성적인 단어들 ─ 정치, 자동차, 기계 관련 언어들 ─ 에 익숙하지 않을 수 있다.

현지어를 잘 구사하는 것은 사역의 지름길이다. 언어는 선교사의 기본 자질 ─ 창의력, 순발력, 암기력 ─ 과 많은 노력에 달려 있다. 시간이 지나면서 기본 자질이 차지하는 비중은 줄고 노력이 점점 중요해진다. 꾸준하고 일정하게 노력하는 것보다 현지어 습득에 더 좋은 방법은 없다. 적어도 4년 이상은 꾸준히 공부해야 하며 10년은 계속 책을 보면서 교정해야 한다.

현지어를 잘 배우려면 말을 많이 하는 것이 좋은데 많이 노출

2. 선교사 정착

되는 것과 많이 사용하는 것이 중요하다. 그것을 만들어주는 일정한 제도권과 환경이 있다면 언어 진보에 매우 유리하다. 현지인 스태프와 같이 일하는 선교사, 현지 병원에서 일하는 선교사, 지방에서 고립적으로 일하는 선교사와 같이 아침부터 저녁까지 현지어를 사용하는 경우에 빠른 성취를 보인다. 언어 습득 방법은 현지인 언어 선생, 현지인과의 만남과 교제, 동료 선교사, 설교, TV, 신문과 책자, 소책자 전도, 성경 공부 등이다.

언어 공부에 있어 중요한 내용을 살펴보면,

첫째, 발음이다. 각 음절이 정확히 발음될 때까지 연습해야 한다.

둘째, 억양(Intonation)이다. 각 나라의 언어에는 고유한 억양이 있다. 중국어의 사성과 같이 억양을 구분하지 않으면 상대가 알아들을 수 없다.

셋째, 정확한 표현이다. 단어 또는 문장으로 표시되는 정확한 표현을 익숙하게 사용해야 한다.

넷째, 일상에서 잘 사용하는 구어체 표현들의 인지와 사용이다. 실제로 많은 표현은 책에 없는 것들이다. 시장과 거리와 아이들끼리는 잘 회자하는 데 책에는 없는 내용이 꽤 많이 있다.

다섯째, 기록이다. 자기가 잘 하는 표현들, 잘 못 하는 발음들, 새롭게 배운 단어들과 표현들을 잘 기록하여 반복 연습하고 사용하는 것이 언어를 발전시키는 데 도움이 된다.

여섯째, 겸손이다. 아무리 노력해도 어른이 되어 많이 다른 나라 언어를 배우게 되면 완벽할 수 없다. 그래서 늘 실수하게 마련이다. 계속 배우는 학생의 자세로 겸손하게 배워야 한다.

일곱째, 불가능한 부분에 대한 노력이다. 아무리 해도 안 되는 부분이 있다. 예를 들어 한글에 없는 발음을 구분해서 한다는 것은 거의 불가능하다. 알바니아어에는 한글의 지읒에 해당하는 발음이 4개나 있다. gj, xh, z, zh인데 이것을 구분하는 것은 정말 어렵다. 다른 나라 언어에도 그런 발음들이 있을 것이다.

마지막으로 언어와 동반된 몸짓과 표정들을 배워야 한다. 어떤 표현들은 얼굴을 찡그리면서 하거나 어깨를 들썩이면서 하거나, 입술을 옆으로 비쭉이면서 해야 진정한 전달이 된다. 그러나 그런 표현들이 한국인에게는 매우 어색할 수 있다.

추가하여 강조하고 싶은 것은 구어체만이 아니라 문어체도 상당한 수준에 이르도록 계속 공부해야 한다. 많은 선교사가 현지의 문서를 만드는 일이나 글을 쓰는 일에서 매우 부족하다.

언어 공부에 있어 종종 실수하는 것들이 있다.

통역으로 사역

사역에 우선순위를 두어 언어 공부 없이 또는 언어는 조금만 배우고 사역을 시작하는 것이다. 주로 영어권 선교사들이 그런 사역을 하였지만 다른 나라 언어에서도 가능한 일이다. 사역을 일찍 시작해야 할 필요나 이유가 있겠지만 바른길은 아니며 장기로 사역하는 데 한계를 갖기 마련이다. 그리고 통역에 의지하다 보면 후에 여러 문제가 발생하기도 한다.

성경과 관련된 언어에만 익숙함

언어 전반을 배우지 않고 주로 성경으로 언어 공부를 하여 기독교적인 표현과 단어에는 익숙하지만 일반 단어와 표현은 잘 못하는 기형적인 언어 공부를 할 수 있다. 대개 사역을 빨리 시작하려는 급한 마음이 이런 결과를 만들 수 있다.

언어 공부 그 자체에만 집중함

어떤 선교사는 초기 4년을 언어 공부만 하다가 안식년을 갖기도 한다. 그런데 안식년 기간에 배운 것을 잊어버린다. 그러면 다시 와서 또 공부해야 한다. 이것은 정직한 일이 아니다. 선교사는 첫 4년 기간에도 사역을 해야 하고 할 수 있다. 낮에는 일하고 밤에는 언어 공부하는 형태로 사역과 언어 공부를 병행할 수 있다. 이 기간에 설교나 가르치는 일은 할 수 없으나 전도와 초청과 교제와 사역의 섬김 같은 다양한 일을 감당할 수 있다. 실제로 한 선교사는 초기에 와서 어떤 사역을 맡게 되었는데 일주일에 3번씩 언어 공부를 하고 일하면서 언어를 연습하여 후에는 언어 공부에만 집중한 선교사보다 훨씬 더 언어를 잘 하는 것을 경험하였다.

언어 공부에 있어서 선교사들은 서로를 도와주고 배려해주어야 한다. 예를 들어 선교사가 언어 공부하는 시간에는 남의 집을 방문하거나 초대하거나 만나지 않도록 해야 한다. 이것저것 부탁하고 만나게 되면 집중력이 떨어진다. 특히 초대를 하면 아내 선교사는 음식을 준비해야 하기에 시간을 많이 사용한다. 부부가 같이 언어를 배우는 경우, 남편은 아내가 잘 배울 수 있도록 여건을 마련해

주어야 한다. 아이들이 방해가 되지 않도록 현지인 도우미를 써야 한다. 사랑과 격려가 서로 필요하다. 먼저 가는 사람은 속도 조절과 배려를, 뒤늦게 가는 사람은 더 많은 도전과 노력이 필요하다.

다른 선교사가 설교하거나 대화 시에 틀린 부분은 지적해주는 것이 맞다. 그러나 가능한 상대의 자존심을 건드리지 않으면서 하는 지혜가 필요하다. 특별히 선임이 틀렸을 때 후임이 지적을 하면 좀 어색하다. 그러나 반대로 선임이라도 이미 선교지에 오래 있었던 후임의 발음이나 표현을 지적하면 감정이 상할 수 있다. 언어에 대해서는 서로 부족하므로 겸손히 배우는 자세가 정말 필요하다.

한국에 온 한 영어권 선교사는 '토끼'와 '도끼' 발음에서 종종 실수를 했다. 한 번은 설교시간에 실수를 하였는데 설교하고 내려왔을 때 참석자 중 한 사람이 그 부분을 지적했다고 한다. 다음 시간이 진행되었을 때, 그 선교사가 오랫동안 자신의 설교를 들었을 텐데 아무도 이것을 지적해주지 않은 것에 대해서 매우 화를 냈다고 한다. 참석자들은 선교사가 틀려도 전후 문맥에서 '도끼'인지 '토끼'인지 알았기에, 그리고 그 실수를 지적하면 선교사의 자존심이 상할까 봐 지적하지 않은 것이다.

알바니아에서 어린이 예배시간에 너무나 시끄러워서 조용히 하라는 말을 많이 하게 되고 너무 떠드는 아이들은 밖으로 데리고 나가곤 하였다. 우리 선교사들은 아이들이 이런 모임에 익숙하지 않고 옆의 친구들이 장난쳐서, 그리고 원래 아이들의 교육이 부족해서 그럴 것이라고 막연히 추측하고 있었다. 현지인 제자들이 어린이 사역을 맡고나서 현지어로 유창하게 설교를 하니 아이들이 덜 떠들고 장난이 많이 줄어들었다. 그제야 깨달았다. 선교사들의 발음과 표현이 아이들에게 정확하게 들리지 않아서 아이들이 더 떠들고 장난을 쳤던 것이었다.

언어 공부 후 언제 사역을 시작할 수 있는가도 중요하다. 이것에 관해 각 선교단체는 기준을 갖고 있는 편이다. 일정 시험을 쳐서 합격 후에, 인터뷰를 하여 충분하다고 인정받은 후에, 본인이 판단하여 일정 기간 언어 학원을 수료 후에(언어 학원에서 정기시험과 인터뷰가 있음)와 같은 여러 방법이 있다. 중요한 것은 다른 사람의 도움 없이 생활 자립이 가능하고 복음 전도에 익숙할 때 할 수 있다. 그러나 주경야독으로 언어를 배우면서 사역을 하겠다고 하면 그것도 추천할만한 일이다.

언어 공부를 몇 년 해도 결과가 좋지 않다면 어떻게 할 것인가? 선교지에서 가끔 언어 공부를 함에도 불구하고 언어의 향상이 없는 선교사를 만나기도 한다.

언어가 잘 안 되는 이유는 아래와 같다.

첫째, 선교사 본인과 가족의 질병 때문이다.

둘째, 임신과 출산 또는 다른 이유로 1년이 채 안 되어 현지를 떠나 오랫동안 한국이나 외국에 체류하게 되는 경우이다.

셋째, 본인이나 선교회가 언어의 중요성을 간과하고 성급하게 사역을 시작했기 때문이다.

넷째, 꾸준히 장기적으로 공부하지 않고 중도에서 멈추었기 때문이다.

특별히 아내 선교사 중에서 이런 분들이 가끔 발견되는데, 그것은 남편과 자녀들 돌보기로 인해 시간과 에너지가 없는 것도 있고 사역에 실제로 참여하지 않기에 동기부여가 적어서도 그렇다. 본인에게는 좌절되고 실망스런 부분이고 전체 팀에도 부정적인 영향을 주기도 한다. 그러나 본인이 노력했음에도 불구하고 안 되는 것을 어떻게 할 수 있을까? 이런 경우에는 많은 격려가 필요하며 현지 언어가 많이 필요하지 않은 사역에 배치하는 것이 맞고 계속 공부할 수 있도록 배려해주어야 한다. 실제로 그런 배치를 하여 사역을 해보니 만족도도 높고 팀 안에서 서로 보상이 되어 큰 문제가 없었다. 그러나 단독 사역을 하는 선교사라면 여러 문제에 직면하게 된다.

선교사가 많이 노력해도 현지 언어를 그 나라의 초등학교 수준 이상 사용하기는 매우 어렵다는 것은 공공연히 알려진 사실이다. 필자도 현지인들에게 내가 사용하는 언어 수준이 어느 정도인가 물었을 때 초등학교 6학년 또는 중학교 1~2학년 정도 된다고 했다. 그래서 현지 언어에 대해 꾸준히 배우려고 노력하는 자세가 필요하다. 사역이 시작되면 언어를 배우는 일은 거의 하기 어렵다. 그래도 안식년 후에 재입국 했을 때나 필요할 때는 다시 공부해야 한다. 어느 선교사가 본인 지역에서 사역하는 두 미국인 교수의 이야기를 한 적이 있다. 선교지에 온 지 20년이 넘어도 계속 언어 공부를 해서 수준이 대학생 이상이라고 주변에서 말한다는 것이다. 그러나 한국 선교사들은 뜨거운 불과 같아서 열정적으로 공부하지만 일정 시간이 지나면 푹 꺼져버리는 형태를 보이는 것 같다. 반면에

2. 선교사 정착

일부 서구 선교사들은 평생 공부하는 자세를 갖는다고 한다.

선교사의 언어 공부 목표는 현지어를 상당 수준까지 사용할 수 있는 것이다. 발음은 매우 정확해야 하며(처음 만난 사람도 알아듣는 정도로) 단어는 단수, 복수, 남성, 여성 등을 포함해서 100개 단어 중에 90개 이상이 정확해야 하고, 문법은 한 페이지의 문장 중에 90퍼센트 이상이 틀리지 않아야 하고, 언어 구사는 충분히 표현하고 들을 수 있어야 하고(특히 핵심사항을), 통역은 한국어-현지어로 현지인들이 충분히 알아들을 수 있도록 표현되고, 한국인들이 이해할 수 있도록 현지어-한국어 통역이 되어야 하고, 문화로는 현지 노래 3~5개 정도 부를 수 있어야 하며, 지식으로는 현지 역사와 지리를 충분히 설명할 수 있어야 하며, 듣기로는 현지의 TV 방송을 듣는 데 불편이 없어야 하고, 책에는 표현이 없어도 일반인들이 자주 사용하는 표현들을 충분히 알고 있어야 하며, 필기로는 현지의 정부기관에 서류를 제출할 수 있을 정도가 되어야 한다.

선교사의 언어 구사는 현지어 성경을 줄줄 읽어가며 설교를 잘 작성할 수 있어야 하고, 격언과 속담을 인용할 수 있고 많은 성경 구절들을 자유자재로 암기하고 사용할 수 있어야 하고, 교인들이나 현지 리더들이나 직원들을 충분히 다룰 수 있고, 상담과 대화에 지장이 없고 농담을 할 수 있을 정도가 되어야 한다. 가장 좋은 언어 구사는 현지인이 하는대로 말하는 것이다. 그 문장 구조에 좋은 단어들과 표현을 삽입하는 데에는 시간이 오래 걸린다.

집 구하기

정착 과정 중에 가장 중요한 것은 생활공간인 집을 구하는 것이다. 한번 집을 구하면 1년 이상은 지내야 하고 이사하기 어려우므로 신중한 선택이 필요하다.

집 구하기에 아래와 같은 원리가 있다.

첫째, 집은 아내가 만족하다고 할 때 계약하여야 한다.

둘째, 자녀를 위한 공간이 있어야 한다.

셋째, 집을 일부러 작은 곳, 전세와 월세가 싼 곳만 선호해서는 안 된다.

넷째, 항상 안전을 고려하여야 한다.

다섯째, 방은 여유가 있는 것이 좋다.

여섯째, 선임 선교사는 현지의 사정을 잘 파악하여 후임 선교사가 가장 좋은 환경에서 지낼 수 있도록 배려해 주어야 한다.

일곱째, 우리가 필요로 하는 것을 모두 갖춘 집은 없다는 것이 선교지의 현실이다

여덟째, 장기 선교사의 경우 재정적인 여유가 된다면 집을 사도록 노력하여야 한다.

장기 선교사는 적절한 값의 집을 사는 것을 시도해 보는 것이 좋겠다. 물가상승을 고려할 때 집을 사는 것은 재정을 절약할 수 있

다. 그리고 안정된 공간의 확보와 사역의 안정 준다. 집 보존과 관리에서 전세보다 어려움도 있으나 전체적인 면에서 장점이 많다. 선임 선교사들이 좋은 집(?)에서 사는 것을 보고 부러워해서는 안 된다. 오랜 기간 생각하고 결정해서 추진한 것을 한순간에 판단해서는 안 되기 때문이다. 그러나 선교사는 누구에게나 집을 공개해도 부담이 되지 않을 정도로 살아야 한다.

선교사는 집을 구할 시에 안전을 특별히 먼저 고려해야 한다. 집을 구한 뒤에도 안전대책에 대해서 여러 번 생각하고 대책을 세워야 한다. 집주인과 같이 사는 방법(주인은 1층에 선교사는 2층에)도 좋은 방법의 하나이나 집주인에 따라 방해를 받을 수도 있다. 아니면 주인이나 주인의 형제 친척이 가까이 사는 곳도 고려할 수 있다. 집주인이 없으면 선임 선교사가 사는 장소나 경비원이 있는 곳과 경찰서 가까운 곳들이 좋은 선택이 될 수 있다. 주변 여건 이외에 대문의 자물쇠, 창문의 틀, 전기 시스템, 화재, 도둑 예방도 점검해야 한다. 전셋집 구하기에 있어 잘 갖추어진 집이 없을 때는 내부를 고칠 계획을 해야 한다. 페인트, 부엌, 화장실, 마당, 전기 및 수도를 다시 설치하는 조건으로 계약할 수 있다.

집 구하기에서 고려할 다른 사항들은 방문자를 위한 것이다. 손님들의 선교지 방문을 염두에 두고 방이 넉넉한 집을 구하는 것이 좋다. 아니면 소속 현지 선교팀이 방문자를 위한 공간(guest house)을 갖추는 것이 좋다. 선교사의 사역 중 하나는 선교를 고취하는 것이다. 방문한 분들을 잘 섬기는 것은 선교 확장의 좋은 기회가 된다.

독신 선교사의 집 구하기는 가정의 집 구하기 이외에 몇 가지 원리가 더 추가될 수 있다.

첫째, 선교사 가정과 함께 사는 것은 피하여야 한다.

둘째, 독신이 다른 독신 선교사와 함께 지내는 것을 무조건 권장할 필요는 없다.

셋째, 독신은 가정의 반쪽이라는 판단은 잘못된 것이다.

넷째, 현지 문화와 환경에서 얻은 스트레스를 상당히 풀 수 있는 편안한 공간을 구해야 한다.

선교지마다 다르겠지만 필자가 경험한 한국 선교사와 서구 선교사의 집 구하기의 일반적 비교를 하면 아래와 같다.

구분	서구 선교사	한국 선교사
집의 규모	큰 집을 선호 방이 많은 집을 선택	작은 집을 선호 살 공간이 되는 정도면 만족
집 선택 기준	가능성 있는 집을 구함 즉, 방이 크고 공간이 있으면 본인들이 고쳐서 사용함	갖추어진 집을 선호 집수리를 대체로 싫어하고 말끔하게 되어 있는 집을 구함
기타 공간	화단 있고 마당이 넓으면 좋음	없어도 무방함
주차 공간	반드시 있어야 함	있으면 좋음
집세	적절한 값이라고 생각하면 지불 집세가 올라가는 한 원인이 됨	싸고 좋은 집을 찾음 찾으면 '할렐루야! 하나님의 은 혜'라고 간증
계약	대개 한 번에 수년 계약	대개 1~2년 계약
현지인과 동거	대개 안하는 경향	무방함, 현지인 문화를 더 잘 배울수 있는 기회로 생각함
현지인 방문	대개 허락하지 않음	수시로 현지인이 방문

비자 받기

필자의 예를 들면,

첫째, 입국 시에는 입국 비자로 들어갔다.

둘째, 선교단체 연합의 이름(알바니아에 비정부기구로 등록됨, NGO)으로 된 신청 서류와 한국의 범죄사실증명서와 소정 비자 양식을 기재하여 제출해서 알바니아 경찰청 비자과에서 받았다.

셋째, 알바니아 대학병원에서 일하는 동안은 소속 병원과 보건복지부 추천서류를 가지고 경찰청 비자과에서 비자를 받았다. 대학병원을 그만둔 뒤에는 둘째 방법으로 비자를 받았다.

넷째, 한국 - 알바니아 건강법인 설립 후에는 이 비영리법인으로 비자 신청을 할 수 있었으나 선교단체 연합의 이름으로 계속 신청하여 받았다.

다섯째, 일정 기간(약 15년)이 넘으니 장기 체류 비자(2~5년)를 주어서 사역하다가 영주 체류할 수 있는 서류도 받았다.

그 외 주변 선교사들에게서 들은 방법을 추가하면,

첫째, 3개월마다 출국하고 입국하면서 비자를 연장하였다.

둘째, 어느 국가는 입국이 어렵고 출국은 비교적 자유로워서 입국한 뒤에 체류 기간을 넘어서 체류한 뒤에 출국하고 다시 입국하는 방식으로 사역하였다.

셋째, 어학원이나 학생으로 등록하여 학생비자로 사역하였다.

넷째, 사업을 하여 사업체를 등록하여 비자를 받고 사역하였다.

다섯째, 현지인 기관(비정부기구 또는 사업체 또는 의료기관)에 직업을 가진 자로 등록하여 사역하였다.

여섯째, 국가 간 협정에 속한 기구에서 일하면서 선교 사역을 하였다.

일곱째, KOICA를 통해서 비자를 받아 사역하였다.

여덟째, 현지인과 결혼하여 거주 비자를 받고 사역하였다.

아홉째, 명예 시민권을 받아서 장기 거주하며 사역하였다.

체류 비자를 받는 일이 점점 더 어려워지고 있다. 처음 받기도 어렵지만, 갱신을 하려면 많은 서류를 첨부해야 하고 제한 국가들에서는 조사를 받기도 한다. 이 체류 비자에 대한 선교사들의 태도는 아래와 같아야 한다고 생각한다.

첫째, 비자를 받는 것은 궁극적으로 하나님의 주권이므로 항상 기도해야 한다.

둘째, 비자의 상황이 어렵더라도 어떻게든지 체류하면서 사역하도록 해야 한다.

셋째, 3개월마다 출국하고 입국하는 형식이라도 감사함으로 사역해야 한다.

넷째, 가능한 그 나라의 법을 존중하고 비난하지 말아야 한다.

다섯째, 언제 비자를 연장하지 못할 상황이 올 수 있으므로 다른 선교사에게 위임, 연락처 준비, 출국할 재정 준비, 가족에 대한 준비, 모든 문서의 암호화 같은 대비를 철저히 해야 한다.

여섯째, 체류하는 기간이라도 최선을 다해 사역하여 현지에 제자를 남겨야 한다.

일곱째, 체류 비자가 연장이 안되거나 강제 추방을 당하여도 감사함으로 받아들이고 다른 방법을 모색해야 하며, 그 나라에 입국하지 않고도 사역할 방법을 연구해서 실천해야 한다.

대부분의 나라에서 교회 개척이 자유롭던 시절이 있었다. 그 뒤에 제한 국가가 늘어나면서 비정부기구(NGO)와 자선단체의 형태로 많은 시도를 하였다. 현재에는 비정부기구나 자선단체라도 추방을 당하는 것을 종종 듣는다. 그래서 최근에는 BAM(Business as a Mission) 형태로 사업을 하는 방향으로 가고 있다. 그래서 목회자 선교사라도 기술을 배워 전문인이나 사업자 형태로 사역을 하고 있으며, 기존의 전문인들도 전문 과목을 사용하거나 필요한 다른 전문 기술을 익혀서 BAM 형태로 사역하려고 노력하고 있다.

차량 구입

선교사에게도 이동수단이 필요하다. 여러 가지 방법이 있지만, 일반적으로는 차량을 사는 것이다. 자전거와 오토바이 및 현지인들이 잘 사용하는 형태의 이동수단이 있지만, 안전에서 문제가 될 수 있다. 차량을 언제 구입해야 하는지에 관해서는 정확한 답을 말하기는 어렵다. 필요에 따라 다양할 수 있기 때문이다. 일반적으로는 초기에는 출국과 이사와 정착과 비행기 표 사용 등으로 많은 재정이 지출되기 때문에 바로 차량을 살 재정을 갖기는 쉽지 않지만, 이것도 개인적인 차이가 있다. 필자의 경험으로는 버스 이용같이 최대한 현지의 중간 수준에 맞게 이동수단을 쓰고, 나중에 절대적인 필요가 있고 현지어를 어느 정도 배우고 문화에도 익숙해진 다음에 사는 것이 좋을 것 같다.

차량 구입은 일반적으로 현지에서 사는 것이 원칙이지만 주변국에서 사 올 수도 있다. 장기적인 사용을 생각해서 비교적 좋은 차를 사야 한다. 자동차보험과 각종 세금을 적절히 지급해야 한다. 지역에 따라 도난보험도 가입해야 한다. 필요하다면 자동경보 장치도 설치하는 것이 좋다. 차량은 그 나라에서 가장 보편적인 차를 사는 것이 좋다. 그런 자동차가 적응력이 뛰어나며 부품도 많고 정비도 잘 할 수 있기 때문이다. 선교사들이 보통 재정적인 이유로 중고차를 사게 되는 데 자동차의 고장과 수리로 인해 사역이 제한받는 경우도 있다. 이에 대해 적절한 대체방법을 갖고 있어야 한다. 택시, 기차, 버스, 팀의 다른 차들이다. 필자도 첫해에 산 차량은 내내 말썽을 일으켜서 1년 중 6개월 이상을 사용하지 못한 적도 있다. 타국에 사는 선교사가 가져다 주었는데 휘발유의 질이 낮은 알바니아에서 문제를 많이 일으켰다. 당시 알바니아는 독일 등에서 가져온 10년 이상 된 중고 벤츠를 많이 사용했는데 벤츠는 저질의 휘발유에도 불구하고 거의 고장 없이 사용되었다.

2. 선교사 정착

차량은 보통 다음과 같은 일을 위하여 필요하다.

- 아이들 등하교
- 먼 거리의 사역
- 선교사 이동
- 공항 사역 — 선교사 출국과 입국과 단기 선교와 손님들
- 현지인 사역
- 손님 방문
- 휴식과 스트레스 해소

차량 소유는 언제든 사고의 위험이 있다. 사고에 대비한 각종 조치를 알고 있어야 한다. 도난 시 연락, 사고 후 대처와 연락, 고장 시 잘 수리하고 견인하는 방법과 서비스센터, 도움을 줄 수 있는 선교사와 현지인, 적절한 자동차 서류의 보관, 대사관 연락처, 병원 연락처, 핸드폰 소유들이다. 독신 선교사의 차량 구입에 반대할 이유가 거의 없다. 사역의 필요, 팀의 차량 소유, 재정 상황과 현지 문화를 고려해서 잘 결정하면 된다.

교통사고는 현재 선교사 사망의 원인 중 1위를 차지한다. 이는 현지 길에 대해 익숙하지 않음, 교통체계의 차이(어느 나라는 운전대가 우측에 있고 좌측통행을 한다), 많은 이동과 무리한 운전, 한국과 달리 국가 간의 빈번한 차량 이동과 야간 운전들이다. 필자도 5번이나 매우 위험한 교통사고를 경험하였다.

현지인 운전사가 필요할 때도 있다. 필요가 인정되고 재정적

으로 감당할만한 때에 현지인 운전사를 고용할 수 있다. 운전사 고용 시의 장점으로는,

- 현지 교통법과 체계를 빨리 익힐 수 있다.
- 사고와 고장과 교통경찰과의 문제 같은 어려운 상황에서 도움이 된다.
- 교제를 통해서 언어를 많이 배운다.
- 선교사 시간 사용에 여유가 생긴다.
- 때로는 통역으로 도움을 받을 수 있다.
- 장거리 운전을 할 때 선교사가 쉴 수 있다.
- 현지의 정치와 경제와 사회 상황에 대해 정보를 많이 들을 수 있다.
- 운전사 가족들과 친구들에게서 여러 가지 도움을 받을 수 있다.

한국의 운전면허가 통용되는 나라들이 많다. 그러나 국제운전면허로는 1년 동안만 운전할 수 있으며 필요하면 한국에서 다시 연장하여 사용할 수 있다. 어느 국가에서는 체류 비자가 있어야 운전면허 응시자격을 주거나 면허를 교환해준다. 선교사는 가능한 현지 운전면허를 취득해야 한다. 운전면허는 신분증인 동시에 선교 사역의 중요한 도구이다. 현지의 운전면허를 가지고 있으면 현지에서 국제운전면허 발행도 가능하다.

현지의 교통법을 위반하였을 때 외국인이라는 이유로 그냥 통과하면 은혜이다. 벌금통지서를 부과 받을 때 교통순경에게 시비보다는 감사와 온유함을 갖는 것이 좋다. 다른 동료 선교사 및 한

국인들에 대한 좋은 인상을 남길 수 있다. 교통순경과 시비가 붙어서 손해를 본 선교사 이야기를 여러 번 들은 적이 있다. 현지인과 접촉사고 등 문제가 생겼을 때도 외국인이기 때문에 일반적으로 불리한 경우가 많다. 이런 것에 대해서도 여러 방법으로 준비해 두어야 한다. 어느 선교사는 현지인 차가 뒤에서 신호등 앞에 서 있는 선교사 차를 받았음에도 불구하고 보상이나 배상에서 매우 어려운 일을 겪어야 했다.

선교 현지의 차량 도난의 빈도를 보고 도난 보험에 가입하는 것이 좋다. 핸들 제어기, 경보장치 설치 같은 도난에 대한 모든 대비책을 사용하는 것이 필요할 수도 있다. 주차는 집안에 주차하는 것이 좋으나 필요하면 안전한 공공주차장을 이용한다. 어느 선교사는 이웃집 주차장에 차를 두었다가 도난을 당했다. 차량을 도둑맞을 때는 무엇보다 인명이 더 중요한 것을 인식해야 한다. 평소에 도난 후 신고하는 요령을 숙지하고 있어야 한다. 차량 도난은 선교사 위기 상황 중 하나이다.

컴퓨터와 통신

1세기에 사도 바울은 "내가 예루살렘으로부터 일루리곤까지 편만하게 복음을 전하였다"고 하였다(롬 15:19). 그 많은 지역을 열심히 다닌 것도 있지만 그에 맞는 길이 있었기 때문이다. 로마제국이 팍스 로마나를 위해 도로를 많이 건설하였다. 바울은 그런 길들을 잘 활용하여 선교 사역에 사용하였다. 21세기에 인터넷은 팍스 로마나의 길과 같다고 생각할 수 있다.

전 세계의 지구촌화와 일일생활권은 비행기 같은 교통의 발달로 시작되었지만, 지금은 인터넷으로 더욱더 가까워지고 밀접해졌다. 인터넷은 이제 우리 일상에, 그리고 사역에 매우 중요한 위치에 있다.

선교지 통신의 발달사

알바니아에 인터넷이 보편화된 것은 2000년 전후이다. 그 전에는 여러 방법으로 한국에 연락하였다. 대표적인 것이 우체국 이용이었는데 알바니아는 공산주의가 무너지고 우체국도 기능을 하지 않았다. MAF(Mission Aviation Fellowship)에서 스위스 지부로 우편과 물건을 받아서 알바니아에 정기적으로 가져다주었다. 이후 선교사연합회에서 수도 티라나에 있는 다이티 산꼭대기에 안테나를 설치하여 서로 무전으로 연락하였고, 무전기를 사용하는 독특한 방법으로 이메일을 하곤 했다.

1997년에 전화가 설치되기 전에는 시내 중심부에 있는 전화버스를 이용하여 비싼 값을 주고 한국에 전화하였다. 3분 전화에 2만 원이 훨씬 넘는 비싼 전화에 줄을 서면 1~2시간을 기다리곤 했다. 팩스와 전화가 설치된 이후에는 비싸기는 해도 집에서 통신할 수 있어 외부에서 소모하는 에너지가 줄게 되었다. 2000년 초부터는 스카이프가 연결되어 이어폰과 카메라를 통하여 통신이 가능하였다. 그 다음은 070이었다. 한국 방문 중에 알게 되어 여러 대를 신청하여 가져와서 알바니아에서 처음 사용을 시작하였다. 이후 페이스북과 카카오톡과 앱이 연결되었다.

컴퓨터 통신과 인터넷의 활용

필자도 전 세계의 많은 의료 선교사를 카톡에 초대해서 의료 선교사 카톡방을 섬기고 있다. 아프리카 마다가스카르에서 중남미의 아이티까지 소식을 전하고 나눈다. 이렇게 통신들로 인해 선교사의 일이 더욱 많아졌다. 전에는 무소식이 희소식이었으나 지금은 초고속시대에 많은 소식과 정보가 오간다.

인터넷의 활용은 대개 아래와 같다.

- 소식들의 나눔 : 교회와 본부와 후원자들과 소식의 주고받음이 활발해졌다. 이는 매우 좋은 일이다. 카카오톡과 인터넷 전화, 페이스북, SNS와 홈페이지와 앱을 통해서 선교지의 소식은 본국에, 그리고 후원자들에게 속속 전달되고 있다. 선교사들은 전과 다르게 덜 고립되고 덜 고독하게 되었다. 부모님이나 가족들과도 자주 소통하게 된다. 특히 연로하신 부모님의 소식을 들을 수 있고, 혹시 먼 데서 혼자 공부하는 아이들과도 직접 목소리를 듣고 얼굴을 보면서 대화를 나눌 수 있어 좋고, 교회와 후원자들과도 신속하게 통화할 수 있어 편리하다

- 기도와 의료 같은 실제적 도움 : 선교지의 필요에 대해 선교사는

후원자들에게 바로바로 부탁할 수 있다. 대표적인 것은 중보기도이다. 보지 않으면 마음도 기도도 멀어질 수 있다. 3개월에 한 번씩 오는 선교 소식지를 통한 기도 제목은 이미 지난 내용일 수 있다. 바로바로 급한 기도 제목을 갖고 손과 마음을 모을 수 있다.

진료도 큰 도움이다. 일종의 원격 진료를 통해서 먼 곳에 있는 선교사 환자들만이 아니라 현지인들을 진료할 수 있다. 검사결과와 영상의학 사진들을 전송하여 판독을 받고 도움을 받을 수 있다. 2016년 7월에는 아프리카 T국에서 하혈을 하여 생명이 위급한 임산부의 소식이 의료 선교사 카톡방에 올라왔다. 그날 밤에 그 근처 국가의 산부인과 선교사가 연결되어 무사히 수술을 받았고 회복하였다. 카톡방이 아니었으면 불가능한 일이었다. 그 외 많은 진료 요청이 카톡방에 올라오며 자문을 받을 수 있다.

• 교육 : 이제 통신과 인터넷을 통한 교육은 보편화되었다. 다양한 교육을 인터넷으로 할 수 있어서 현지인들의 교육 및 선교사들의 연장 교육들이 가능하게 되었다.

• 관리 : 선교지에 있으면서 한국의 여러 일을 인터넷으로 처리할 수 있다. 주민등록초본이나 가족관계증명서나 졸업증명서들을 발부 받을 수 있고, 여러 가지 신고를 할 수 있으며 은행 일도 처리할 수 있다.

반대로 안식년 중이나 선교사의 부재 기간이라도 선교지의 교회 사역 및 다양한 사역과 프로그램과 법인과 건물 관리가 가능해졌다. 다양한 사역에 대해서 의견을 주고받으며 결정하고, 필요한 자료들을 한국에서 보내기도 한다. 법인 관련 문서들을 주고받고 서

명도 가능하고 건물의 유지 및 수리에 관해서도 신속한 질의응답이 가능하다.

- 자료 모음과 연구 : 통신과 인터넷의 발달은 선교사가 현지에 대해 더 깊이 알고 배울 기회를 제공한다. 현지 신문도 읽어보고 정치 사회적인 내용에 대해서도 쉽게 알게 한다. 선교사는 현장에서 일어나는 일들을 바로바로 적어놓을 수 있고 사진도 촬영해서 자료화할 수 있다. 그리고 후에 시간이 날 때 정리하면서 자료를 완성해서 책으로 출간할 수도 있다. 필자는 사건이 있거나 깨달을 때마다 기록을 남겼고, 후에 책을 쓰는 데 도움을 받았다. 이제는 실시간으로 가능하다.

- 한국 소식과 여가 : 과거에 선교사가 제일 좋아했던 것 중에는 한국에서 오는 신문과 VHS 비디오였다. 그 후에는 단기 팀들을 통해서나 우편으로 CD에 녹화된 많은 한국 드라마와 프로그램을 받는 것도 큰 기쁨이었다. 그러나 이제는 인터넷에서 바로 한국 프로그램을 볼 수 있다. 그만큼 한국에 가깝고 여러 여가를 인터넷을 통해서 즐길 수 있다.

단점들

이런 활용이 일반적으로 장점도 있지만 역시 아래와 같은 단점도 많이 있다.

- 선교사의 노출 : 창의적 접근지역에서는 선교사들의 신분이 노출되어 위험할 수 있다.

- 잘못된 정보들의 전달 : 종종 카톡방에는 여러 선교사와 선교지 소식이 올라오는 데 그중에는 확인되지 않은 것들도 있고 가짜 뉴스도 있어서 오히려 혼란과 문제를 일으킨다.
- 에너지 소모 : 카톡은 시차 없이 밤에도 오기도 한다. 많은 카톡과 이메일에 대해 답신을 안 할 수도 없다. 에너지가 많이 소모된다. 기도와 전도의 시간에 손해를 볼 수도 있다.
- 스트레스의 증가 : 많은 컴퓨터의 일들은 선교사에게 스트레스가 될 수 있다. 때론 바이러스가 오고 해킹이 되기도 하며 많은 정보를 잃어버릴 수도 있다. 고장이 나면 이를 수리도 해야 한다.
- 잘못된 사용들 : 인터넷 중독, 신문 탐독, 아이들의 컴퓨터 중독과 한국 드라마나 방송 심취와 포르노에 노출 같은 문제들을 만들 수 있으며 이는 신앙과 사역에 중대한 문제를 만들 수도 있다.

스마트폰 세상이 왔다. 이제 대부분 선교사가 스마트폰을 사용해서 하나님 나라의 선교를 극대화할 수 있게 되었다. 그러나 단점도 동반하고 있어 매우 주의가 필요하다. 인터넷 세상이 많은 것을 변하게 했지만, 절대로 변하지 않아야 할 것은 영혼 구원을 하려는 선교의 열정과 헌신이다. 그것은 그 어떤 것과도 바꿀 수 없고 타협할 수 없다.

이사

선교 현지에 이삿짐을 부치려면,

첫째, 현지에 대한 충분한 정보를 가지고 준비하여야 한다.

둘째, 물건의 양을 정확히 정할 수 없지만 넉넉하게 가져가는 것이 좋다. 셋째, 한 운송회사를 한 선교단체에서 전담으로 이용하면 편리하다. 넷째, 이삿짐 운송 시에 현지에 있는 다른 선교사들의 필요를 도와주어야 한다. 선교사들은 계속 새로운 것을 필요로 한다. 자녀 교육, 한국 음식, 사역에 필요한 것들이다. 다섯째, 현지에서도 세금 지불과 이삿짐센터 같은, 짐을 받을 정보와 준비를 해야 한다.

이삿짐에 대한 정보에 관해 현지에 무엇을 가지고 갈까에 대해 아무도 100퍼센트 답을 줄 수 없다. 그곳에 살고 있는 여러 선교사가 꼼꼼하게 적어서 기록하는 것이 가장 좋다. 과거에는 필요했지만 현지에서 살 수 있는 것들도 많이 있을 정도로 변한 나라들도 있다. 장기간 체류한 선교사는 전반적인 것과 사역적인 것을 잘 알지만, 최근의 필요와 한국의 상황을 잘 모른다. 최근에 온 선교사는 최근에의 필요와 한국적인 상황을 잘 이해한다. 상호 기록하고 몇 번 검토해서 이사를 준비하는 선교사에게 보내면 많은 도움이 된다. 사실은 평소에 늘 기록해 두면 가장 맞는 정보를 제공할 수 있다.

물건에 관하여 가져갈 물건은, 전적으로 개인 책임으로 산다는 것을 잊지 말아야 한다. 혹 모자라면 선교사 사회에서 서로 나누고 빌려 쓰면 유익할 수 있다. 물건 구입에 대해서는 정직하게 한국에 보고하여야 한다. 다른 사람의 물건 구입에 대해 비난과 판단은 금물이다. 혹 부족하거나 문제가 생겨도 인내가 필요하다.

이삿짐이 소량인 경우에는 우편이나 항공화물을 통해서 보내면 시간을 절약할 수 있다. 짐이 제법 되는 경우에는 나무 박스를 보내는 것과 컨테이너를 이용하는 방법이 있다. 보통 10 큐빗이 넘는 경우는 박스와 컨테이너가 비용이 차이가 없다. 컨테이너에 공간이 충분하므로 사역에 대한 필요와 다른 선교사들의 필요를 많이 채울 수 있다. 때로는 자동차를 가지고 가야 하고, 때로는 좋은 냉장고와 냉동고도 가져가야 한다.

최근 신임 선교사들의 이사 경향은 크게 두 가지인 것 같다. 만약 현지에서 구입이 어려운 경우에는 한국에서 품질이 좋은 것들을 많이 사서 챙겨오기도 한다. 집에 들어가면 보지 못하고 생각지 못한 것들을 많이 갖고 있다. 가능한 한 부족함 없이 집을 꾸미려고 노력한 흔적이 보인다. 세대 차이는 있지만 준비와 꾸미기가 매우 아름다웠다. 만약 현지에서 쉽게 구입이 가능한 물품들은 가격을 비교해보고 현지에서 직접 구매하는 경향도 보인다. 요새는 선교지도 미리 가볼 수 있고 정보도 인터넷 등으로 많이 알 수 있어 과거보다 이사가 쉬워진 것 같으나 기대만큼 쉽지 않다는 것을 실제로 해보면 느끼게 된다.

실제로 선교사들이 가장 싫어하는 것 중의 하나는 이동과 이사이다. 짐을 꾸리고 다시 풀고 어느덧 선교지에 오래 있으면 짐도 많고 사역 때문에 집은 창고 같아서 모두 싸서 옮기려면 쉽지 않다.

2. 선교사 정착

그 와중에 자녀가 있으면 더욱 쉽지 않다. 또한, 선교지를 떠났다가 다시 들어갈 때 한국 음식과 사역물품을 가득 지고 가게 마련이다. 그리고 냉장식품 같은 음식은 비행기로 가져갈 수밖에 없다. 공항에서 짐이 초과하면 비용을 지불하게 된다. 혹시라도 중간 기착지에서 하룻밤 자야 하면 모든 짐을 공항에서 꺼내서 숙소로 옮길 때도 있다. 현지에 도착해서는 세관원들과 실랑이가 벌어질 수 있고 세금을 내거나 압수당하는 일도 있다. 그리고 어느 물건들은 깨지거나 없어져서 마음이 상하기도 하고 주변 사람들을 힘들게 한다. 어느 선교사는 김치를 갖고 오다가 터져서 정말 독한 냄새를 풍겨서 승객들을 힘들게 한 적도 있다. 어느 교회 목사님은 선교사의 첫 입국 편에 교회 청년 두 명을 같이 보내셨다. 짐을 들어주고 짐을 많이 보내기 위해서였다. 참으로 선교사들의 필요를 아는 목사님이다.

현지인 도우미

선교지에서 현지인 도우미를 사용한 가정과 그렇지 않은 가정, 모두를 경험하였다. 장점으로는 선교사의 안전에 비교적 도움이 되고, 음식 재료 구입과 음식 만들기 같은 현지 문화를 익히는 데 유리하며, 여러 정착에 도움이 되고 아이들 양육에도 지원이 된다. 아내 선교사에게는 시간적인 여유를 제공하고, 외부로 나갈 수 있도록 해 주고, 고립되기 쉬운 아내 선교사에게는 언어를 배울 기회가 되며 가정일로 인한 체력적인 소모를 줄일 수 있다.

주의할 점들은 선교사 개인의 삶과 사역이 노출되어 외부로 알려질 수 있고, 현지인보다 부유한 삶으로 인한 괴리감을 줄 수 있으며, 선교사들의 이중성을 발견할 수도 있고, 도난의 가능성과 일부 전자 물건들의 고장을 가져오기도 한다. 그 외 고용관계에서 생길 수 있는 어려움을 겪을 수도 있다. 예를 들면 월급이나 노동 관련 보험, 또는 노동법 저촉에 관한 문제들이 생길 수 있다. 선교사가 안식년을 가거나 선교 사역을 중단할 시에 계약 종료의 어려움이 생길 수 있고 상호 간에 문제 발생 시에 해결이 쉽지 않다. 도우미가 교회 신자일 경우는 더 문제가 복잡해질 수 있다. 어느 선교사 가정에 도우미를 소개하였는데, 안식월과 안식년 기간에 일을 하지 못하였다고 필자에게 와서 불만을 호소하였다. 수입이 적어진다는 것이다. 현지인 입장에서는 생계와 관련되어 문제가 발생할 수 있는 점을 고려해야 한다.

도우미를 구하는 원리들은 필요성을 신중히 고려해서 결정해야 하고, 재정 상황을 살펴보아야 하고, 안전하고 검증된 사람을 고용해야 한다. 정확한 내용을 담은 고용계약을 하는 것이 원칙이며, 현지의 노동법을 사전에 알아보고 일단 고용했으면 준수해야 하고, 현지 문화와 정서에 맞는 지도 고려해야 하며, 다른 선교사들이나 현지인 신자들에게 거치는 것은 아닌지 살펴보아야 한다.

현지인과의 관계

현지인으로부터 어떤 손해를 입었을 때 선교사가 가져야 할 원칙은,

첫째, 이미 발생한 손해에 대해서는 그 손해를 최소화하고 미래의 손해를 예방해야 한다. 가능한 평화적인 방법으로 일을 마쳐야 한다. 사건이 퍼지게 되면 결국 선교 사역에 손해를 끼친다.

둘째, 그 사람에 대해 미움은 버려야 한다. 그렇지 않으면 미움과 집착이 커져서 선교사를 삼키고 영혼을 좀먹는다. 바로 용서하고 잊어버리는 것이 좋다.

셋째, 손해가 발생한 원인을 분석하라. 그것이 선교사의 순진함과 지혜의 부족에서 왔다면 깊이 반성 또는 회개하고 같은 실수가 발생하지 않도록 철저히 대비해야 한다. 교활한 사람에게서 왔다면 그 사람을 경계해야 한다.

넷째, 우리의 능력 밖의 일에 대해서는 하나님께 맡겨야 한다.

다섯째, 가능하면 그 사람과 다시 만날 수 있어야 한다.

선교사는 이런 어려운 일을 통해서 배운다는 생각을 해야 한다. 상당수는 참는 것으로 끝날 수 있다. 어떤 경우는 현지인 성도나 친구에게 자문하여 배워야 한다. 가능한 잘 기록해서 다른 선교사들이 같은 어려움을 당하지 않도록 해야 한다. 필요하면 현지 팀과 교회와 선교부에 적절한 보고를 해야 한다. 현지의 경찰과 대사

관에 알릴 것인지는 신중히 생각해야 한다. 더 큰 문제를 만들 수 있기 때문이다.

현지인의 부정적인 모습이 긍정적인 면보다 더 빨리 자주 보인다. 고용인에게 일을 맡겼는데 돈만 받고 전혀 일을 안 한 경우, 수리하는 현지인이 건물 수리를 했지만 엉성하게 한 경우, 우리 건물의 전기선에 허락 없이 연결해서 사용하는 경우, 하수구를 허락 없이 사용하여 음식물과 쓰레기를 버린 경우, 계약을 깨버린 경우, 건축법을 어기면서 우리 건물에 가깝게 건축한 경우 같은 많은 일들이 관계를 어렵게 한다. 선교사의 사역이 많아지고 건축을 하거나 사업을 하는 경우에 더 자주 부딪히게 된다. 현지인의 말을 너무 듣거나 너무 무시하면 낭패를 보는 경우가 종종 있다. 어디까지 얼마만큼 들을 것인가는 선교사가 적절히 판단해야 한다.

선교지에서 선교사가 쉽게 다룰 수 있는 것은 거의 없다. 현지 문화, 현지인, 여러 관청의 일들, 계약, 집 구하기, 자동차 관련 일들, 그리고 선임과 후임 및 동료 선교사, 후원교회와 선교부와의 관계 등 한 가지 한 가지에 많은 에너지가 소모된다.

현지인 고용의 어려움

문화와 관습 차이로 인하여 선교사는 많은 어려움에 직면한다. 선교지에서 병원을 운영해보니 행정, 환자, 차트, 재정, 직원, 장비, 인사, 소모품, 시설, 세무, 보험(연금), 대외, 방문한 손님 관리 같은 많은 관리가 필요한 것을 알게 되었다. 그중에서 가장 어려운 것은 인적자원(직원) 관리이다.

현지인들과 논쟁이 생긴 경우에 이기는 것은 어렵다. 현지어로 설명하고 이해시키는 것이 거의 불가능하다. 문화적 차이를 심각하게 경험한다. 감정의 상함 없이 끝나기가 쉽지 않다. 선교사에게 손해가 되기 쉽다. 재정과 관련된 경우에 더 논쟁이 깊고 길다. 그런 일이 안 생기면 좋지만 안 생기는 일은 거의 없다. 어떤 경우에는 소송까지 가는 경우도 있었다.

현지인을 고용하는 경우에는 확실한 노동계약서를 만들어야 한다. 이것은 변호사의 자문이 필요하다. 일에 관하여 분명한 내용(job description)을 주어야 한다. 휴가와 휴일에 대하여 명확해야 한다. 월급과 상여금에 대해서 정확해야 한다. 상급과 처벌에 대해서 구체적이어야 한다. 해고와 계약 만기에 대하여 설명과 합의가 있어야 한다. 사회보험과 복지에 관해 정보가 있어야 한다. 현지 노동법을 잘 이해하고 있어야 한다. 서구 선교사들은 전반적으로 이를 잘 준수한다. 서구 선교사들은 작은 위법이 후에 큰 문제를 낳을 수 있음을 잘 알고 있다.

서구 선교사들이 한국 선교사들보다 월급을 많이 주는 편이다. 집안일을 돕는 현지인, 자동차 운전기사, 교회 사역자 및 고용인에게 주는 월급이 많아서 비교와 불평의 원인이 된다. 심지어는 같은 한국 선교사들 사이에서도 차이가 있어서 종종 어려움이 된다. 선교사는 현지에 자신을 도울 사람을 가져야 한다. 경찰, 변호사, 공증인, 회계사, 정부 관료 및 공무원, 공항 관계자 및 의사들과 면식을 가지고 있으면 유리하다.

오직 믿음으로

어느 날 선교사들이 모여 식사하는 가운데 필자 옆에 앉았던 한 목사 선교사는 농담 반 진담 반으로 나에게 "가진 게 돈뿐이지?"라는 질문을 던졌다. 당시에 필자는 클리닉을 통해 사역하고 있었는데 흔히 의료 선교사들이 클리닉에서 일하고 일부에게 돈을 받는데, 그것을 가지고 돈을 많이 번다는 잘못된 소문이 나기도 한다(다른 의료 선교사들에게서도 비슷한 내용을 들은 적이 여러 번 있다). 그래서 필자는 "아니 가진 것은 믿음 뿐인데"라고 거의 반사적으로 대답을 하였다. 평소 생각하고 마음에 담았던 것이 바로 나온 것이었다. 어느 선교사대회를 준비하면서 선교사들이 재정이 없어서 대회에 오기 어렵다는 카톡을 받은 적이 있다. 그래서 그 선교사에게 돈은 없지만, 겨자씨 믿음은 있지 않느냐고 답신을 보낸 적이 있다.

이 믿음이 반드시 어느 선교단체들에서 강조해온 재정 모금에서의 faith mission(믿음으로 재정 모금하는 것 : 사람들과 교회에 직접 찾아가서 설명하거나 요청하지 않고 기도와 편지만으로 요청하는 것으로 하나님이 교회와 사람을 감동하셔서 재정 지원을 해 줄 것이라고 하나님을 온전히 믿는 재정 후원의 방법)만을 의미하지는 않는다. 실제로는 모든 과정과 사역에서 오직 믿음으로 하라는 것이다.

이것은 마치 우리가 하나님과 재물 사이에서 선택을 하는 것과 비슷하다. 하나님은 우리의 삶에 재물이 필요하다는 것을 아시는 분이시며 다양하게 공급하신다. 먹을 것과 입을 것과 살 것이 필요하다는 것을 아시며 이에 대한 책임을 다하신다. 마치 필자의 결혼식에서 전해진 열왕기상 17장의 엘리야같이 까마귀를 통해 공급도 해주신다. 결코 재물이 하나님과 하나님에 대한 믿음을 대체할 수도 비교할 수도 없다. 오직 하나님, 오직 믿음 뿐이지만 그 후 재정적인 필요도 채워가는 것이다.

선교사들이 흔히 하는 실수는 믿음과 돈을 병행하려는 태도이다. 그것은 맞지 않는다. 오직 믿음으로만 해야 하고 믿음으로 개척해가는 것이다. 그런 과정에서 재정이 필요하기에 재정을 위해 기도하고 모금하는 것이다. 돈이 우선순위에 오르고 돈이 자주 언급되고 돈을 많이 다루다 보면 믿음은 사라지고 돈이 모든 것을 하는 것으로 오염되기 쉽다. 선교사는 그런 시작부터 선교의 정체성을 잃어버리고 왜곡된 길을 가게 된다. 특별히 사역만이 아니라 자녀 교육에 있어 재정적인 필요가 많고, 한국에 계시는 고령의 부모님들로 다른 부양가족이 없을 때와 그들이 요양병원이나 요양원에 있어 병원비나 생활비를 지원해 드려야 하는 경우에도 재정이 우선순위가 된다. 이런 필요는 매우 실제적이어서 이유가 충분하기에 때론 이 부분이 믿음보다 앞서기도 한다. 그런 부분은 교회와 선교부와 함께 지혜로 접근하면서 기도로 하나님을 신뢰해야 할 부분이다. 믿음과 실제적 지혜를 혼동해서는 안 된다.

끝으로 선교팀에서 회자된 농담이 있다. 어느 목사님이 선교지를 방문하셨다. 보통 오시면 선교사를 격려하고 축복하시면서도 어렵고 힘든 것이 없느냐고 물어보시곤 하는데, 선교사는 목사님의 질문에 "Don't worry"라고 대답했다고 한다. 그런데 목사님은 돈이 '워리(걱정)'라고 이해하시고 선교비를 더 보내셨다는 것이다. 이것은 실제 있었던 일은 아니지만, 선교사들에게 재정적인 필요가 매우 많다는 현실을 보여 준다. 가정, 자녀 교육, 사역, 프로젝트와 현지 지도자 후원같이 많은 재정적인 필요가 있더라도 오직 하나님, 오직 믿음에서 흔들려서는 안 된다.

8+8+8의 법칙

선교사들을 비롯해서 모든 사람에게는 주어진 시간이 같다. 하루는 24시간이며 1년은 365일이다. 그런데 어떤 선교사는 많은 사역을 하고 열매를 남기지만, 다른 선교사들은 그렇지 않다. 사역지, 사역 분야, 경력과 배경, 소속단체와 기타 여러 이유들로 차이가 있을 수 있지만 같은 분야, 같은 조건에서도 차이가 있다.

능력과 달란트 차이는 어쩔 수 없겠지만 필자는 시간 사용에서의 문제를 제기하고 싶다. 선교사는 하루 24시간 중 8시간은 잠을 자야 한다. 약간의 차이를 고려해도 모두가 거의 동일할 것이다. 독신이나 가정에 따라 차이는 있겠지만, 먹고, 씻고, 아이들 케어하고, 쉬고 하는 시간으로 또 8시간을 사용한다.

핵심은 남은 8시간이다. 이 8시간은 정말로 분리해서 확실하게 사역을 해야 한다. 이 시간마저도 집에서 컴퓨터를 하거나 다른 일로 소비해 버리면 사역에서 어떤 일도 일어나지 않는다. 이 8시간은 기도와 전도에, 그리고 공적인 일에 사용해야 하고, 가능하면 집 안에 머물지 말고 밖에 나가서 사역을 해야 한다. 문제는 선교사들이 교회 공간을 가지고 사역을 하거나 의원과 병원 또는 사업체같이 확실한 사역지가 다른 건물, 다른 공간에 있지 않으면 대개 집에 머물게 되는 것이다. 그러면 밖에 잘 나가지 않게 된다. 전에 후임 선교사들과 대화하면서, 아내 선교사들에게 남편이 컴퓨터나 하면서 집 안에 있지 말고 나가서 현지인들을 만나고, 전도하고, 대화하고, 연구하는 등 다양한 경험을 하도록 자꾸 밖으로 내보내야한다고 강조한 적이 있다.

이 8시간을 꾸준히 사역하면 결국에는 길이 보이고, 사역이 만들어지고, 열매를 맺을 수 있을 것으로 확신한다. 8시간은 분명하게 공적으로 의무감과 사명감을 갖고 사역해야 한다. 물론 선택과 집중으로 지혜롭게 사용한다면 더욱 좋다. 손님 대접, 단기 선교팀과 사역하는 일 등 여러 행정과 관련된 일에도 이 8시간을 사용할 수 있으나, 가능하면 이 8시간은 사역을 위해서 양보하거나 타협하지 않는 것이 좋다.

전문인 선교사들은 비교적 이 부분에 대해 구분이 명확하다. 현지 학교에서나 병원에서 일하는 경우에는 오전에 출근하여 오후에 퇴근하니 시간 사용이 명확하다. 대신 그 시간에 기본 역할에 충실하면서도 늘 전도의 기회를 가져야 하고, 저녁과 주말을 이용하여 여러 사역들을 진행해야 한다. 목회자 선교사들은 오전에는 비교적 자유로운 시간을 보내지만 연차가 올라갈수록 다양한 사역들이 있어 점점 더 바빠진다.

뱀같이 지혜롭고 비둘기같이 순결하라

마태복음 10:16절의 "너희는 뱀같이 지혜롭고 비둘기같이 순결하라"는 이 말씀은 제자들은 전도 보내면서 주신 말씀 중의 하나이다. 그 본문 바로 앞에는 "너희를 보냄이 양을 이리 가운데로 보냄과 같도다"라는 위험과 위기가 전제되어 있다. 타 문화권에 가 살면서 사역하는 선교사들은 양과 같이 약하다. 그러나 환경은 이리와 같다. 그 가운데서 생존하려면 지혜와 순결이 다 필요하지만, 말씀 중에는 지혜가 먼저 언급되어 있다.

'뱀같이 지혜로움'은 영어로 'as shrewd as snakes'로서 여기의 'shrewd'는 '약삭빠른, 영리한, 빈틈없는, 현명한, 능수능란한'의 뜻을 의미하는데 때로는 교활한 것도 포함한다. 예수님이 뱀을 언급하실 때는 창세기 3장의 뱀을 연결시켰을 것으로 생각한다. 에덴동산에서 뱀은 어떤 역할을 하였는가? 여자를 꾀어 마침내 인간을 타락시켰다. 이와 유사하게 전도를 보내시면서 뱀을 언급하셨다면, 제자들의 역할은 사람들을 지혜롭게(교활하게) 잘 설득하고 잘 설명해서 생명의 주가 되신 예수님에게 인도하라는 명령을 포함한다고 생각한다.

선교 현지에서 살고 사역하면서 다양한 shrewd가 있어야 하되, 항상 순결해야하는 점을 동일하게 적용하며 살아야 한다. 전도와 여러 사역과 연구와 개발은 shrewd로 관계와 운영과 책임과 의무는 순결하게 하는 구분과 통합이 병행되면 좋을 것이다.

예수님과 오병이어

선교지에서 '오병이어' 사건을 묵상하던 중에 깨달은 것이다. 제자들은 무리를 보고 머리를 움직였다. 그리고 거기서 나온 것은 Calculation(계산)이었다. 그러나 예수님은 마음을 움직이셨다. 그리고 거기서 나온 것은 Compassion(긍휼)이었다.

제자들 Head ➡ Calculation
예수님 Heart ➡ Compassion

선교 사역과 오병이어의 난민 같은 구호 사역은 무엇보다 마음으로 해야 한다는 것을 보여준다. 그래서 어떻게든 그들을 먹이려는 시도를 하고 가능성을 찾으려 한다. 제자들같이 머리를 굴리게 되면 마을에 들어가 먹을 것을 사먹게 하라든지 아니면 대략 필요한 이백 데나리온의 계산을 하게 된다. 그것은 해결 방법이 아니다. 오히려 긍휼의 마음을 가질 때 오병이어 같은 작은 가능성을 발견하게 되고, 그것을 통해서 연속적으로 일어나는 신비한 기적을 경험하게 된다.

선교를 포함한 하나님 나라의 사역은 마음으로 하라고 강조하고 싶다. 단기 선교 강의를 갔을 때 물어보면, '이번에는 재정이 모자란다', '갈 사람이 적다' 하면서 근심하는 말들을 듣곤 하는데, 선교지에서 사역을 하다보면 부족한 것들 투성이다. 계산하면서 하려고 하면 마음이 더 힘들어진다. 하나님에 대한 헌신과 믿음의 마음을 가져야 한다.

그러면 머리는 필요가 없는 것인가? 그렇지 않다. 예수님은 마음 다음으로 머리를 사용하셨다. 즉, 예수님은 제자들에게 명하사 잔디 위에 백 명씩 또는 오십 명씩 앉게 했다. 이는 마치 구약의 백부장과 오십부장을 연상하게 하는 것으로 많은 사람들을 동시에 먹이는 데 매우 유리한 방법이다. 만약 이 많은 사람들을 일렬로 세워서 떡을 나누어 주었다면 아마도 밤을 새야 했을 것이고, 뒤에 있는 사람들은 기다리다가 지치거나 못 먹는 일이 발생했을 것이다. 필자는 1999년에 코소보에서 난민을 섬길 때 이것을 알게 되었다. 아침과 점심과 저녁을 계속 먹어야 하는 데 줄로 세워서는 너무나 일이 더디고 비효과적이라는 것을 알게 되었다. 그리고 교회 사역을 하면서 성탄절에 선물을 나누어 줄 때도 300명이나 되는 아이들을 일렬로 세워서 선물을 주니, 질서는 안 잡히고 혼란만 일어났다. 심지어는 그렇게 하고도 나중에 못 받은 아이들이 나오는 것을 자주 경험했다.

그러나 예수님의 내신 지혜로 백 명, 오십 명씩 그룹을 지어 떡과 물고기를 나누어 주니 모두가 배불리 먹을 수 있었다. 즉, 예외 없이 모두가 흡족히 먹은 것이다. 그럼 그 증거가 무엇인가? 12 바구니가 남은 것이 증거다. 먹고 또 먹고도 남았다는 것은 모두 흡족히 먹었다는 확실한 증거가 된다. 그래서 성경 기자가 12바구니가 남았다는 것을 기록한 것으로 보인다. 예수님은 지혜롭게 머리를 잘 사용하심으로 이런 완벽한 결과를 가져왔다. 우리도 예수님같이 머리를 지혜롭게 잘 사용하면 사역의 결과를 만족하게 가져올 수 있다. 무엇보다 강조하고 싶은 것은 마음과 머리의 순서와 영역을 혼동해서는 안 된다는 점이다.

그 외 예수님과 제자들은 마음과 머리 외에 손과 발을 사용하셨다. 사역에는 이런 손과 발이 필요하다. 나누어주는 손, 대접하는 손, 섬기는 손, 그리고 찾아가고 일하는 발이 필요하다. 이런 전체적인 과정을 이해하면서 가장 잊지 말아야 할 것은 역시 사역의 중심에는 예수님이 계시다는 것이다. 난민이 많아도, 고난 같은 풍랑을 만나도, 대적 귀신을 만나도 질병과 죽음의 위기가 와도 예수님이 거기에 계시면 아무 문제가 안 되고 다 해결된다는 것이다. 선교사에게는 그것에 대한 완전한 믿음이 필요하다.

선교와 달란트 비유

마태복음 25장에는 달란트 비유가 나온다. 거기서 예수님은 두 그룹을 지칭한다. 착하고 충성된 종과 악하고 게으른 종이다. 과연 이렇게 두 그룹만 있을까? 필자는 착하고 게으른 그룹과 악하고 충성된 그룹들도 있을 것이라고 생각한다. 누가복음 16장에는 옳지 않은 청지기가 지혜롭게 일을 준비한 것에 대해 칭찬한 장면이 나온다. 그러면서 불의한 재물에 충성하는 것을 언급하신다.

내가 경험한 어떤 단체의 사람들은 매우 순수하고 착하다. 그러나 회의를 하거나 일처리를 할 때 답답하고 부족한 것이 적지 않게 보인다. 많은 시간을 사용하면서도 핵심을 놓치고 있는 것을 보면 안타깝다. 선교사들 중에도 그런 분들이 더러 있다. 순수하고 사람은 좋은 데 일을 잘 못한다. 그런 분들을 보면 착하고 게으른 그룹이 아닌가 하는 생각을 하게 된다(그러나 판단하거나 비난하지는 않는다).

반면에 매우 계산적이고 약삭빠른 선교사들도 만나게 된다. 그런 분들은 자기 것은 잘 챙기는데 공동체를 위해서는 인색하고, 도움은 많이 받으면서 도움을 잘 안주려고 한다. 착하고 충성된 자라고 말하기도, 악하고 게으른 사람이라고도 말할 수 없는 애매한 경계에 있는 것 같아 보인다.

선교와 고넬료 사건 — 이방인에게도 선교가 일어난 첫 사건

베드로와 고넬료의 만남과 변화가 일어나는 사도행전 10장과 11장은 사도행전의 선교의 물줄기를 변화시키는 대전환점이 된다. 베드로와 사도들은 유대인으로서 이방 선교에 대해서는 문을 닫고 있었다. 4복음서에서 예수님이 이방을 경험하는 일은 있었다. 마가복음 5장에서 거라사인의 지방에 귀신 들린 이방인을 고쳐주시기도 하였고, 요한복음 12장에서는 명절에 예배하러 올라온 사람 중에 헬라인 몇 명도 만나셨다. 그러나 예수님은 한편으로 열두 제자를 보내실 때 "이방인의 길로도 가지 말고 사마리아인의 고을에도 들어가지 말라고 하셨다"(마 10:5).

그러나 변화가 생겼다. 예수님은 제자들과 함께 사마리아에 있는 수가라 하는 동네에 가셨고, 우물가에서 한 여인을 만나셨으며, 그녀는 변화되었고 수가 동네에 큰 구원의 역사가 일어났다. 이런 결과를 본 제자들은 피가 이방인과 섞인 사마리아까지는 예수님도 복음 전파를 원하신다는 생각을 했을 것으로 보인다. 이것도 사도들에게는 큰 변화였다. 그래서 사도행전 8장에서 빌립이 사마리아 지역에 가서 복음을 전하여 많은 사람들이 믿게 되었고, 베드로와 요한도 가서 성령받기를 기도하자 성령을 받는 역사가 일어났다.

그러나 일반적으로 이방인 선교에 대해서는 마음의 문을 닫고 있었다. 예수님도 사도행전 1:8절에서 "예루살렘과 온 유대와 사마리아와 땅끝까지"라고 하셨다. 만약 그 시점에 예수님이 이방 (인)이라는 언급을 하셨으면 아마도 예수님의 승천이 지연되었을 것이다. 제자들이 왜 이방인을 선교해야하는 지 계속 질문을 했을 것이고, 그런 생각을 계속했더라면 마가의 다락방에서 전심으로 기도하는 것이 어려웠을 것이다. 일단 예루살렘과 유다에, 그리고 핍박으로 인해 흩어지면서 사마리아까지는 복음화가 진행되었다. 그러나 흩어진 이들은 이방 땅까지 갔다.

사도행전 10장에 베드로에게 환상이 있은 후, 그 환상이 무슨 뜻인지 속으로 의아해할 때 고넬료가 보낸 사람이 시몬 베드로를 찾았다. 그리고 성령이 함께 가라 하심으로 고넬료의 집에 형제들과 함께 갔고, 예수 그리스도의 죽음과 부활을 증거하며 죄 사함을 언급할 때에 성령이 고넬료 집에 모여 있던 모든 사람들에게 내려오셨다. 베드로와 형제들이 얼마나 놀랐을지 상상해보라.

이후 예루살렘에 돌아온 베드로가 모든 전후 상황을 설명하였을 때 그들의 결론은, 11:18절에서 "그러면 하나님께서 이방인에게도 생명 얻는 회개를 주셨도다", 그리고 19~21절을 보라 "그때에 스데반의 일로 일어난 환난으로 말미암아 흩어진 자들이 베니게와 구브로와 안디옥까지 이르러 유대인에게만 말씀을 전하는데 그중에 구브로와 구레네 몇 사람이 안디옥에 이르러 헬라인에게도 말하여 주 예수를 전파하니 주의 손이 그들과 함께하시매 수많은 사람들이 믿고 주께 돌아오더라"였다.

어떤 이들이 이방인들에게 복음을 전할 때, 그들은 예루살렘에 핸드폰을 걸거나 이메일을 보내거나 카톡으로 복음을 전해도 되느냐고 문의하지 않았으며 기다리지도 않았다. 이방인 전도는 진행되고 있었다. 이에 이방인 선교에 관한 지도자들의 바른 이해와 결정이 필요했다. 동시에 성령은 베드로와 예루살렘 지도자들에게 이방인 선교를 원하시는 것을 깨닫게 하시고 결정하게 하셨다. 얼마나 놀라운 사건인가?

선교의 모든 것이 선교본부에서 결정해서 하향식으로만 되는 것은 아닐 것이다. 현장의 사역과 변화에 맞추어 본부와 지도자들도 이 일이 성령으로 난 것이 아닌지 살피는 일이 반드시 필요하다. 선교지의 사건을 보고서 하나님의 뜻을 깨닫고 기존에 가졌던 제한과 생각을 열고 용납하고 결정하는 일도, 성령은 필요한 것을 보여주며 현장과 본부에 동시에 역사하시며 일하시는 것을 알 수 있다.

프론티어스 선교사와의 특별한 경험

프론티어스 선교사 가정의 남자 아이 둘과 우리 가정의 아이 둘이 연령대가 비슷해서 생일잔치에 초대하여 같이 놀곤 하였다. 어느 해 여름에 그 가정의 둘째 아들 생일이어서 듀레스라는 해변에서 만나기로 하였다(거기에 아내들은 오지 않았다). 아이들은 파도에 몸을 부딪혀가면서 오랜 시간 동안을 노는 사이에 필자는 프론티어스 선교사와 대화를 했다. 그렇게 어느 새 오후 늦은 시간이 되어 기온도 약간 서늘해지고 배도 고파서 먹을 것을 어떻게 할지 생각했다. 그 프론티어스 선교사는 아무런 준비도 해 오지 않은 것 같았다. 그가 가지고 온 것은 책가방 크기의 검은 가방 하나였다. 나는 아마도 음식점에 가서 저녁을 먹는가보구나 하고 생각했다.

그런데 갑자기 그가 해변에 있는 나무를 모으고는 검은 가방에서 스위스 다용도 칼을 꺼내어 나무 가지를 자르고서는 한쪽 면을 다듬어 날카롭게 했다. 그렇게 준비한 뒤에 다른 나무에는 불을 붙였다. 그리고는 아이들을 불렀다. 필자는 그 가방에 무엇이 더 있는지 매우 궁금해 했는데, 마침내 그가 가방을 활짝 열었는데 그 안에는 알바니아 사람들이 좋아하는 두툼한 소시지가 주렁주렁 있었다. 추운 몸을 불에 쬐고 있는 아이에게 날카로운 가지에 소시지를 푹 찔러서 주고는 불에 구우라고 하였고, 다른 아이들에게도 그렇게 하였다. 놀라운 것은 아이들이 그런 것을 너무 좋아하는 것이었다. 소시지가 어느 정도 익을 즈음에 가방에서 긴 빵을 꺼내서 칼로 반으로 쪼개더니 구워진 소시지를 넣고는 이어 케첩을 꺼내서 그 위에 듬뿍 부어주었다. 아이들은 급조되어 만들어진 해변의 핫도그에 너무나 만족해하면서 맛있게 먹었다.

이것은 필자에게 큰 충격을 준 사건이었다. 생일잔치는 좀 근사하게 해야 한다고 생각하는 기본 생각이 깨어지는 경험을 하게 된 가벼운 발견이었다. 그것을 넘어서 필자가 사역에 필요하면 한국에서 이런저런 좋은 물건을 가져오거나, 부탁해서 가져와 달라거나 아니면 짐으로 발송해 달라는 일반적인 생각과 방법을 내려놓고 현지에서 조달해서 현지에서 해결해야 한다는 생각을 갖기 시작하였다. 한국 선교가 부요해진 것으로 인해 선교사가 한국에서 받아서 사용하려 하지 말고 가능한 현지에서 현지에 존재하는 것을 활용하는 평범함과 단순함을 배우는 좋은 기회가 되었다. 마음과 눈이 열리는 하루였다.

선교사 케어

3

선교사 가정

선교사들의 가정도 아름답고 균형 있게 지켜져야 한다.

첫째, 하나님을 경배하는 면에서 가정은 조용한 묵상의 장소, 기도의 장소, 성경 공부의 장소 및 휴식의 장소가 되어야 한다.

둘째, 부부 관계 면에서 서로 대화하고 사랑을 나누며 휴식을 취할 수 있는 시간이 지켜져야 한다.

셋째, 아이들의 양육 면에서 매일 일정 시간이 할애되어야 한다. 그 시간은 가능한 절대적으로 지켜서 아이들과 대화하고 공부 시키고 같이 노는 시간으로 할애해야 한다. 선교사라도 다른 동료 선교사의 집에 사전 예약 없이 가는 것은 삼가해야 한다. 본인의 시간은 물론 다른 선교사의 시간 사용에도 지장을 주기 때문이다.

현지의 선교사 가정을 방문할 때 선교 사역을 잘 이해하는 분들은 선교사 가정에서 자지 않고 가까운 호텔을 택한다. 같은 집에서 자는 것의 어려움도 있지만, 아침 준비가 쉽지 않다. 선교사는 다음 날의 사역을 준비해야 한다. 친근한 분들은 부담 없이 집에서 함께 지내면서 많은 대화를 나누는 것이 좋다. 많은 선교사들은 대화를 필요로 하고 한국 소식을 듣고 싶어 한다. 선교사들은 외로움이 많다.

가장 힘이 되었던 방문은 담임목사님과 교회의 방문이다. 가장 부담이 없었던 방문은 우리를 잘 아는 학교 후배들의 방문이다.

가장 좋은 방문은 가족의 방문이다. 선교사나 방문객 모두, 선교사의 집을 방문하고 나서 함부로 평가하는 것은 옳지 않다. 우리에게는 뒤에서 수군거리려는 나쁜 마음이 있다. 각 선교사의 개인적인 부분을 있는 그대로 받아 들이려는 자세와 이해가 필요하다. 선교사는 자신의 가정이 어떻게 지내는가를 일부러 포장할 필요가 없다. 선교지에서는 숨기기도 어렵거니와 더우기 같은 팀 안에서는 숨길 필요도 없고 자연스러운 모습을 나누는 것이 좋다. 덜 아름다운 모습도 나누다 보면 좋은 해결을 가져온다.

선교지 방문 시에 좋은 선물은 CD, 여성 잡지, 새로 나온 책, 아이들 책, 먹을 것, 라면, 컴퓨터 관련 물품들이다. 선교사들이 가진 여러 성격 중에 사람 만나기를 즐거워하는 것은 꼭 있어야 한다. 현지인들의 방문과 한국에서의 방문을 기뻐해야 한다. 즐겁고 반가운 대접은 그들에게 마음의 뜻을 전달하게 한다. 다만 집 안에 사람이 북적대도 선교사는 자기의 일을 할 수 있어야 한다. 어느 선교사는 접대의 은사를 가지고 있다. 인원이 많은 방문팀을 대접하는 일과 개별적 방문을 각각 대접하는 일 모두가 즐겁고 감사하다고 한다. 이런 은사를 가진 선교사들이 있는 팀이 사역을 잘할 것이다.

가정을 잘 지키기 위해 때로는 사역을 줄일 필요가 있다. 외부에서의 사역은 잘하는데 가정 안에서의 역할을 잘 해내지 못하는 사역자들이 적지 않다. 밖에서 모든 에너지를 사용한 뒤에 집에서는 짜증과 불평하기 쉽다. 자신이 가진 에너지를 알고 적절히 분배하는 것은 사역자의 우선순위 사역이다.

선교지에서 삶의 변화를 가질 필요가 있다. 생일, 결혼기념일은 반드시 기억해서 지켜야 한다. 최대한 잔치를 벌이는 것이 좋다. 꽃과 선물들이 있어야 한다. 아는 사람들을 초대하는 것이 좋다. 현지인들을 초청하는 것은 매우 의미가 있다. 아이들의 생일에는 학교 친구를 반드시 초대해야 한다. 사진을 찍고 기념사진을 남기면 좋다.

삶에 변화를 주기 위해 선교사들의 단조로움과 변화가 없는 것에 도전하는 새로운 일정을 삽입한다. 호텔에 가서 커피 한 잔을 시켜놓고 조용한 시간 갖기, 음악 듣기, 산책, 아이들과 소풍, 체육활동, 게임 즐기기, 책 읽기, 한국 TV 프로그램 시청 등이다. 지나친 여가활동, 그리고 전혀 여가활동을 하지 않는 양 극단을 피해야 한다. 여가활동은 일종의 양념, 자극제 및 촉진제로서 선교사의 가정과 생활에 활력을 줄 수 있다. 카드놀이, 배드민턴과 야구와 농구, 장기와 바둑, 동물 키우기, 현지의 전통악기 및 전통춤 배우기와 현지에서 가능한 기타 여가활동을 할 수 있다. 한국에 온 서구 선교사들도 사냥, 말타기, 스케이트와 같은 다양한 활동을 즐겼다.

소풍은 선교 현지의 공휴일이나 아이들의 방학 때 하면 좋다. 지방의 여러 도시를 방문할 수 있는 기회도 된다. 낚시와 동물원 방문, 등산, 쇼핑, 명소 관광을 병행할 수 있다, 선교사 중 규칙적인 운동을 하는 사람은 많지 않다. 체육활동을 사명과 사역이라고 생각하고 한 가지 이상을 꾸준히 해야 한다. 아내와 아이들도 같이할 수 있는 운동이 좋다. 태권도가 가능하면 아이들과 같이 배우는 것도 좋다. 여성들에게는 에어로빅을 추천한다. 운동은 현지인들을 사귈 수 있는 좋은 기회가 된다. 때로 운동은 전문 선교 사역이 되기도 한다.

성공적인 부부관계를 위해 아래의 사항들을 계속해야 한다.

첫째, 같이 영적인 것을 나눈다. 기도, 예배, 찬송 부르기, 성가곡 듣기, 말씀 테이프 같이 듣기, 사역 같이 나누기, 서로의 사역에 같이 참여하기, 서로가 느끼는 부담을 기도 제목으로 간직하기, 선교로의 부르심을 계속 나누고 피차 격려하는 것들이 있다.

둘째, 사랑한다는 것을 말과 행동으로 표현한다. 사랑의 감정을 많이 나누도록 노력한다. 선물과 편지를 사용한다. 외식에 투자한다.

셋째, 격려한다. 약한 부분을 감싸준다. 잘하는 부분을 칭찬한다.

넷째, 상호 짐을 나누어진다. 설거지, 쌀 고르는 것과 씻는 것, 아이들을 저녁에 목욕시키는 것, 옷 갈아 입히는 것, 아침에 아이들 책가방과 간식 챙기기, 아내가 도시락 준비할 동안에 아이들 옷 입히고 밥 먹이기, 숙제 돕기, 아이들과 놀아주기, 청소하기, 아내와 성경 공부하는 여학생들을 차로 귀가시키기, 시장보기, 빨래 널기와 걷기 등이 있다.

부부관계에 영향을 미치는 몇 가지 영향 인자들은 아래와 같다.

첫째, 다양한 스트레스로 긴장도가 매우 올라가 있어 조금만 건드려도 터지기 쉽다.

둘째, 선교사의 기질과 배경의 차이가 모국에서는 몰랐는데 선교지에서는 다 드러나는 경향이 있다.

셋째, 사역의 성취 욕구가 무리를 가져와서 가정생활의 균형을 깨뜨린다.

넷째, 팀으로 사역하는 경우에 현지 팀의 분위기와 팀원들의 성숙도가 영향을 준다.

다섯째, 현지 문화에 따라 부부 관계에 변화가 생긴다.

부부 싸움의 원인은 아래와 같다.

첫째, 타문화 적응 과정에서 이해와 수용에 차이가 생기면서 고민이 된다.

둘째, 다양한 스트레스가 서로에게 전달이 된다.

셋째, 미성숙한 자아가 선교 현장에서는 다 노출된다.

넷째, 남녀의 기질 차이가 크게 보인다.

다섯째, 주변의 일과 사람들이 계속해서 자극을 준다.

여섯째, 자녀 교육을 어떻게 할 것인가에 대해 의견 차이가 있다.

일곱째, 서로 다른 의견들을 잘 조정하는 방법을 찾는 일에 서투르다.

여덟째, 불투명한 미래에 대한 불안과 걱정이 서로에게 노출된다.

본국에서 잉꼬부부로 지낸 선교사들이 있다. 선교지 초기부터 5년 동안 그들은 거의 매일 부부 싸움을 했다. 선교 현지에서의 스트레스는 가볍게 볼 게 아니다.

부부의 성생활에서 유의할 점들은 아래와 같다.

첫째, 환경의 변화는 성생활에 변화를 준다.

둘째, 집 구조를 잘 유지하여야 한다.

셋째, 부부가 성생활을 하는 날짜를 정하면 좋다.

넷째, 성생활은 올바른 부부관계 속에서 이루어져야 한다.

다섯째, 상대가 정말로 만족을 하는지 잘 살펴주고 부족한 점에 대하여 노력해 주어야 한다.

여섯째, 임신에 대한 두려움으로 성생활이 제한받지 않도록 적절한 피임을 하여야 한다.

일곱째, 자녀들에게 노출이 되지 않도록 적절히 격리해야 한다.

선교지에서의 피임이 필요할 수 있다. 자녀 출산에 대한 사전 결정이 필요하고, 의학적으로 추천된 방법의 사용을 사용해야 하며, 선교지 출발 전에 충분히 준비해야 하고 한 가지 방법보다는 여러 방법을 사용하는 것이 좋으며, 부부의 상호 이해와 지식 공유가 필요하다.

선교지에서의 임신에 관해서는 선교부의 원칙이 있는 경우에 숙지해야 한다. 가능한 피임을 통해서 임신을 피하도록 하되 이는 가정에서 우선하여 결정할 사안이다. 젊은 부부인 경우에 출산 계획을 세운다. 임신한 경우에는 감사와 기쁨의 자세를 가져야 한다.

임신한 가정에 대해 본부와 동료 선교사들은 축복하고 불만과 비판을 삼가야 한다. 특히 남편이 최대의 배려를 해야 한다. 식사 준비, 임신복, 아기용품, 출산 장소 결정 등이다. 출산 장소는 현지, 이웃 나라, 본국 및 제3국이 될 수 있으며 여러 상황을 잘 살피

109

고 경험 있는 이들과 접촉해서 정보를 얻어야 한다. 출산할 장소는 의사의 도움을 충분히 받으며 안전한 출산을 할 수 있는 곳, 본국이 아닌 경우에 신생아의 출생신고와 여권 문제가 없는 곳, 의료비가 적절하고 의료보험으로 해결할 수 있는 곳, 아내가 해산하고 충분히 쉴 수 있는 장소, 필요한 경우 도움을 받을 수 있는 곳, 아기 용품이 준비된 곳이나 구할 수 있는 곳들이다. 출산과 관련하여 신생아의 비행기 탑승으로 인한 4개월의 공백 기간에 사역의 인계 및 집과 자동차 등의 부탁들을 예비해야 한다.

출산과 관련하여 일부 국가에서는 속지주의를 갖고 있어 그 나라에서 태어난 아이들은 그 나라의 국적을 갖게 된다. 예를 들어 미국과 캐나다와 뉴질랜드 같은 나라들이다. 그래서 선교사 자녀 중에 한국 국적이 아닌 다른 나라 국적을 갖는 이중 국적의 경우도 있다. 그것이 아이들의 장래에 반드시 이익이 되리라는 보장은 없다. 어떤 선교사는 이런 점을 알고 있어 원정 출산을 하려고 시도할 수 있으나, 이는 선교부와 잘 상의해서 미래에 문제가 되는 일이 없도록 해야 한다.

선교 현지에서 여성들은 남성들보다 더 병에 많이 노출된다. 그 영향 인자들은 날씨 및 기후에 더 예민함, 여성의 우울기, 물과 음식의 변화, 관절통 및 근육통, 알레르기 질환, 환경 변화에 따른 수면장애, 기존의 질병 악화, 월경과 관련된 질환 및 산부인과와 관련된 질환이 많기 때문이다.

많은 아내 선교사들이 바라는 것은 남편 선교사들이 자신과 함께 찬양을 부르는 것이다. 어떤 남편 선교사들은 텔레비전 보는 것을 좋아한다. 아내 선교사들은 텔레비전 앞에 있는 남편이 자기 옆에 있기를 원한다. 아이들을 잘 챙겨주면 아내로부터 칭찬을 듣는다. 아내를 잘 챙겨주면 사랑을 받는다. 가족의 대소사를 솔선수범하여 처리하면 존경을 받는다. 아내는 경계의 대상이 아니다. 아내를 진심으로 사랑하면 천군만마를 얻는다.

　　보통 아내 선교사가 전도를 매우 잘한다. 교회에 나온 사람들을 일일이 분석한 적이 있다. 처음에 어떻게 교회를 나오게 되었는지 조사해보니, 대부분이 아내 선교사를 통해서나 여성 독신 선교사들을 통해서 처음 복음을 들었으며 일부 남자 어른들을 제외하고는 대부분이 여성 선교사들이 전도를 해서 교회에 출석하게 되었다는 것을 알게 되었다. 그래서 필자는 아내 선교사는 전도의 여왕이요, 여성 독신 선교사는 전도의 공주라고 부른다. 남편 선교사의 사역 부흥은 아내의 활동에 달려있다고 해도 과언이 아니다. 아내 선교사의 잠재력을 폭발시키면 된다. 많은 사랑과 격려가 도화선에 불을 붙인다. 다만 아내 선교사는 일하라고 할 때는 안 하는 것 같이 보인다. 그러나 그녀가 정말 일을 시작할 때는 아무도 말릴 수가 없다. 아내 선교사는 남편 선교사가 원하는 시간표에 맞춰 일하지 않는다. 그러나 반드시 그녀가 원하는 시간에 일한다. 아내의 사역은 끝을 볼 때까지이다. 예를 들어 설거지와 부엌일을 끝내고 나서도 아내는 다시 밤을 새우면서까지 김치 담그는 일을 완성한다. 그러나 남편은 기다리지 못하고 잠이 든다. 아내 선교사는 다른 일에서도 마침점을 찍을 때까지 일한다. 남편 선교사들은 때로는 소경이다. 등잔 밑이 어둡기 때문에.

멀리서 동역자를 찾지 말고 아내를 진정으로 사랑하라. 그러면 그녀는 자신이 할 일을 찾고 완성할 것이다. 나를 공처가, 애처가, 팔불출 그리고 경처가라고 생각해도 좋다. 아내는 하나님이 주신 놀라운 선물이다. 아내 선교사의 조언은 성공의 지름길이다.

아내와 지내는 것이 세상에서는 가장 행복한 일이다. "하나님이 해 아래서 네게 주신 모든 헛된 날에 사랑하는 아내와 함께 즐겁게 살찌어다"(전 9:9)라는 솔로몬의 말은 정확하다. 아내의 의견을 존중하면 사역이 풍요로워진다. 아내의 지적을 무시하면 실패하기 쉽다. 아내의 동의가 없는 사역은 열매가 작다. 아내의 동의를 얻으려면 잘 설득해야 한다. 솔직히 남편 선교사는 아내 선교사와 독신 선교사만큼 기도를 많이 하지 않는다. 그러나 일은 많이하며 생각도 많고 걱정도 많고 분주하다.

선교사 자녀들

선교사 자녀들을 흔히 MK(Missionary Kid)라고 한다. 그것은 단순히 부모가 선교사라는 의미만 갖는다. 좀 더 실제적이고 문화적인 면에서 새로이 규정된 단어는 TCK(Third Culture Kid)라고 한다. TCK에는 MK가 아닌 외교관이나 주재원들의 자녀들도 포함될 수 있다. TCK 아이들은 한국 문화권에서도 멀고 선교지의 문화에서도 멀고, 어느 문화에도 잘 적응하기 어려운 면에서 그런 단어가 적합한 것 같다.

선교사 자녀들의 케어와 교육의 최종 방향은 첫째, 한국인으로서의 정체성, 둘째, 국제인으로서의 성장, 셋째, 하나님 나라 시민(신앙인)으로서의 믿음과 제자됨이라고 생각한다. 아이들이 이 세 가지를 균형 있게 잘 갖추도록 부모와 파송교회, 선교기관 그리고 주변에서 같이 역할하고 도와주어야 한다.

선교사 자녀들이 갖는 복 — 장점과 단점

선교사 자녀들이 갖는 복은 많다. 가장 큰 복은 그들이 선교를 보고 자랐다는 것이다. 그 외 다른 많은 복을 받고 있다. 기도를 많이 받은 복, 다양한 타 문화 경험의 복, 선교에 참여하는 복, 사랑을 많이 받은 복, 관심의 복, 부모로부터 오는 복, 현지인으로부터 받는 복, 여러 언어를 구사하는 복들이다. 어린 아이들이 선교지에 더 잘 적응하는 것은 잘 알려져 있다. 많은 시간을 부모와 함께 있기 때문이다. 가끔 자녀들이 선교지에 싫증을 느끼지만, 결국 선교지를 좋아하며 다시 와보고 싶어 한다. 그들은 성인이 되어 선교사 자녀를 위한 교사가 되거나 방학 때 와서 머물고 가는 등 여러 형태로 선교지를 잊지 못한다.

선교사 자녀들이 갖는 단점과 한계는 한국 문화에서 멀어짐, 한국인으로 정체감 형성의 장애, 잦은 학교의 이동, 이사와 변화, 손님들의 방문과 소외됨, 한국으로 재진입의 어려움, 중고등학교 시절에 부모와 헤어짐, 친구가 많지 않음, 활동 반경의 제한, 그리고 한국인도 아니고 외국인도 아닌 제3지대에서의 삶들이다. 실제로 우리 아이들이 캐나다의 한인 교회를 다닐 때[한인 교회에는 한글을 더 선호하는 KM(Korean Mission)과 영어를 선호하는 EM(English Mission)이 있다] 아이들이 한글과 영어를 둘 다 잘해서 KM에도 가고 EM에도 갔는데 둘 다 적응하기 어려웠다고 하였다.

선교사 자녀들은 본인이 원하든 원치 않든 국제적인 성격으로, 국제적인 아이들로 자라고 변한다. 여러 가지 언어 사용도 그렇고 비한국적인 요소들도 그러하다. 아이들이 국제 사회에서 리더십을 가지고 일할 수 있으면 가장 좋을 것이다. 그리고 선교 경험이 있기 때문에 선교사가 된다면 더할 나위 없이 좋겠지만, 그것은 전적으로 아이들 본인이 하나님 앞에서 부르심과 헌신을 발견하고 결정해야 한다.

부모 선교사와 자녀들

선교사 가정에 가정예배를 드리는 것은 매우 축복된 일이다. 진심으로 가정예배를 저녁시간마다 드려야 한다. 선교사가 아이들과 같이 하는 성경 공부도 매우 필요하다. 아이들이 크면서 부모에게 원하는 것은 성실한 대화이다. 아이들이 부모의 말과 농담이 썰렁하다고 말하는 때가 대화가 필요한 시기이다.

초등학생 자녀를 둔 부모 선교사는 자랑할 것들이 많다. 그러나 중학생 자녀를 둔 부모 선교사는 오히려 근심할 것들이 적지 않다. 고등학생 자녀를 둔 부모 선교사는 하루하루가 쉽지 않다. 대학생이 된 자녀를 둔 부모 선교사는 감사하지만, 재정적인 어려움이 있다. 자녀들이 결혼하기까지 부모들의 마음은 늘 가볍지 않다. 부모 선교사는 남자 아이들에 대해 걱정하는 것 중의 하나는 군대에 가서 우리말이 잘 안 되어 왕따를 당할까 걱정한다. 실제로 군대에 가서 많은 어려움을 겪기도 한다.

사춘기에 들어선 자녀들이 부모 선교사를 어렵게 하는 경우가 종종 있다. 이상해짐, 불순종, 반항, 부모 무시, 신경질, 얼굴을 찡그림, 식사 거부 같은 것들이다. 어느 선교사 가정의 딸은 사춘기 내내 툭하면 울기만 했다고 한다. 사춘기의 자녀들에 대한 이해는 기도와 사랑에서 시작하고 대화로 유지되어야 한다. 아빠 선교사는 자녀들의 얘기를 잘 들어주고 자주 놀아주어야 한다. 엄마 선교사는 자녀들을 잘 이해해주고 격려해주어야 한다. 또한 부모 선교사는 눈높이를 사춘기의 자녀들과 맞추어야 한다.

자녀들을 잘 훈육하면 부모가 편하다. 자녀들이 악기를 다루면 교회 사역에 도움이 된다. 자녀들이 잘 성장하면 하나님 나라에 유익이 된다. 아이들은 대체로 부모가 교회에서 목회하는 것을 매우 좋아한다. 교회 안에서 다양하고 새로운 것을 경험하며, 또한 그들의 내면에 하나님과 성도들을 사랑하는 마음이 있기 때문이다. 의자를 펴고 정리하기, 헌금 정리, 교회 행사에 선물 만들기와 분배하기, 어린아이 돌보기와 반주, 음악 발표 같은 다양한 일을 한다.

한국에서 손님이 왔을 때, 아이들은 찬밥 신세가 될 수 있는데 아이들도 대화와 나눔의 기쁨에 함께 참여하도록 해야 한다. 손님들도 선교사만 상대하지 말고 아이들과도 같이 놀아주어야 한다.

청년들로 구성된 단기 선교팀이 올 때 아이들은 매우 좋아한다. 형들과 누나들, 언니들과 함께 놀며 대화하면서 배우고 외부 세계에 대해서도 많이 알게 된다. 단기 선교팀이 돌아간 후에도 여러 통신수단으로 그들과 계속 교제하며 많은 것들을 배우게 된다.

실제로 선교사의 자녀들은 부모 선교사의 거울이다. 많은 방문객들이 아이들을 보고 평가한다. 아이들의 정서와 반응과 예의는 속일 수가 없다. 현재 아이들의 모습은 장기적인 결과이다. 어느 선교부 대표는 현지에 방문했을 때, 자녀들이 밝고 명랑한 것을 보고 부모 선교사 를 많이 칭찬했다고 한다. 선교사 자녀 수련회 모임에서는 아이들이 부모님을 많이 욕하고 비판한다고 한다. 그만큼 선교지에서 어려움과 상처가 많고 일부 부모들에게서는 상처를 받았기 때문이다. 자녀들 앞에서 다른 사람들에 관해 부정적으로 언급하는 것은 하지 말아야 한다. 자녀들이 다 듣고 있기 때문이다.

부모 선교사들은 자녀들이 열악한 환경에서 자란다는 이유로 징계보다는 이해하려고 한다. 그러다보면 책망과 징계를 안 하기 때문에 아이들의 습관이 나빠질 수 있다. 다음과 같은 경우에는 잘 가르치고 교정해 주어야 한다. 인사를 잘 안하는 아이들, 집 안에 들어와서 바로 컴퓨터방이나 장난감이 있는 곳으로 뛰어가는 아이들, 허락 없이 남의 물건을 만지는 아이들, 큰 소리를 지르는 아이들, 식사하거나 선물을 받은 뒤 감사 표현이 없는 아이들, 밥을 먹은 뒤에 그릇을 내놓지 않고 그대로 두는 아이들, 물건을 빌려가면서 제 때에 안 가져오는 아이들, 무엇이든지 어지럽히고 정리를 안 하는 아이들 등이다.

선교사 자녀들 케어

아이들이 한글을 제대로 배우지 않고 선교지에 온 경우에 나중에 커서 한글을 제대로 하기가 매우 어렵다. 특별히 어려운 한글 표현들을 잘 구사하지 못해 자신도 짜증을 낸다. 안식년과 다른 방법으로 한국 학교를 다니거나 적극적으로 한글을 배우는 것이 꼭 필요하다. 학교나 유치원에 갈 수 없는 어린 자녀가 있는 경우, 사역 때문에 현지인 아주머니에게 아이들을 맡기면, 아이들은 이불 속으로만 들어가려고 한다. 언어가 통하지 않는 현지인 아주머니로 인해 스트레스를 많이 받기 때문이다.

선교사의 가정생활은 맞벌이 부부와 같다. 부부가 모두 사역에 바쁘다. 그러나 사역 중 가장 큰 사역은 자녀를 위한 사역이다. 그것을 우선순위에 두어야 한다. 선교 사역 기간 중 제일 재미가 없는 시간은 아내가 없는 기간이다. 그러나 제일 에너지가 떨어진 시기는 아이들이 없는 시기이다. 아이들이 두꺼운 영어책을 가지고 공부하게 되면 부모의 역할은 작아진다. 그러나 그럴 때에도 아이들과 함께 하는 부모가 노력하는 부모임에 틀림없다.

아이들의 삶에 영감을 주려면 좋은 책을 옆에 두어야 한다. 어린 시절에 읽은 그 책들을 따라서 아이들은 살게 된다. 좋은 만화와 비디오도 필요하다. 특별히 아빠의 역할이 매우 중요하다. 아이들과 식사를 같이 하면 70점 아빠로 보통 아빠이고, 아이들과 영화를 보러 가면 80점 아빠로 노력하는 아빠이며, 아이들과 게임놀이를 같이하면 90점 아빠로 아이들에게 우선순위가 있는 아빠이며, 아이들의 얘기를 잘 들어주는 아빠는 100점 아빠로 아이들과

117

눈높이가 같은 아빠라고 필자는 생각한다.

선교사 자녀들 교육

자녀들에 대한 교육열은 선교사들도 예외가 아니다. 본인이 받았던 이상의 교육을 자녀들에게 물려주고 싶은 것이다. 많은 선교사 자녀들이 피아노 및 악기, 미술, 수영과 기타 배움으로 일정이 꽉 차 있다. 그러나 선교지는 그 교육열을 다 채워주기가 힘들다.

자녀들이 자신들보다 더 위대한 사람이 되기를 바라지 않는 부모는 없다. 그러나 자녀들이 부모와만 함께 있으면 더 훌륭하게 키우기가 쉽지 않을 수도 있다. 그것이 자녀들이 왜 부모를 떠나야 하는가의 이유가 되기도 한다.

선교지에서 아이들이 집에서 영어만 사용하는 것을 금하는 것이 옳다. 한국어를 연습하도록 해야 한다. 어떤 부모는 아이들이 영어를 빨리 배우게 하려고 영어 사용을 선호한다. 때로는 자신이 영어를 연습하기 위해 아이들과 영어 대화하기를 원한다. 그렇게 하면 아이들은 영어에 더 익숙하게 되고 한글에 대한 우선순위를 잃어버린다.

부모 선교사가 자녀의 학교나 국제학교에서 선생님과 면담할 때 영어로 말하고 듣는 것이 힘들다. 그래서 자신이 원하는 것을 전달하기가 쉽지 않다. 역사의 경우, 미국 역사를 중심으로 배우는 것이 못마땅할 때도 있다. 전체 학부모회의에서 꿀 먹은 벙어리로 있기가 쉽다. 영어권 문화 중심이어서 한국인의 자리가 거의 없다고 느낄 때도 있으며, 어떤 적극적인 역할을 하기가 어렵다. 선생님이 없어서 구할 때도 역할을 하기가 쉽지 않다. 그래서 한국 부모들은 학교에 기여는 하지 않으면서 도움만 받는다는 불평을 다른 서구 부모들로부터 듣기도 한다. 이를 극복하려면 노력을 많이 해야 한다. 감사하게도 우리 현지 팀 선교사 중 한 명은 캐나다에서 영어를 공부했는데 1년간 교사로 섬겼고, 한국에서 온 교사 선교사는 수학과 미술들을 가르쳐 기여하였다. 그 외 선교사 자녀 학교에서 한국 부모 선교사가 할 수 있는 일로는 학부모 모임에 적극 참여하거나 학부모 중에서 선출하는 이사 역할, 재정과 물건 기증, 체육 시간에 일일교사로 돕는 일, 음악시간에 돕는 일, 학교 물건 정리에 참여하고, 소풍에 일일교사로 참여하는 것과 자신이 잘 할 수 있는 것으로 돕는 일 ― 컴퓨터, 의사, 체육인 ― 이 있다.

한국인 부모가 하기 힘든 일로는 과목 담당 교사, 영어를 많이 사용하는 일, 이사회의 의장이나 학교 재정 및 행정 역할, 어떤 프로그램의 사회를 보는 일, 영어권 교사를 구하는 일과 영어책과 관련 서적들을 기증하는 일들이다.

한국에서 다녔던 학교에 대한 인상에 대해 들었던 얘기 가운데 부정적인 인상들은 다음과 같은 것들이다. "아이들이 욕과 상스러운 말을 많이 한다.", "선생님이 체벌을 하는데 이상한 방법으로 벌을 준다.", "단체기합이라는 것이 있다.", "강제로 머리를 깎았다.", "숙제가 많다.", "왕따와 은따가 있다.", "돈을 많이 쓴다.", "괴롭힌다." 등이다. 한국 학교를 다니는 동안에 부모가 더 신경을 써야 한다. 상처를 많이 받으면 아이가 다음 안식년에 한국 학교에 다니고 싶어 하지 않는다. 한국에도 실제로 대안학교가 많다. 정규 학교에 적응하기가 쉽지 않기 때문이다. 그렇다고 선교사 자녀들이 특별한 학교에 다니는 것은 쉽지 않고 고등학교도 외고 나 과학고나 특목고에 가는 것은 여러 면에서 힘들다.

자녀 교육에서 홈스쿨링이 차지하는 비중이 점점 더 증가하고 있다. 선교사 자녀 학교들이 점점 줄어가는 상황에서 일부 한국 선교사 자녀 학교가 있지만 학교가 멀고, 부모와 떨어져 기숙사 생활을 해야 하고, 경제적인 어려움과 여러 다른 이유들로 선호도가 높은 편은 아니다. 홈스쿨링도 나중에 검정고시를 봐야하는 어려움도 있어 어떤 선택도 명확한 답이 될 수 없는 것이 현실이다. 부모와 자녀가 함께 선교부와 머리를 맞대고 계속 이 한계를 극복해가면서 문제를 풀어가야 한다. 어떤 선교사 가정의 자녀들에 관한 일이 다른 선교사 가정에 정보와 모델을 줄 수는 있지만, 자신의 자녀들에게 그대로 적용하는 데는 많은 어려움이 있다.

대학과 관련하여 기본적으로 선교사 자녀 교육의 목표는 한국인의 정체성을 갖고 국제적인 사람으로 자라는 것이다. 실제적으로는 어느 대학을 가는가에 따라 교육이 방향이 크게 달라진다. 한국 대학과 서구 대학, 현지 대학 세 가지 선택이 있으며 대학을 안갈 수도 있다. 어느 선택이든지 쉽지 않으며 기도로 하나님이 길을 열어주시도록 간구해야 하고, 아이의 선호도와 성적과 교회와 선교부의 원칙과 재정 상황을 고려해서 결정해야 한다. 과거에는 한국 대학으로 가는 것을 원칙으로 한 선교부들도 있었으나, 지금은 국제화 시대에 맞지 않다고 생각하여 문호를 더 확대한 적도 있다. 중요한 것은 무리하면 안 된다. 특히 서구에 있는 대학을 보낼 경우에 재정이 생각보다 많이 필요하고, 아이들이 정체성 상실 같은 위험에 빠질 수 있으며, 대학을 졸업한 후에 오히려 한국으로의 입국이 더 어려워질 수도 있다.

선교사와 건강

건강한 선교사 후보를 얻는 일이 매우 어려워졌다. 군대 신체검사도 점점 더 합격선이 넓어지는 것같이 선교사의 건강 관련 선발에서도 그런 경향으로 가고 있다. 신체검사는 군대와 같이 적절한 신체 등급을 만들어서 공정하게 선발하는 제도가 필요하다. 그리고 건강 문제는 반드시 의사의 판단을 존중해야 한다. 전과 달리 이 일은 정해진 건강검진기관에서 검사하여 소견을 보내기도 하고 각 선교단체 내에 의료인이 있어 정확한 평가를 하려고 노력하고 있다. 신체검사만이 아니라 현장에서 일하는 선교사들의 건강과 관련하여 의료 문제 조언자로서 의료인들을 자문관으로 세워야 한다 (필자도 소속 선교부에서 오랫동안 의료자문관으로 일했고 정식 임명이 된 것은 아니지만 알바니아에서 그런 역할을 하였고 여러 나라의 선교사들의 질병 문제를 개인적으로 많이 상담하였다). 선교사의 신체검사에서 질병이 발견된 경우에는 정밀 검사를 해야 한다. 그리고 모든 신체검사 결과는 비밀로 분류하여 보관해야 하며, 개인정보보호법을 준수해야 한다.

선교사 선발에서 과거에는 신체적인 질병에만 초점을 두었지만, 최근에는 정신건강에 대한 관심이 커졌다. 특히 선교지에서 각종 스트레스에 노출되는 상황을 고려할 때 정신적으로 건강한 사람들을 선발해야 한다. 선교지에서 각종 정신질환이 발병 또는 악화하는 경우가 적지 않다. 이와 관련하여 정신과 의사 및 심리학자의 도움을 받아야 한다.

선교사 선발에 일반적으로 부적격한 질병과 신체조건은 치료 불가능한 질병, 장기 치료를 필요로 하는 질병, 신체 장애가 심할 때, 현지에서 악화할 수 있는 질병, 여러 정신과 질환 및 기타 선교부가 정한 질병들을 앓고 있을 때이다.

선교사 선발에 조건부 합격할 수 있는 질병들은 일반적으로 단기적인 질병, 치료 가능한 질병, 약으로 조절 가능한 질병, 신체 장애가 있더라도 활동 가능하며 전문성이 있어 현지 사역에 필요하다고 판단될 때 선교 현지에서 치료 및 관리를 할 수 있는 상황들로서, 병원시설이 좋은 국가에서 사역할 때와 현지에 의사 선교사가 있는 경우를 포함한다.

평소에 지병이 있는 선교사의 관리에는 한국에서 받아온 모든 진료기록을 현지에 가지고 간다. 본국에 접촉할 수 있는 의사와의 접촉 가능한 전자메일과 전화 등의 연락처를 갖고 있어야 하고, 필요한 약을 충분히 준비한다. 정기적인 보고를 하며 의료진과 대화한다. 선교 현지에서의 진료기록 및 병력을 기록하고 보관한다. 질병 악화 시 본국 귀환을 조건으로 한다는 내용을 포함해야 한다.

선교사의 과로와 무리한 일과 계획은 욕심일 가능성이 크다.

지나친 언어 습득에의 성취 욕구, 앞으로의 사역을 급하게 준비하려는 바쁜 마음, 본국의 교회와 후원자들의 지나친 요구, 본인의 업적 중심 지향의 태도, 아내와 아이들과 상의 없이 독단으로 결정하려는 남편의 경향 및 선교부와 팀의 부족한 이해가 무리를 하게 만든다. 운동을 하지 않는 선교사는 장기 선교사로서 사역하기 쉽지 않다. 사역을 해도 늘 지쳐서 사역하기가 어렵다. 당장에는 운동이 사치같아 보여도 장기 선교사의 사역에는 필수 중의 하나이다.

선교사 초기의 질병들은 대체로 적응 과정 및 스트레스와 밀접한 관계가 있다. 기후, 음식, 체질 변화, 물, 현지의 질병, 잡은 현지인 접촉 등이 원인이 된다. 본국에서는 전혀 겪지 않았던 질병을 갖게 되는 경우가 적지 않다. 여러 고통으로 고생을 하지만 본국에 잠시 방문하러 갔을 때 증상이 없어지는 경우가 보통이다. 그러나 다시 선교지에 돌아오면 재발하기도 한다. 선교사들이 잘 걸리는 병은 감기, 근육통, 기생충질환, 위장병과 피부병이며 그외 질병은 아니지만 사고와 과로가 있다. 그리고 선교사들은 현지인들과 잦은 접촉으로 결핵과 전염병 등에 노출되어 있다. 방문과 접촉 후 손 씻기와 양치질을 반드시 해야 하고 필요하면 옷도 갈아입어야 한다. 어느 선교지에서는 현지인들이 담배를 너무 많이 피는 데 교제를 하려면 이를 피하기가 쉽지 않다.

위생이 나쁜 지역의 현지인들이 주는 음식을 먹는 것은 쉬운 일이 아니다. 맛도 그렇지만 위생에 대해서 확신이 없다. 그들의 면전에서 적절히 거절하는 방법을 배워야 한다. 현지에 점차 적응해가면서 선교사 초기에 가졌던 많은 질병들과 증상들이 사라지는데 이는 적응이 되었고 또 적절히 증상을 피하는 지혜가 생겼기 때문이다. 이런 것을 참조하면, 초기에 가지는 질병과 증상들에 대해서는 인내가 필요한 것 같다. 아무리 주의해도 현지의 질병에 걸릴 경우가 있다. 그러면 감사와 인내로 치료받으면 좋을 것이다. 질병을 통해서 역사하시는 하나님의 계획이 있을 것이다. 그러나 부주의로 온 것이면 잘 평가해서 사전 예방을 해야 한다.

　　선교사가 암에 걸렸다는 소식을 종종 듣게 된다. 선교사가 암에 걸리지 않으리라는 보장은 없다. 질병은 하나님께 속한 것이고 우리는 그 뜻을 다 이해하지는 못한다. 암에 관한 의심이 있을 때는 즉시 사역을 중단하고 한국에 와서 정밀 검사를 받아야 한다. 수술과 항암요법과 방사선 치료와 같이 오랜 시간과 많은 재정이 사용될 수도 있다. 암을 수술하고 치료했더라도 선교지로 돌아가서 사역하는 데에는 의료자문관과 깊은 논의를 해야 한다.

　　비타민과 몇 가지 건강 약제를 꾸준히 복용하는 것은 건강에 많은 도움이 된다. 더하여 적절한 운동은 선교사의 삶과 사역에 에너지를 더해준다. 식사를 거르는 것은 건강을 해친다. 식사를 못할 정도로 사역하고 있는 것은 무리를 하고 있는 증거이다. 선교사도 비만이 될 수 있다. 현지의 음식 종류, 앉아서 올해 일하는 습관, 운동 부족 그리고 나이와 체질 등이 관련된다. 비만은 성인병과 관련이 깊다. 충분한 수면은 건강의 지름길이다. 새벽기도를 하는 선교사는 낮잠이 필요하다. 적절한 낮잠이 어느 지역에서는 하루의 일과 중에 포함되어야 한다. 선교사와 자녀들의 예방접종은 필수이다. 예방접종의 적절한 시기를 잊어버리지 않도록 주의해야 한다. 아프리카의 여러 국가들에서는 말라리아 및 기타 전염병에 관하여 계속 예방하는 약을 먹을 수도 있다. 이에 관해서도 정확한 정보에 기초하여 복용해야 한다.

선교사의 사고 소식도 종종 듣게 된다. 무거운 짐을 나르다가 다치는 경우가 종종 있다. 집안 일을 하다가 다치기 쉽다. 자동차 사고의 위험도 늘 존재하고 있다. 선교사들은 심폐소생술을 비롯하여 응급처치에 대해서 배울 필요가 있다. 선교사들이 가지고 있어야 할 의료품은 두세 가지의 항생제, 해열제 및 진통제, 일회용 반창고, 알코올과 솜, 항생제 연고, 벌레 물린 데 쓰는 중화제, 소화제, 지사제, 붕대, 가려움에 먹는 약, 기침약들이다.

대부분의 도시권에서 이런 의료품을 구할 수 있다. 모든 선교사들은 응급 상황의 시나리오를 갖고 있어야 한다. 질병과 사고 발생 시에 적절히 대처할 수 있는 확실한 대책이 있어야 한다. 현지에서의 병원 이용도 이에 포함된다. 그리고 이에 필요한 재정도 확보하고 있어야 한다. 선교 현지에서 응급 시 여러 응급 전화번호를 숙지하는 것은 매우 중요하다. 응급 병원, 경찰서, 소방서, 선임 선교사, 선교본부, 대사관, 여행사 및 현지인 조력자들을 포함한다.

선교지에서 필드 책임자와 팀장으로 일하고 전체 선교사 그룹에서 실행 이사로 일해보고, 또 정신과도 배운 의사로 그리고 진료를 하는 내과 의사로서 종합해보면, 사실 모든 선교사들이 정기적으로 정신과 의사와 상담이 필요하다. 일부의 선교사들에게는 여러 심리 및 정신과 문제가 있을 수도 있다. 고립된 환경, 스트레스 많은 선교지, 사단과 사람의 공격이 많은 현장, 안팎으로 눌림, 이

중 삼중의 각종 어려움, 사역에 대한 부담, 영적 전쟁으로 인한 상처, 생활의 변화들이 선교사들에게 심리적으로 정신과적으로 문제를 일으킬 수 있다.

선교사와 스트레스

스트레스가 많은 선교사는 작은 일에도 화를 잘 내게 된다. 불평 잘하고 급하게 화를 내는 자신을 보면 스트레스가 많은 것을 인식해야 한다. 다른 선교사들이 그렇게 하는 것을 보면 휴식과 휴가를 권해야 한다. 중요한 스트레스는 현지의 스트레스, 사역의 스트레스, 가정의 스트레스, 자녀 교육 스트레스, 관계의 스트레스, 본국에서 오는 스트레스, 재정으로 인한 스트레스를 포함한다.

스트레스가 전혀 없는 선교사는 없다. 그러나 스트레스를 이겨나가는 방법이 준비되어 있지 않은 선교사가 대부분이다. 스트레스를 최소화하면서 최대로 사역하는 선교사가 가장 지혜롭게 사역하는 선교사이다. 파도타기에서 파도에 저항하기보다는 파도에 몸을 맡겨야 한다. 스트레스도 하나의 흐름이다. 스트레스의 흐름을 잘 타면 스트레스로부터 오는 영향력을 줄일 수 있다.

선교사들의 근육은 긴장도가 높은 편이다. 즉 몸과 감정이 항상 예민하고 항진되어 있음을 의미한다. 성령께 스트레스를 맡기고 안식하는 훈련과 연습이 필요하다. 스트레스를 피할 수는 없지만 불필요한 스트레스를 줄일 필요는 있다. 자동차가 필요하면 구입하고, 더울 때에는 에어컨을 설치하고, 필요 시에는 현지인 도우미의 도움을 받음으로 스트레스를 줄일 수 있다. 그러면 남는 에너지와 시간을 언어 공부와 사역에 집중할 수 있다. 스트레스를 적절히 조절하는 것은 지혜이며 선교사는 그 지혜를 갖고 적응을 해야 한다.

선교사의 장기 사역은 스트레스 조절과 질병 예방 및 치료와 관련이 있다. 헌신은 이 모든 것을 뛰어넘는다. 그렇지만 헌신을 계속하면서도 지혜롭게 대처해야 한다. 신체적으로 건강하지 않은 헌신은 본인과 사역을 어렵게 할 수 있다.

선교사 중 비교적 스트레스를 많이 받는 형은 시간 중심의 사람, 일 중심의 사람, 팀리더의 위치에 있는 사람(책임을 맡은 사람), 혼자서 모든 것을 처리하는 사람, 완벽주의의 성격을 가진 사람, 휴식을 안 갖고 휴가를 안 가는 사람, 그리고 스트레스 처리가 약하고 느린 사람들이다.

실수와 실패

사역자는 씨를 뿌리고 거두는 농장의 일군과 같다. 부지런함이 최고의 덕목이다. 열심히 사람 만나고 전도하고 잡초를 뽑고 물주고 기다리면 자라게 하시는 하나님의 역사가 나타나고 이어서 추수하면 된다. 씨 뿌리는 비유에서 모든 씨앗이 다 열매 맺는 것은 아니지만 일부는 반드시 열매를 맺는다는 것을 배우기도 한다.

어디든지 예수를 믿고자 소원하는 이들이 기다리고 있다. 하나님이 선교사를 보내신 것은 그들을 추수하기 위함이다. 그들을 만나는 것은 선교사의 부지런함에 달려 있다. 많은 씨를 많은 지역에 뿌리는 사람이 많이 거둔다. 역시 많이 전도한 사람이 많이 거둔다. 씨를 많이 뿌리는 일은 쉽지 않다. 혼자 할 수도 있지만 가능한 팀으로 하면 더 많이 거둔다. 농업에 기술과 경험이 있으면 분명히 더 많이 추수한다. 씨 뿌림과 자람과 추수는 모두 하나님의 은혜 안에 있다. 헌신으로 씨를 뿌리고 눈물과 땀으로 물을 주며 감사로 추수하는 것이 선교 사역이다.

사역에 늘 성공할 수는 없다. 실수와 실패가 따르기 마련이다. 그럴 때 어떻게 할 것인가에 대해 인지하고 있어야 한다. 실수는 잘못, 그릇된 인식, 오해, 결함, 과실, 실책 및 실언들을 의미한다. 실수는 누구나 할 수 있으며 이를 인정하고 중단하고 반복하지 않아야 한다. 거기에 비교하면 실패는 사전에 조사나 협의를 통해 주도면밀하게 진행했던 계획이나 사업 등이 뜻하지 않은 방향으로

흘러가서 이루어지지 않은 것을 의미한다.

어쩌면 선교 사역은 실수를 늘 동반한다. 타문화에서 새로운 언어와 환경에서 실수를 안 하면 오히려 이상한 일이다. 정착 시에 끊임없는 실수들, 언어 사용과 이해의 실수들, 현지인과의 관계에서의 실수들, 그리고 사역에서의 실수들을 반복한다. 어떤 실수는 그냥 넘어 갈 만큼 작은 것이지만 다른 경우에는 큰 실수를 하게 된다. 실수에는 전혀 의도가 없는 것도 있고, 일부는 선한 의도로 했지만 일어나기도 하며 일부에서는 나쁜 의도 때문에 일어나기도 한다. 어떤 실수는 피할 수 있는 실수인데 당하기도 하고 다른 실수는 피할 수 없는 것들도 있다. 선임의 지시와 조언을 받지 않아서 생기는 실수도 있다. 자기 경험을 의지하면 더 실수한다. 어떤 실수들은 회복이 되기도 하지만 다른 실수들은 만회가 되지 않는다.

어느 선교사는 초기에 입국하여 선임의 제안을 무시하고 시외에 집을 얻었다. 버스나 택시가 많지 않았던 시절에 집 근처에는 가게도 별로 없어서 잘못된 선택을 한 것이다. 매일 자전거로 멀리 나가서 음식을 가져오는 데는 한계가 있었다. 곧 다시 이사를 하게 되었다. 어느 선교사는 이슬람 남성과 왼손으로 인사를 하다가 핀잔을 받았다. 오른손에 짐이 있었기 때문이다. 아내가 임신한 어느 가정에서는 휴식을 취하라는 말을 듣지 않고 자전거를 타고 다니면서 계속 움직이다 매우 심각한 출혈을 경험하기도 하였다. 어느 가정은 선임 선교사를 믿고 겨울에 선교지에 왔지만 선임은 자리에 없었고 일단 선임이 정해준 어느 처소에 머물게 되었는데, 거기는 전기도 부족하고 매우 추운 곳으로 가족을 그대로 둘 수가 없어서 바로 이사를 하였다. 이로 인해 선임과 문제가 생겼다. 어느 선교사는 사업을 하다가 손해 본 것을 만회하기 위해 현지인과 급하게 계약하고 몇 만 불을 투자했으나 전혀 돌려받지 못했다. 팀장에게 이 일을 상의하지 않고 진행한 것이 큰 실수였다.

산부인과 의사를 고용했으나 클리닉에 여러 문제를 일으킨 상황도 있었다. 산부인과가 꼭 필요했기에 고용했지만 관리를 잘 하지 못한 것이었다. 팀 사역을 위하여 선교사들을 모아서 선교지에 보냈으나 갈등과 대립으로 팀이 해체되는 어려움을 겪는 실패를 경험도 한다. 엄밀히 말하면 장기 선교로 부르심을 받고 계획하고 선교지에 왔다가 돌아가는 것은 실패라고 할 수 있다(그러나 추방같이 비자발적인 중도 탈락도 있다). 어느 가정은 팀장과 이런저런 문제로 대립하는 가운데 많은 시간을 낭비하고 결국 한국으로 철수하였다. 다른 가정은 선교지에 와서 심각한 위기에 빠지져 이혼을 하고 돌아간 적도 있다. 재정적인 문제가 발생하여 사역이 무너진 경우도 있다. 현지인과 대립하여 법적인 소송까지 갔다가 결국 선교지에서 철수하였다. 어느 선교사는 맡겨진 역할을 남용하여 자리에서 물러나기도 하였다.

실수와 실패 모두 믿음과 지혜의 부족, 그리고 불순종과도 관련이 있다. 베드로가 예수님을 세 번 부인하고 도망감을 실수라 하지 않고 실패라고 한다. 왜냐면 충분히 배웠고 경험했고 예수님이 경고도 하였는데 대비를 못 하고 넘어졌기 때문이다. 모세도 하나님의 말씀에 불순종하여 가나안 땅에 들어가지 못했다. 실수와 실패, 모두 선교사들이 경험하는 것이다. 중요한 자세는 어떤 것은 반성하고 다른 것은 회개하고 바른길로 돌아서야 한다는 것이다. 베드로는 그렇게 하였다. 가룟 유다는 실패하고 이어서 두 번째 다른 실패를 하였다. 그의 실패는 믿음 없이 이익을 위하여 예수님을 따른 의도된 결과였다. 그런 나쁜 의도는 실패를 가져오고 더 악수를 둔다. 베드로는 그런 면에서 전혀 달랐다.

가장 큰 실수는 실수를 통해 아무것도 배우지 못한 것이라고 생각한다. 그리고 그 실수를 반복하는 것이다. 선교지에서 같은 실수를 여러 번 반복하는 선교사를 보게 된다. 전에 했던 실수에서 배우고 변하려고 하는 자세가 없었기 때문이다. 나아가 주변에서 주는 조언들을 거부했기 때문이다. 필자는 같은 실수를 반복하는 것은 죄라고 생각하기도 하였다. 실패는 회개하고 노력하여 수습하고 나쁜 결과를 최소화하고 그 방향을 바꾸어야 한다. 같은 실패를 해서는 정말 안 된다. 나아가 가장 큰 실패는 실패 후 돌아서지 않고 더 나쁜 결과를 초래하는 것이다. 다른 방향으로 일하다가 또 실패할 수 있지만 역시 같은 자세를 가져야 한다.

이런 실수와 실패를 반복하지 않으려면 기록과 연구가 중요하다. 한 사람의 실수와 한 가정의 실패로 묻어 넘어가지 말고, 이것을 잘 기록하여 깊이 생각하고 연구하고 필요하면 많은 이들과 나누어야 한다. 필자가 팀 갈등을 경험한 것을 잘 기록한 것이 후에 다른 팀을 할 때 많은 도움이 되었다. 그런 기록이 모든 실수를 예방해주지는 않아도 적어도 덜 실수를 하게 하고 더 큰 실패를 막아줄 수 있다.

3. 선교사 케어

돕는 천사들을 보내심

선교사에게 정말 필요한 것이 있다면 하나님에 대한 절대 신뢰이다. 이것을 분명히 갖고 있지 못하면 모든 면에서 불안하고 염려하고 흔들린다. 선교사의 타락이나 연약해짐은 어느 순간에 하나님을 바라보는 것에서 벗어나기 때문이다. 마치 베드로가 예수님을 믿고 물 위를 걷기 시작하다가 예수님을 놓치고 바람과 파도를 보면서 물에 빠지게 된 것같이 순간적으로 믿음에서 벗어나게 되면 흔들리고 유혹에 넘어가게 된다.

지난 20년이 넘는 선교사 시절 동안 하나님이 역사하심과 도우심은 정말 표현할 수 없을 정도이다. 그중에서 하나님이 돕는 사람들을 보내서 일을 이루신 대표적인 것을 아래에 기록하였으니 읽는 분들에게 하나님에 대한 신뢰가 더해지기를 바란다.

처음 만난 오스트리아 친구 : 1993년 영국의 영어 학교에서 만났다. 인사만 하는 정도의 관계였는데, 알바니아에 선교사로 간다는 것을 듣고는 자기 친구가 알바니아 의사의 오스트리아 연수를 돕고 있다고 도움을 줄 수 있으면 연락하겠다고 했다. 알바니아 입국 후에 미국 기독학생회 선교사가 하는 영어 성경 공부가 매주 수요일에 있어 참석했는데 한 대학생이 호흡기내과의 율부샤티라는 의사가 나를 찾는다고 하여 전혀 모르는 사람이지만 만나러 갔다. 만나서 들어보니 자기가 오스트리아에 3개월 의료 연수를 간 적이 있고, 그때 도움을 준 오스트리아 친구가 자기 친구의 부탁을 받았다며 한국인 의사 부부를 도와주라는 말을 들었다고 했다.

율부샤티 알바니아 호흡기내과 의사 : 오스트리아 친구의 소개로 기적같이 만나서 필자가 호흡기내과 병원에서 일할 수 있도록 연결해 주었다. 1996년에 세운 한국 - 알바니아 건강법인의 이사로도 활동했다. 그의 남동생은 한국 여자 독신 선교사에게 월세를 주기도 하였다.

윤○○ 선교사 : 알바니아에 입국하여 수개월은 자전거로 살았다. 후에 대학병원에 다니면서 차가 필요할 때에 독일서 육로로 차를 몰고 와 주셨다. 후에 차량을 도난당해 다시 프랑크푸르트에 가서 차를 살 때 10일간 머물면서 차 사는데 도움을 받았다.

샤론 머레이 미국 선교사 : 미국 미생물 검사원 출신으로 선교사로 와서 국제 교회에서 만났다. 대학병원서 일하고 있어서 나와 아내를 부원장에게 소개해 주었다. 아내와 같은 해부병리과를 전공한 부원장은 우리 부부에게 알바니아 의사회에 회원으로 가입할 수 있게 해 주었고, 그것이 면허가 되었다.

크리스토퍼 던 미국 호흡기내과 의사 : 1994년에 알바니아에서 있었던 의학 세미나에서 처음 만난 미국 호흡기내과 의사이다. 그 뒤로 호흡기내과 병원서 다시 만났는데, 필자가 선교사인 줄 알고서 1996년에 단독으로 와서 호흡기 세미나를 할 때 필자가 발표할 수 있도록 모든 자료를 준비해주었고 많은 호흡기내과 약을 가져다주어 치료에 큰 도움을 주었다. 후에 미국 FCCP(Fellow of the College of Chest Physicians)를 받는 데 추천을 해주었다. 두 명의 추천이 필요했는데 다른 한 명은 1998년에 텍사스 휴스턴의 엠디앤더슨 병원의 호흡기내과에서 연수할 때 만난 와링가 교수이다.

HOPE for Albania, HOPE for World : 알바니아에 들어온 두 법인으로 네덜란드 선교사들이 운영했다. 많은 물자를 갖고 들어와서 알바니아 사역에 기여를 하였다. 많은 의료 물자와 일반 지원 물자, 그리고 샬롬클리닉 개원 때 책상과 의자 등 비품을 지원했다.

MOM+International AID: 시카고를 방문했을 때 MOM(Messenger of Mercy)의 소아과 최순자 선생님과 김현수 장로님을 만났다. 여러 의료적인 도움을 주었고, International AID를 연결해 주어서 샬롬클리닉 개원 때 한 컨테이너의 의료 물자를 지원해 주었다.

노재윤 해부병리학 교수와 이진수 종양학 교수 : 하나님이 기이한 방법으로 두 분을 연결해 주어서 1997년 알바니아의 내전으로 인한 탈출 후에 휴스턴의 엠디앤더슨 병원의 해부병리과와 두경부 종양과에서 연수를 받게 해 주셨다. 두 분이 출석하던 휴스턴 서울침례교회에 자연히 출석하여 최영기 담임목사님을 만나고 가정 교회를 배왔다. 알바니아 목장이 생기고 김진걸 장로님이 목자로서 오랫동안 사랑을 주었다. 휴스턴 서울침례교회는 International AID가 보내는 컨테이너의 운임을 주일예배 헌금으로 모아서 보내주었다.

배도선 선교사 : 1966년에 한국에 와서 16년 동안 마산 소아결핵원에서 OMF 선교사로 일하였다. 한국누가회 시작에 큰 역할을 하였고 모델이 되었다. 은퇴하고 영국으로 간 뒤에는 선교지를 방문하며 선교사들을 격려하였다. 1996년에 알바니아에 와서 필자의 집에서 1개월을 머물면서 많은 격려와 상담을 해 주셨다. 팀 갈등과 본부와의 어려움으로 큰 위기 가운데 있었던 가정에 큰 축복이었다. 이후 국제기독의사회 사무총장으로 일하면서 한국누가회를 회원으로 받아주고 알바니아 기독의사회를 회원으로 받는 데 중요한 역할을 하였다. 필자도 국제기독의사회의 실행 이사가 되어 국제적인 감각과 논의와 이해를 배우는 좋은 기회였다.

샬롬센터 건축에 도운 알바니아 사람들 : 땅을 외국인이 살 수 없을 때 이름을 빌려준 바나, 바나의 당숙으로 건축을 도운 건축가 학키우와 같이 일하는 건축사 미모자와 알바니아에 있는 동안 모든 법률적 일을 지원해 준 아리안 의대생의 엄마 로레타도 큰 도움을 주었다. 그 외 건축허가 과정에서 도움을 준 다니엘과 많은 이들이 있다.

AHF(Albania Health Fund) : 미국과 캐나다 의사로 구성된 알바니아 지원 비정부기구로서 많은 역할을 하였다. 필자의 의료 사역과 기독의사회 지원에 많은 도움을 주었다. 회장인 빌 존슨은 6·25전쟁 때 한국에 와서 일했던 외과 의사이다.

한알학교와 많은 교사들 : 수원의 중앙기독초·중학교의 김요섭 목사님과 교사들은 2001년부터 알바니아에 한알학교(한국과 알바니아 그리고 한알의 밀알이라는 뜻)를 세워 계속 교사 선교사들을 보내서 오늘에 이르고 있다. 많은 한국 선교사 자녀들이 서구 교육과 한국 교육을 같이 받아서 균형 잡힌 성장을 할 수 있었다. 첫 번째로 온 최○○ 선생님은 귀한 헌신을 하고 나서 한국에 돌아와 암이 발병해 소천하셨다.

볼티모어 빌립보 교회와 박찬규 신경외과 의사 : 2005년부터 빌립보 교회에서 단기 의료 선교팀을 보내어 알바니아에 큰 역사와 족적을 남겼다. 매년 와서 외상센터에서 디스크 수술을 하고 다양한 의료인들과 함께 와서 수술 방법을 보여주고 직접 수술하며 많은 기자재를 기증하였고 샬롬클리닉의 환자들도 진료해 주었다. 교회와 청년 사역에도 큰 역할을 하였다. 박 신경외과 의사는 미국의 여러 의사들과 팀을 계속 데리고 왔고 알바니아 의사의 미국 연수도 지원해 주었다.

한국의 많은 치과팀 : 알바니아 치과대학과 협력을 맺기도 했고 치과대학생과 치과 의사의 연수를 직접 지원하고 알바니아에 와서 세미나와 강의도 하였다. 경희대 치과대학병원, 연세대 치과대학병원, 전남대 치과대학원, 원광대 치과대학, 할렐루야 치과, 이지나 치과, 크리스탈 치과, 탑임플란트 치과, 대전의 치과연합들 외 많은 치과 의사들이 도움을 주었다.

전주 예수병원 : 2002년부터 2012년까지 계속 전공의와 약품을 보내주어 샬롬클리닉과 팀의 사역에 크게 기여하였다. 방문해 준 많은 이들과 선교사 모두 같이 은혜를 나누었다.

한국누가회와 경희대 누가회 : 1996년의 알바니아 호흡기 병원에 도서관 개설 때 많은 의학책들, 초음파 기증, 치과 설립, 그리고 많은 지원과 역할을 하였다.

글로벌 케어 : 1999년 코소보 난민 사태 때 여러 번 팀을 보내어 국경 지역에서 큰 난민 사역을 하였다.

꾸이팀 쟈니 : 김일성 대학을 나와 한글을 북한 사투리로 잘 하는 알바니아인으로 번역, 사람 소개, 어려운 일들을 처리해 주는 여러 역할을 하였다. 필자의 의사 면허와 샬롬클리닉 면허가 일시 정지되었을 때 마침 주중 알바니아 대사로 있었고 중국과 한국을 담당하였다. 한국 면허로 알바니아 면허를 받는 작업을 할 때 한국은 아직 아포스티유(영사 확인)에 가입하지 않아서 주중 알바니아 대사관에서 확인 작업을 해야 했다. 실제로는 직접 가서 신청해야 하는데 우편으로 보내서 일 처리를 하고 바로 그 서류들을 알바니아 외교토앙부를 거쳐 교육부로 보내주어서 면허를 다시 받는 일에 큰

수고를 해 주었다. 후에 총리의 비서실에서 중요한 위치에 있어서 다른 문서 작업에도 도움을 주었다.

아그론 파풀리 : 알바니아의 폭스바겐 회사 대표로 주 알바니아 한국 명예영사를 하였다. 여러 정부 기관과 많은 접촉을 해야 하는 필자로서는 많은 도움을 받았다. 보건복지부, 국세청, 산업부, 티라나 시청 등에서 인허가 작업과 문제 된 일들의 처리를 지원해 주었다.

파송 교회인 원동교회(김경엽 원로목사님, 정현민 담임목사님)는 20년 넘는 기간 동안 내내 기도와 지원의 큰 역할을 담당하였고, 일일이 언급하지 못하지만 다양한 역할과 지원과 도움으로 선교 사역에 참여한 많은 분들이 있다. 살아계신 하나님이 그 모든 것을 기억하고 큰 상급으로 존귀하게 해주실 것을 믿는다. 아멘.

팀(선교사)의 갈등[*]

가능한 모든 선교는 팀 사역으로 해야 한다. 팀 사역은 필수불가결하다고 생각한다. 팀 사역에는 크게 4단계가 있다. 형성기, 구

---

[*] 2016년에 필자가 출간한 『선교사 팀 사역과 갈등 해결』(2016, 좋은씨앗)을 참조하기 바란다.

조기, 조정기, 세분화기를 거치는 데 구조기에는 권위 위기가 나타날 수 있고 세분화기에는 독립 위기가 나타날 수 있다(이에 관하여는 필자의 다른 책을 참고하기 바란다). 팀 사역은 좋은 팀장, 좋은 팀원 그리고 좋은 구조가 필요한 데, 결국 각 선교사의 리더십과 섬김의 도와 기술적으로 준비된 구조가 필요하며, 시작된 팀 사역은 리더십과 섬김과 구조를 위해 계속 노력에 노력을 해야 한다.

선교사들이 팀을 이루어 사역하면 갈등은 일어나기 마련이다. 예수님의 제자들과 사도 바울과 바나바도 갈등을 겪었다. 광혜원에 모여 있었던 초기 선교사들도 많이 싸웠다고 한다. 갈등 자체가 발생하는 것을 막을 수는 없지만, 갈등이 일어나는 것을 예방하고 발생 후에도 최소화할 수 있다. 그러나 예방을 하지 않거나 발생 후에도 조기 발견하지 못하면 갈등은 팀을 깨뜨리고 사역을 무너뜨리며, 선교사로 선교를 중단하게 만들고 교회와 선교본부 모두가 손해를 보는 나쁜 결과를 가져올 수 있다.

갈등의 원인 : 갈등의 원인은 다양하다. 필자도 갈등을 겪어본 것을 돌이켜 보면 기본적으로 서로의 차이가 근본 원인이다. 거기에서 파생된 오해와 대립과 이해심의 부족이 갈등을 확대한다.

갈등의 종류 : 크게 인간적 갈등, 사역적 갈등, 제도적 갈등, 신학적 갈등, 재정적 갈등과 기타 갈등으로 나누어지는데, 그것이 갈등의 원인이면서 분류가 된다. 인간적 갈등은 모든 갈등의 기저 원인이며 다른 갈등에도 이 인간적 갈등이 도화선이 되거나 확대하게 만

든다. 인간적 갈등은 서로의 차이와 차이를 극복하지 못한 데서 유래하며, 사역적 갈등은 사역과 역할과 열매에 대한 것이며, 제도적 갈등은 내규나 원칙이나 팀장과 기능에 대한 문제이며, 신학적 갈등은 각 교단의 배경을 가진 목회자들 사이에서 그리고 목회자와 평신도 선교사 사이에서 발생하기도 한다. 재정적 갈등은 팀 안의 재정의 모금, 분배, 사용, 관리와 보고에 대한 문제로서 재정이 남용과 오용되거나 불투명할 때 발생하고 기타 갈등은 앞의 갈등에 속하지 않는 다른 원인에 의한 갈등들이다.

갈등의 단계 : 갈등은 발단, 전개, 절정, 파국 및 대단원의 단계를 거친다. 리더십이 훌륭하고 갈등에 대한 경험들이 있어, 사전 조치가 있고 조기 발견하여 개입하면 이 단계를 중간에서 멈추게 할 수 있거나 최소한으로 지나게 하여 큰 상처와 후유증을 피할 수 있다.

갈등의 치료 : 정확한 원인의 규명과 적절한 선교부의 개입, 믿음과 사랑의 회복, 비전과 소망의 재발견, 대화와 심리적 치료, 팀원들의 분리, 가족 돌봄, 의학적 치료, 팀의 회복과 사역 복귀와 조정, 정확한 대책 제시와 제비뽑기 등이 있다. 갈등의 양과 깊이에 따라 치료의 내용과 접근이 복잡해진다.

갈등의 예방 : 예방에는 교육적 예방과 현지에서의 예방, 영적 예방, 실제적 예방, 기술적 예방으로 분류해 보았다. 무엇보다 이론이 아니라 구체적이고 실효적인 예방이 이루어지고 재발이 되지 않게 하

고 다른 지역에서도 발생하지 않도록, 발생하여도 가볍게 지나갈 수 있도록 하는 것이 목적이다. 일시적으로 덮는 것으로 끝내지 말고 시스템을 개발해서 근본적으로 대처하는 것이 필요하다.

어느 선교지에서 선교사들끼리 싸우는 것을 본 현지인 리더가 한마디 했다고 한다. 우리에게는 서로 사랑하라고 가르치면서 이런 모습을 보이면 누가 예수님을 믿고 그 사랑을 느끼겠는가? 선교사는 그들의 모델이며 거울이다. 우리 안에 갈등을 해결하지 못하면서 현지에서 어떻게 사역을 감당할 수 있겠는가의 자세를 갖고, 빌립보서 2장을 묵상하며 겸손과 순종으로 사역해야 할 것이다. 건강한 사람도 감기에 걸리는 것처럼 팀 사역에도 갈등이 존재할 수 있다. 갈등을 잘 치료하고 그 갈등을 오히려 기회로 삼아 리더십을 개발하고 팀을 더 연구하여 성숙하고 사역을 잘하는 팀으로 발전시켜 나가야 한다. 무엇보다 갈등으로 인해 선교를 포기하는 일이 없어야 한다.

선교사의 분노

선교지에서 살면서 사역하다 보면 스트레스가 많아져서 선교사를 짜증나게 하고 화나게 하고 결국 분노를 유발하게 하는 일들이 적지 않다. 선교사가 사랑과 인내의 사람이고 섬기기 위해 현지에 왔으나 선교사의 인내 한계를 넘게 하는 일들이 종종 발생한다. 선교사들이 알고 있어야 하는 것은 그런 과정을 통해 선교사는 본인의 미숙함을 발견하고 더욱 회개하고 겸손하게 배워 성숙해져야 한다.

선교사들을 일반적으로 분노케 하는 것 중 현지인과 관련된 것은 대부분 문화 차이에 관련된 것들이 많다. 그 외 현지인들(집주인, 상점에서, 거리에서)의 부당한 대우인데 예를 들어, 계약 등과 관련되어 외국인이라고 부당한 처리, 한국인들을 중국인으로 판단하고 놀려대는 것, 아이들을 괴롭히는 것, 그리고 부탁한 일들을 제대로 처리해 놓지 않았을 때와 관공서의 일 처리 지연 — 비자와 허가 — 등이다.

사역과 관련된 분노도 있다. 도움을 많이 준 사람들의 태도, 믿었던 사람들에게서 배반당하는 일, 현지인 신자로부터의 비난, 교회와 선교본부와 주변으로부터의 오해 그리고 갑작스러운 상황의 변화 등이다. 그 외 다른 선교사와의 갈등도 큰 몫을 차지한다.

선교사들의 입에서는 현지인들에 대한 부정적인 말이 많다. 현지인들과 겪은 에피소드를 통해 현지인들의 낮은 문화를 무시하기도 한다. 현지인들에게서 소망보다는 절망적인 부분을 더 많이 언급하는 때도 있으며 현지인들 때문에 당한 것이나 손해 본 것을 자주 언급한다. 아마도 좌절하고 분노가 난 것을 환기(ventilation)하는 것으로 생각한다.

성경에도 유사한 사람들이 나온다.

- 요나 : 니느웨성에 대한 자신의 생각과 계획이 원하는 대로 안 될 때
- 엘리야 : 하나님에 대해 머뭇거리고 우상을 섬기는 이들에 대해 좌절과 분노
- 보아너게 : 많은 도움을 주었으나 영접하지 않는 자들에 대한 분노
- 베드로 : 예수님을 믿지 않고 오히려 악으로 갚는 자들에 대한 분노

선교사는 마음에 베드로같이 칼을 갖고 있고 그 칼을 휘두르고 싶은지도 모른다. 또한 우뢰의 아들들인 야고보와 요한처럼 선교사들에게도 그런 보아너게가 있다. 많은 투자를 했지만 마지막에 배신하고 떠난 현지인, 안식년 때 집을 맡기고 갔더니 물건을 팔아먹은 교회 신자, 믿음보다는 선교사가 주려는 도움만을 구하는 얌체 같은 현지인, 잘 키워놓고 안식년을 갔다 오니 다른 선교사가 데려다가 사용하고 있을 때, 일을 시켰지만 언제나 자기 방식으로 일을 처리하는 일꾼, 물건을 가져다가 돌려주지 않는 어느 현지인들에게 보아너게를 보이고 싶을지도 모른다. 그러나 우리는 예수님을 생각해야 한다. 죄인 중의 괴수 같은 우리를 받아주셨다. 자격 없는 우리에게 생명까지 내어 주셨다. 또한, 보아너게가 있을 때 한국 선교사는 한국 땅에 온 선교사들을 생각해야 한다. 그들의 인내의 수고가 있었기에 오늘의 한국 교회가 있다. 그들도 얼마나 분노가 일고 힘들었을까. 어쩌면 선교사는 자신 안에 있는 보아너게와 싸우고 현지인을 있는 모습 그대로 진정으로 사랑하는 때부터 진정한 사역이 시작된다. 그 외 성경에서 언급하는 분노에 대한 교훈을 되새겨야 한다.

- 참는 것(눅 22:51)
- 거룩한 분노를 지혜롭게(요 2:13~17, 마 11:20~24, 마 23:15~39)
- 하루의 분노는 그날에 정리(엡 5:26)
- 용서의 마음(눅 23:24, 행 7:60)
- 중보기도(출 32:7~14, 민 14:15~19)

위기 상황과 관리

선교사들은 늘 최일선(Front ministry)에서 사역하거나 가장자리(Marginal ministry)까지 가서 사역하기에 각종 위험에 노출되어 있었다. 예를 들어 의료 선교사는 전염병이 창궐하는 지역에도 가서 사역하기에 본인이 전염병에 걸려서 죽거나 병이 옮아서 장기간 치료받아야 하는 경우가 있는 것이다. 그 외에 전쟁 지역, 분쟁 지역과 치안이 어려운 지역에도 선교사들이 있기에 그들은 죽음의 위험에 직면해 있다. 역사적으로 많은 선교사들이 주님을 위해 목숨을 드렸다. 전쟁의 소용돌이 속에 오해를 받아서 죽기도 하고 납치가 되어 살해당하기도 하며, 소요와 민란 속에서 억울하게 죽기도 하며 타종교 사람들에 의해 목표물이 되어 죽기도 한다. 그리고 자동차와 비행기와 같은 다양한 사고에 노출되어 있으며 급성과 만성병에 걸려 치료를 받기도 한다. 하루아침에 추방을 당하여 모든 것을 두고 출국하고, 현지 당국에 많은 것들을 몰수 당하거나 현지인에게 강제로 빼앗겨서 사역이 중단되기도 하고 집과 건물이 불에 타기도 한다.

　　사도 바울이 고린도전서 11:23~28절에 언급한 고난과 어려움 은 그 시대에도 있었고, 윌리엄 캐리 이후에 모든 지역의 모든 선교 사에게 크고 작은 위험과 위기가 늘 곁에 있었다. 그러나 위험과 위 기가 선교사들의 사역 중단의 이유가 아니며 더 많은 선교사들이 기 꺼이 목숨을 내어놓고 복음의 종으로 일해 왔다. 그리고 그런 순종 과 희생은 하나님께 그리고 선교사 자신에게 무한 영광이 되었다. 나라를 위해 죽은 자도 애국자로 영웅으로 받들어 존경하거늘 한 번 죽을 인생을 주님을 위해 드리는 것은 영원한 영광과 상급임이 틀림 없다. 그런 전제 하에 위기 상황과 관리를 다루는 것이 맞다.

위기의 정의 : 선교사들의 안전과 건강과 사역을 위협하는 모든 요 소를 가진 상황을 위기라 할 수 있다. 반드시 죽음을 초래하는 상 황만이 아니라 각종 사고, 질병, 납치, 도둑과 강도, 사기, 재정의 고갈, 소요와 민란, 혁명, 지진과 홍수 같은 재난, 선교사를 향한 테러, 정치 및 경제적 위기, 성폭행과 성추행, 분실, 추방, 사역자 간의 심한 갈등, 그리고 중도 탈락과 선교사 타락의 일부도 위기에 포함된다.

위기의 원인 : 원인은 크게 내적인 것과 외적인 것으로 나뉜다. 내 적인 것은 우리 팀 안의 문제와 관련되어 발생하는 것이고, 외적인

것은 우리의 상황과 거의 관계없이 발생하는 것이다. 팀 안의 문제는 개인의 죄, 타락, 성적 문제, 건강 소홀, 과로, 중도 탈락과 팀의 갈등 같은 원인이며 외적인 것은 우리가 통제하기 어려운 것이지만(일부는 우리의 실수와 잘못에서 오기도 하는데) 예를 들어 교통사고, 도둑과 강도에 노출, 내란 같은 일들이다.

위기의 변화 : 위기는 생물과 같아서 오늘과 내일이 심지어는 오전과 오후가 같지 않아서 계속 움직인다. 그래서 대응책도 그것에 맞게 변해가야 한다. 위기에는 전조 단계, 급성 단계, 만성 단계 및 해결 단계 같은 단계를 겪기도 하지만 전조 단계가 전혀 없는 경우도 많아서 예측되지 않는 경우도 많다. 다른 위기들은 급성 자체가 최대의 위기여서 그때의 상황으로 종료되기도 하다. 만성은 여러 가지 다양한 변화가 많은 위기로서 인내와 경험을 가지고 전략적으로 접근해야 한다. 해결은 반드시 원래의 상태로 회복하는 것을 의미하지는 않는다. 그렇게 노력해야겠지만 위기의 상황이 종료되면 해결이라고 볼 수 있다. 각 위기들이 여러 후유증을 남길 수 있기에 가능한 위기가 발생하지 않도록 기도하고 주의할 필요가 있다. 예를 들어, 문단속을 잘 안 해서 도둑을 맞을 수 있는데, 도둑을 당하면 그 다음부터는 가까이 있는 현지인들이 혹 범인이 아닐까하는 의심을 오래 가질 수도 있다.

위기의 종류 : 필자가 경험한 것을 정리하면 위기에는 단순 위기와 복합 위기가 있다.

• 단순 위기 : 대개 일과성으로 24시간 이내에 문제가 해결되거나 종료되는 것을 의미한다. 소요와 민란이 일어났으나 하루 만에 정리가 되기도 하고, 어떤 선교사의 질병이 발견되었으나 바로 출국하여 더이상 문제가 되지 않을 수 있다. 도둑과 강도도 하루 만에 잡혀서 문제가 해결될 수 있다. 사고도 큰 문제 없이 정리될 수 있다. 이런 경우들은 단순 위기로 분류할 수 있다. 그러나 이러한 단순 위기 사례도 철저히 보고되어야 동일한 위기가 발생할 경우 좋은 경험담과 매뉴얼로 사용할 수가 있다

• 복합 위기 : 일과성이지 않고 24시간 이상 지속하면서 대개는 문제가 더 복잡해지는 양상을 가지며 현지의 팀과 선교본부의 적극적인 개입이 없이는 선교사의 안전을 도모할 수 없는 경우들이다.

위기의 관리 : 위에서 보듯이 그 내용이 매우 다양하므로 그 관리는 사안마다 매우 구체적으로 정확하게 연구가 되어 지침으로서 바로 현실에서 사용할 수 있어야 한다. 일단 각 선교지에서는 각 가정이 책임을 갖고 위기관리 대응책을 갖고 있어야 하고, 나아가 팀 안에서 위기관리 대응책을, 더 나아가서 선교본부마다 그 내용을 갖고 위기 발생 시 신속한 연락, 정보 전달, 위기관리팀 구성, 안전을 확보할 대응책 첫째와 둘째와 셋째의 준비와 시행, 그리고 시간별 또는 일자별 위기의 변화와 보고, 위기관리 대상자의 격리 및 출국, 가족의 대피, 현지 치안기관 및 여러 기관과의 협력, 외교통상부와 대사관과의 긴밀한 연락과 협력 같은 국가적 개입이 필요하다.

위기 후 대책 : 위기가 종료되었다는 것은 감사할 일이지만 원래대로의 상태로 회복이 안 되는 경우가 많아서 많은 일을 남기기도 한다. 추방되었으면 한국에서의 생활과 새로운 준비가 필요하고 다음 사역을 위한 계획도 세워야 하며 질병으로 본국에 왔으면 오랜 기간 치료가 필요할 수 있고 때로는 선교를 중단할 수도 있다. 이 과정에서 선교사는 상당한 스트레스를 받게 되므로 이에 대한 배려와 치료가 필요하게 된다.

필자가 현장서 직접 또는 간접으로 보고 들은 위기는 갑작스러운 사망, 질병, 난민 사태, 정치와 경제 위기, 무정부 사태, 소요, 팀의 갈등, 팀 선교사의 중도 탈락, 차 사고, 차량 도난, 재정 고갈 같은 것들이다. 이에 대한 대처로 갑작스러운 사망은 현지에서 장례식을 했고, 결핵 질병은 한국으로 철수시켰으며, 난민 사태는 많은 기관들의 협력으로 감당해 냈고, 정치와 경제 위기는 현지에 머물면서 사태를 지켜보았고, 무정부 사태에는 고립되어 위험한 상황에 있다가 미군의 도움을 받아서 헬리콥터로 이탈리아로 탈출하여 한국에 왔다.

그 외 다른 때에 큰 소요가 있었으나 감사하게도 하루 만에 끝났다. 여러 번 겪었던 팀의 갈등은 오랜 시간에 걸쳐서 해결되었고, 선교사의 중도 탈락은 관련된 선교사가 소속 선교부를 떠남으로써 정리가 되었고, 차 사고는 건강의 회복과 문제 해결에 적지 않은 시간이 필요했고, 차량 도난은 회복이 되지 않아서 다른 중고차를 샀고 재정 고갈은 주변 선교사의 도움을 받았다.

은혜와 지혜 : 필자의 이해로는 이 위기를 통하여 은혜와 지혜가 같이 공존해야 한다고 생각한다. 선교사와 관련된 이들에게 하나님의 은혜와 역사를 발견하는 기회가 될 수 있고 가능한 한 그렇게 되도록 성령에 의지하고 기도해야 한다. 사실 하나님의 주권의 관점에서 보면 모든 일은 하나님의 주권 아래 있으므로 동일하신 하나님에게서 임하는 은혜도 있는 것이 맞을 것이다. 그러나 동시에 지혜도 필요하다. 뱀 같은 지혜가 요구된다. 피할 줄도 알아야 하고 덜 스트레스를 받도록 해야 하고 덜 손해를 보아야 하며 선교사의 안전과 건강이 최대한 보호되어야 하고 관련된 재산들도 유지되어야 한다.

1997년 내란으로 우리 팀의 모든 선교사가 철수할 때에 거의 모든 물건들과 차량을 두고 나왔다. 2개월 후에 팀장인 필자는 위험함에도 다시 들어가서 모든 사역과 재산을 안전하게 처리하고 2개월을 더 사역한 뒤에 다시 한국으로 돌아왔다. 이런 보호는 후에 다시 선교사들이 들어가서 사역하는 기초가 될 수 있었다.

2003년부터 시작된 연구가 12년이 지난 2015년에 『선교사 위기관리 표준정책 및 지침서』로 나온 것은 매우 환영할 만한 일이다. 그 동안은 각 현장에서 지역과 상황에 맞게 지침을 갖고 대응해왔으나 이제는 많은 지역에서 일상으로 일어나기 때문에 범선교단체와 교회 차원에서 만들어질 필요가 있었다. 그 결과물로서 나온 것은 위기관리의 수준을 한층 더 높일 것으로 생각한다.

3. 선교사 케어

은퇴 선교사

잠시 설명하면, 2015년에 한국기독교의료 선교협회의 총무 이사를 맡게 되었다. 선교사로서는 처음 그 직책을 맡게 된 필자는 의료 선교협회가 현장의 선교사들과 직접 연결되어 협력함으로 의료 선교의 큰 헌신과 동원 역사가 일어나도록 하기 위해 일을 하기 시작했다. 필자가 선교사 출신이어서 선교사들의 현황과 필요를 잘 알고 있고 관계를 맺은 분들도 많아서 접근이 용이한 장점이 있었다. 협회의 많은 분들 외 여러 번의 선교대회에 참석해서 알게 된 분들과 누가회와 여러 모임에서 알고 지낸 분들이 많아서 상호를 연결하고 촉매 역할을 하는 일을 감당했다. 2015년에는 제3차 의료 선교사대회(2015.10.7~8, 분당 샘물교회)의 준비위원장과 제14차 의료 선교대회(2015.10.8~10, 분당 만나교회)의 공동 준비위원장을 하면서 이런 일들이 더 구체화되었다. 대회 전후부터 의료 선교사들을 카톡에 초청해서 교제를 시작하고 서로 돕고 지원하고 기도하고 정보를 나누고 기증받은 초음파들을 안내하고 분배하는 여러 협력과 네트워크의 일들을 시작하였다.

동시에 추진한 것이 은퇴한 의료 선교사들을 파악하고 이들을 카톡에 모으고 교제하는 시도를 하였다. 그들은 다양한 선교지에서 많은 의료 사역을 했고 선교사로서 선교 노하우와 전략과 경험을 많이 갖고 있다. 아쉬운 점은 그들의 이런 귀중한 가치가 그냥 묻혀 가고 있다는 것이다. 그래서 아는 분들과 아는 선교단체에 접촉해서 선교사들을 파악하기 시작하였는데 많은 한계에 부딪혔다.

첫째, 기준의 어려움이었다. 장기 선교사만 할 것인지 아니면 단기 사역을 하신 분들도 연락할 것인지에 대해 누구도 기준을 제시할 수도 없고 제시한 적도 없었기 때문이었다. 그래서 여러 선교사에게 질의하고 은퇴 의료 선교사들에게도 문의하여 일단 6개월 이상으로 하였다. 그러나 그보다 짧은 기간 참여한 분들이라도 파악하는 것은 선교 역사에도, 그리고 선교의 동원에도 중요한 일인 것을 알게 되었다. 사실 어쩌면 그들 모두나 일부는 미래의 선교나 실버 선교에 다시 참여할 분들이 될 수 있는 소위 베테랑이었다.

둘째, 실제적 문제인데 연락처들을 찾기가 쉽지 않았다. 전문 선교단체들은 그래도 연락처를 갖고 있었으나 교회나 기독병원들은 차이는 있으나 대부분 주소록을 거의 갖고 있지 못했다.

셋째, 연결된 분들 중에서 여러 이유로 그 분들 중 몇 분들이 이런 연결과 파악에 적극적이지 않았다. 일일이 그 사정을 다 물어볼 수는 없었으나 여러 이유가 있었다. 선교지에서 상처를 받은 분들, 장기 선교를 계획하고 나갔으나 중간에 돌아올 수 밖에 없었던 분들, 질병으로 돌아온 분, 한국에서 그들을 환영하는 분위기가 형성되지 못한 점, 돌아와서 신앙이 떨어진 이유 그리고 제한 지역에서 일하였기에 그런 지역이 소개되는 것을 원치 않는 이유와 그 외다른 설명하지 않은 이유였다.

선교사들은 영웅이 아니며 하나님 나라와 교회의 사역자이다. 이것을 인정하고 개개인의 사정을 이해하고 배려와 존경이 있으면 좋겠다. 장기 사역을 마친 이들을 존경하고 그들의 많은 경험을 잘 활용하면 좋겠고 책으로 꼭 출간하면 좋겠다. 여러 이유로 중도에 그만둘 수밖에 없었던 선교사들도 영광스러운 상처라는 책의 제목과 같이 하나님 나라를 위해 상처를 입은 상이군경같이 배려하고 사랑하면 좋겠다. 그리고 그들이 원하면 다시 선교 사역을 할 수 있는 분위기가 형성되기를 바란다.

선교는 역사라고 생각한다. 오늘 선교하는 이들은 이들은 과거 선교하는 이들이 있었기에 선교에 연결되어 사역하는 것이다. 미래 세대도 현 세대 선교사들의 도움과 연결로 사역하게 될 것이다. 어려운 선교 개척 시대에 선교를 다양하게 담당한 이들을 잘 파악해서 앨범으로 만들 수 있으면 좋겠다. 그들의 다양한 이야기들을 단독으로나 연합으로 하여 책이나 만화로 만들어서 후대에 전할 수 있기를 소망한다. 이름 없이 빛도 없이 사역했으나 후대는 그들을 기억해야 한다. 그들은 선교의 큰 자산이다.

선교사 중도 탈락과 사역지 이동과 장기 거주

중도 탈락

필자가 만든 농담 반 진담 반의 표현이 있다. '추수할 일군을 보내주소서'라고 기도하면서 동시에 '추수할 일군이 떠나지 않게 하소서'라고 기도해야 한다는 것이다.

평생 선교사로 사는 것이 원칙이지만 여러 이유로 사역을 중단하게 될 수 있다. 그것을 중도 탈락이라고 한다. 그중 본인의 질병, 현지의 내전, 강제 출국, 비자 연장의 거부같이 선교사의 의사와 관계없이 중단하는 것을 비자발적 중도 탈락이라고 하고, 이는 일종의 명예제대라 할 수 있고 그렇지 않은 경우는 자발적 중도 탈락으로서 불명예 제대라고 할 수 있으나 100퍼센트 선교사 탓만은 할 수 없을 것으로 생각한다.

이런 자발적 중도 탈락에는 선교사들 사이의 갈등, 자녀 교육의 어려움, 후원의 중단이나 부족, 현지 적응 실패, 결혼같이 구체적인 이유가 있지만 설명할 수 없는 것들도 있다. 그리고 처음부터 소명이 불분명한 사람이 선교를 시작한 것도 원인일 수 있다. 그런 분들은 어려움을 마주치면 소명을 잃어버리기도 한다. 그것은 그 외 소명이 분명하여 선교에 헌신했는데 당시에는 설명할 수 없는(unexplained, 1장의 부르심과 헌신에서 세 가지 동기 중 하나인) 다른 동기가 있었으나 발견되지 않다가 후에 다른 기회가 주어질 경우, 예를 들어 한국이나 이민 교회들에서 목회자를 초대하거나 신학교에서 초청할 때, 다른 사역의 여건이 주어졌을 때, 선교지를 떠나는 것이다.

이런 불명예제대에 대해서도 무조건 비판할 수는 없다. 하나님의 큰 그림 안에서 다르게 볼 부분도 많이 있고 하나님의 계획을 다 알 수 없는 상황에서 개인의 선택을 무시할 수는 없기 때문이다.(예를 들어 바울의 1차 선교여행에 함께한 바나바의 생질 마가가 팀을 떠났는데, 이 일로 바울과 바나바가 갈등하게 되고 헤어졌다. 후에 바울은 디모데후서 4:11절에서 "마가를 데리고 오라 그가 나의 일에 유익하니라"라고 하였다. 아마도 마가가 선교의 일에 귀하게 다시 참여한 것으로 보인다. 선교와 관련된 일은 근시 안으로만 해석하지 말고 오랫동안 살펴보아야 한다는 것이 필자의 경험이다). 그리고 변화를 가진 이들이 선교를 계속 지원하고 참여하고 후에 다시 선교사가 될 수 있기에 긍정적으로 수용하는 것이 바람직할 것이다. 다만 선교적인 입장에서는 그동안 선교에 들인 노력과 훈련과 선교지에서의 과정들에서 손해가 발생하기에 문제가 야기된다. 파송한 교회와 후원한 이들은 크게 실망할 수 있고 선교에 대해 마음의 문을 닫을 수도 있고 실제로 그런 소식을 듣기도 했다. 그리고 선교지에서 그동안 해 왔던 사역들은 중단되거나 어려움에 빠질 수 있으며 그 외 다른 문제들이 추가로 발생할 수 있다.

중도 탈락의 구체적 원인이 되는 선교사 갈등, 자녀 교육, 후원 문제와 현지 적응 실패 같은 이런 중도 탈락을 예방하거나 발생 시 해결할 수는 없는 것일까? 사실 많은 경우에서 예방하거나 해결할 수 있는 것으로 보인다. 그래서 더욱 안타깝다. 갈등도 예방하고 해결할 수 있다고 본다. 자녀 교육은 선교사 가정 홀로 해결할 수는 없다. 교회와 기관과 모두가 함께 해야 할 일이며 상당히 해결책을 만들 수 있다. 현지 적응 실패도 예방하거나 해결할 수 있을 것으로 생각한다. 중요한 것은 이런 중도 탈락을 우리 모두의 문제로 보고 같이 모여서 논의해야 하고 선교사들도 중도 탈락 예방과 해결을 사역 일부로 다루어야 한다는 것이다. 중도 탈락이 발생할 때 남의 일처럼만 생각하거나 뒤에서 비판하지 말고 나도 직면할 수 있는 문제로 같이 아파해야 하고 고민해야 한다. 알바니아에서도 적지 않은 선교사들이 위의 이유로 떠나는 것을 보았다. 마음이 몹시 아팠던 것은 선교사 동료인 내가 마치 전혀 무관한 사람인 것같이 해줄 수 있는 일이 별로 없었다는 점이다. 무서운 것은 그 일을 잊어버리고 후에 또 발생해도 적절한 방법을 찾을 수가 없었다는 것이었다.

그래서 늘 마음에 짐이 되었고 언젠가는 개입할 것이라는 결심을 하였다. 그 후 발생한 중도 탈락에 대해서는 적극적으로 개입해서 작은 역할을 하였다. 결국, 한 가정이 선교지를 떠났다가 다시 선교지로 복귀하는 일도 있어 감사했다. 그러나 다른 국가에서 한국으로 상처 입고 돌아온 선교사는 여러 번 접촉을 시도하였는데, 아예 전화를 받지 않아서 마음이 몹시 아팠다.

사역지 이동

최근 들어 사역지를 변경하는 일들이 많아진 것 같다. 선교 전략 차원에서 재배치도 있고 현지의 내전, 강제 출국, 한국에서 여행 제한 국가로 분류, 그리고 비자 연장의 거부같이 선교사의 의사와 관계없이 사역이 중단되는 소위 비자발적 중도 탈락으로 사역지를 변경하는 일들이 있다. 아프가니스탄에서 사역했던 한국 선교사들은 더 입국할 수 없어서 본국 사역이나 다른 지역으로 사역지를 이동하여 제2의 사역을 시작하였다.

선교사들의 사역에는 all or none 현상이 있는 것 같다. 모든 것 아니면 아무것도 없는 상황이 발생할 수 있다는 것이다. 내전,

혼란, 강제 출국, 체포 같은 여러 이유로 선교사의 모든 사역이 갑자기 예고 없이 중단될 수 있다. 그래서 모든 사역이 none이 될 수 있다. 선교사는 이에 대하여 준비하고 있어야 한다.

사역지의 이동을 한 지역에서 사역에 실패하였기에 다른 지역으로 이동한다고 생각하는 좁은 해석을 이제는 접을 때가 되었다. 선교사들 사이의 갈등, 자녀 교육의 어려움, 현지 적응 실패들은 사역지를 변경함으로써 해결할 수 있는 부분이 있다. 그리고 지금은 어느 한 사역지에서 죽을 때까지 사역할 필요가 없다고 생각한다. 적절한 때에 사역이 어느 정도 마무리되었다고 판단하면 그 선교사를 잘 활용할 수 있는 다른 사역지로 옮겨서 사역을 시작하게 하는 것이 선교에 있어 더 전략적이고 효과적일 수 있다. 순회 선교사나 비거주 선교사같이 다양한 형태의 선교 방식이 등장하고 있으며 실제로 어느 현장에서는 그 형태가 더 적절할 수도 있다. 체류 비자 받기가 어려운 곳, 상황이 안 되는 곳, 사역 특성상 자주 움직여야 하는 곳과 여러 이유로 이동형 선교를 더욱 개발할 필요가 있다. 예수님께서 "이 동네에서 핍박하거든 저 동네로 피하라고 말씀하셨다"(마 10:23). 핍박만이 아니라 다양한 이유들로 그런 일이 발생할 수 있다. 이런 경우 선교사 개인의 선택과 결정에 의해서가 아니라 교회 및 소속 선교단체와의 협의와 결정을 통해서 신중히 한다면 다른 부작용들을 최소화 할 수 있을 것이다. 이동의 경우에 언어가 문제가 될 수는 있지만, 영어 사용과 선교사의 노력에 따라 그런 문제들도 넘어설 수 있을 것으로 생각한다.

장기 거주와 영주권과 시민권

선교사들이 한 지역서 장기적으로 사역하다 보면 장기 거주 비자를 받게 되기도 하며 영주권을 받기도 한다. 또한 어느 나라에서는 임신해서 아이를 낳으면 속지주의가 적용되어 그 나라의 시민권을 갖게 된다. 이런 변화에 대해서도 능동적으로 대처하는 것이 좋을 것 같다고 생각한다. 사역을 위해서 필요하다면 현지의 영주권이나 시민권을 받는 것도 도전해볼 수 있다. 예를 들어 알바니아에 온 브라질 여자 선교사는 알바니아 명예 시민권을 받았다. 이후 그녀는 알바니아의 건물과 땅을 사는 데 어려움이 없어 여러 선교사와 선교기관들의 현지 재산 구입에 도움을 주었다. 최근 들어 국제결혼이 많아지면서 한국 선교사가 다른 국가의 선교사와 결혼하거나 현지인과 결혼하는 경우도 있고 그들도 심사를 통해서 한국의 선교단체에 허입되고 있다. 선교가 과거와 달리 넓어지고 다양성이 생기면서 선교단체의 정관과 운영에도 변화가 필요할 것으로 본다.

3. 선교사 케어

선교사 사역

4

미래 사역을 위한 준비

선교지에서 현지 사람을 많이 사귀는 것은 매우 중요한 일이다. 그것은 사역의 기초이며 전도를 가능하게 해 준다. 선교사는 점진적으로 사람들을 알아간다. 집주인, 언어 선생, 이웃들, 가게 주인들과 그들의 가족과 친척들이며 선임 선교사들이 사귀었던 사람들, 교회에 나오고 있는 사람들, 선교부가 관장하는 직장에 있는 사람들과, 그리고 관청에서 만나는 사람들이다. 한 사람을 전도하면 그 가족들 및 그 주변 사람들을 알게 된다. 그러면서 전도가 확대되어 간다. 좋은 전도는 그들 한 사람 한 사람을 잘 챙기는 것이다. 장기적으로는 그 신자들이 결혼하면서 신자 가정이 생기고 수직적인 전도가 되어간다.

만남 가운데 계신 하나님을 믿어야 한다. 모든 만남은 우연한 게 없다.

첫째, 하나님은 그의 종을 보내시면서 항상 함께해 주신다.

둘째, 현지인이나 외국 사람을 필요에 따라 연결해 주신다.

셋째, 어떤 만남이든지 절대로 소홀히 해서는 안 된다.

넷째, 그런 만남을 통해 하나님이 직접 일하시고 역사하신다. 좋은 선교사는 만나는 사람들의 신상과 전화번호와 연락처를 꼼꼼히 챙긴다. 자신의 연락처를 반드시 준다. 필요한 경우 계속해서 만나며 식사 초대도 한다.

정보와 자료들을 모으는 것도 중요하다. 앞으로의 사역에 필요한 정보들과 자료들을 모으며, 필요한 사람과 장소를 방문해서 자료들을 수집하고 성경 공부 교재, 초기 사역에 필요한 전도지와 쪽 복음을 확보하는 것들이다. 그 나라의 문화와 역사를 배울 수 있는 책들을 사서 읽고 일상에서 좋은 관찰을 하면서 매일매일 발견한 새로운 것들을 자료 노트에, 그리고 주변에서 들은 것과 선임들에게서 배운 것을 잘 기록하고 신문과 잡지 등을 구독하고 인터넷 매체로부터 정보와 자료들을 잘 모아야 한다.

비자와 사역을 위해 단체 등록을 가능한 초기 정착 과정 때부터 시작하는 것을 고려해 볼 필요가 있다. 실제로 장기 사역에는 거의 필요하게 된다. 등록은 대체로 법인을 만드는 것이다. 종교 법인, 의료법인, 체육법인, 교육법인, 사회봉사법인과 사업법인 등으로 등록하거나 기존의 법인들을 활용할 수 있다. 비정부기구도 법인에 속한다.

조기 단체 등록의 장단점들은 아래와 같다.

장점	단점
신분과 위치의 안전성	문화와 언어 이해가 부족
안정적 사역의 거점 확보	통역의 의존성이 높아 사기를 당할 가능성이 있다.
장기 사역 계획 구상	기관 유지에 큰 노력이 필요함

미래를 위해 공간을 확보하는 것도 필요하다. 사역 공간의 준비, 집에서의 사역 공간, 법인 유지에 필요한 사역 공간, 교회 사역

4. 선교사 사역

을 위한 공간과 전문성에 관련된 공간들이다. 사역 공간 준비 방법은 월세로, 전세로, 건물 구입, 땅 매입 및 건축, 기존의 선교 건물 활용과 정부로부터 대여를 받는 방법 등이 있다.

현지에서 사역 공간을 확보하는 노력을 하면서 동시에 추진해야 할 것은 본인의 전문성을 인정받을 면허를 현지에서 추진하는 것이다. 여기에는 한국에서의 면허를 교환하는 방법에서 현지에서 처음부터 작업하여 받는 방법 외에 현지에서 공부하여 면허를 얻는 방법들이 있다. 예를 들어 필자는 알바니아에서 의사 면허를 1994년에는 한국의 면허를 그대로 인정받아 국립대학병원에서 일할 수 있었다. 공산주의 정권이 무너졌지만, 제도가 여전한 상황에서는 의사협회의 회원이 되는 것만으로도 면허가 되었다. 2000년 중반에는 새로운 제도가 생겨서 모든 외국인들의 면허는 자국에서 아포스티유를 해 와서 다시 갱신해야 했다. 당시 한국은 아포스티유에 가입하지 않아서 서류를 받을 수 없어 중국에 있는 알바니아 대사관에서 확인을 거쳐서 면허를 받았다. 그 후에는 한국 의사 면허와 졸업장을 영문으로 공증한 뒤에 아포스티유를 받을 수 있어 알바니아 교육부에 제출하여 증명을 받고 다시 보건복지부에 서류를 내서 면허를 받을 수 있었다. 2010년에 다시 외국인을 위한 특별청이 생겨서 그곳에 서류를 제출하고 면허를 받을 수 있었다. 이와 같이 면허를 받는 방법이 자주 바뀌어서도 힘들기도 하고 면허기간을 2년으로 제한을 하고 다시 갱신하게 해서 그때마다 제출할 서류들이 바뀌거나 추가되어 힘들게 작업을 진행하는 경우도 적지 않다.

국제 선교의 근본적인 변화(Paradigm Shift)

국제 선교는 아래와 같이 근본적인 변화가 시작되었다.

첫째, 개척에서 파트너십으로의 변화(Pioneering → Partnership)

과거에는 각 교회나 선교단체가 관계나 협력 없이 사역을 개척했다. 마치 교회 개척을 하듯이. 그래서 많은 나라에 선교사를 보내고 확장하는 데 우선순위를 두었다. 한국은 그 결과 매우 빠르게 2만 명을 넘어 2만5천 명에 이르는 선교사를 보내게 되었다. 서로 간의 파트너십이나 협력은 미미하였다. 그러나 2000년대 들어서 선교사들 사이에, 그리고 선교단체 사이에, 교단 선교부와 선교단체 사이에 파트너십이 많이 등장하였다. 현장에서부터 파트너십이 일어난 곳도 있고, 한국서 파트너십이 시작된 곳도 있고, 국제단체와도 협력이 증가하였다. 알바니아에서 필자와 팀도 여러 서구 단체와 서구 선교사들과 미국과 캐나다와 유럽의 선교사들과 협력하였다. 실제로 보면 이제는 새롭게 개척할 선교지가 줄고 있으며 만들어진 선교 사역과 열매들을 위해서는 선교지에서 협력의 필요성이 증가하고 있다는 것을 알아가고 있다.

둘째, 자원 소유에서 관계로의 변화(Resourcing → Relationship)

개척의 시대에는 각 교회나 선교단체가 선교사와 선교 현장의 모든 필요에 대해서 공급할 책임을 갖고 있었다. 그것은 결국 지원할 사람, 자원, 재정 및 다른 것들에 대해 모든 것을 갖추어야 한다는 것을 의미했다. 그러나 그것이 결코 쉬운 일이 아니었다. 이제는 상호 관계의 시대로 넘어왔다. 예를 들어 같은 종류의 사역을 하거나 같은 지역에서 사역을 하는 단체와 선교사 사이에서 관계와 협력이 필요하였고 실제로 시작되기 시작되었다. 동남아시아에서 함께 선교 사역을 하는 선교사들 사이에서 우선적인 관계가 시작되었고 때로는 교단을 넘어 관계가 연결되었다. 의료 사역을 하는 선교사들은 전에서부터 관계를 갖고 협력을 하였으나 이제는 의약품과 자원들을 공유하고 정보를 나누고 협력하는 일이 더욱 자연스러워졌다. 2015년 11월과 12월에는 의료 선교협회가 20대의 이동식 초음파를 기증받아서 전 세계에서 일하는 의료 선교사들 18명에게 다시 기증을 하였고, 2대는 단기 의료 선교를 하는 많은 교회나 단체에서 대여하여 이용하도록 하였다. 치과 선교는 단기 선교에 있어 여러 기구를 공유하여 과거에는 단체마다 다 기구를 갖추던 것을 절약할 수 있게 되었다. 알바니아에 와서 단기 사역으로 치과나 의료 선교를 하려는 이들이 샬롬클리닉을 이용하고 클리닉의 여러 자원을 활용하기도 하였다.

셋째, 전략에서 시너지(협동과 상승)로의 변화(Strategy → Synergy)

각 선교단체와 선교사는 자신들의 사역을 위하여 전략을 개발하고 사역에 적용하였다. 그러나 실제로 보면 그러한 전략은 해 아래 새것이 없다는 말씀과 같이 새로운 것들이 아니며 이미 많이 알려져 있다. 교회 개척, 제자 사역, 어린이 사역, 청소년 사역, 의료 사역, 교육 사역과 기타 모든 사역의 전략이 이제는 공통적인 것으로 매우 많이 일상화되었다. 그리고 현장에서는 그런 전략보다는 실제적인 관계와 협력을 통한 시너지가 중요하다는 것을 깨닫게 되었다. 교회 개척을 하는 선교사들과 출판을 하는 선교사들이 협동하고 의료 사역자들이 여러 선교사를 돕고 지원하며 선교사 자녀 학교는 교단과 단체와 상관없이 선교사 자녀들을 가르치고 돌봐주고 있다.

이런 근본적인 변화가 한편으로는 현장의 필요 때문에 나타난 것도 있지만 다른 면에서는 서구와 한국 교회의 위축, 개인들의 신앙 약화, 선교사 수의 감소, 선교 재정의 감소, 국제적 위기(정치, 경제, 전쟁, 난민)의 증가, 제한 지역의 증가, 선교 사역의 어려움과 선교사 위기의 증가로 인하여 불가피하에 서로 협력하게 된 측면도 있다. 최근에는 한국의 대형교회들도 여러 면에 약해지면서 과거에는 단독으로 사역을 하던 일도 점점 더 문호를 개방하고 협력하는 경향으로 가고 있는데 이는 매우 바람직한 변화라고 할 수 있다.

요구되는 다른 변화들

위의 근본적인 변화 외에 선교와 선교를 둘러싸고 있는 환경과 조건은 계속 변화를 요구하고 있다. 한국의 선교는 점점 더 우측으로 변해가고 있다.

165

과거와 현재		현재와 미래
주관화	→	객관화
비공개화	→	공개화
개인중심	→	팀 중심
비투명화	→	투명화 및 청렴성(Integrity)
비통제화	→	통제화
비문서화	→	문서화
비평가화	→	평가화
비예측성	→	예측성

선교사는 스스로 계획과 뜻과 감정에 따라 사역을 만들어갔다. 어떤 사람들은 선교사를 사사라고 표현하기도 한다. 사사기의 사사 시대와 같이 선교사는 자기 소견에 좋은 대로 행하였다. 개척의 시대에 필요한 면도 있었고 선교사가 많지도 않았고 어려운 시대였고 제도도 부족했기 때문이니 이해가 되는 면이 있었다. 그러나 그것이 계속될 수는 없다. 이제는 모든 것은 아니어도 많은 것들이 객관화 및 표준화할 필요가 있으며 교회도 선교부도 그렇게 요구하고 있다. 선교사의 삶이나 사역이 과거에는 비공개화 하였지만, 이제는 인터넷이나 홈페이지나 선교지 방문과 선교 소식지를 통해서 많이 공개하고 있으며 그것은 바람직한 현상이다. 또 공개하여야 재정 모금도 지원도 받을 수 있다. 개인으로 일하면 주관화나 비공개화가 유지될 수 있으나 팀으로 일하다 보면 객관화와 공개화는 필수적으로 이루어진다. 대표적으로 재정도 과거에는 비투명화 하였지만, 이제는 투명화되고 있으며 선교사들에게 완

벽한 청렴성을 요구하고 있다. 일부 선교사들은 교단의 선교부와 선교단체의 공식적인 재정 계좌를 이용하지 않고 개인 계좌를 이용하여 재정을 받는 것도 문제가 되고 있다. 그러나 선교사들에게 필요한 기본 재정을 지원하지 못하고 있는 현실과 수입이 없고 병이 있는 선교사의 부모님의 재정 필요성과 자녀를 위한 재정 필요가 충분하지 못한 것은 같이 풀어야 할 숙제이다. 이제 선교사는 선교 재정을 가장 효과적으로 쓸 것을 깊이 명심하지 않으면 안 된다. 그만큼 재정 지원이 줄고 있기 때문이다. 최대한 절약할 수 있을 때 절약하되 최대한 써야 하는 곳에 집중해야 한다. 일반적으로 전도와 양육에 재정이 많이 사용되어야 한다. 종합적으로 현지에 있기에 통제가 안 되던 많은 부분에 대해 이제는 자율적 및 타율적 통제가 이루어져 가고 있다.

선교 사역에 대한 것도 다른 곳에서 언급한 대로 매일 일기를 쓰는 것이 필수적이고, 기록은 반드시 이루어져서 모든 것을 문서로 만들고, 이런 문서들이 모여서 여러 책과 좋은 글들로 피드백되어야 한다. 선교사 사역도 주관화 시대에는 평가할 수 없으나 객관화 시대에는 평가를 통하여 더 나은 선교의 모습으로 전환되어야 한다. 여전히 선교지의 상황은 예측하기가 쉽지 않으나 가능한 예측이 가능하도록 선교사와 팀과 선교단체 모두 노력해야 한다. 예를 들어 열린 지역에서는 몇 명의 선교사가 같이 일하고 노력하고 집중하면 몇 년 안에 교회가 어느 정도 개척되고 다른 사역들이 어느 정도 이루어질 수 있으며, 그 과정에 어떤 지원과 자원이 필요한지에 대해, 그리고 특히 프로젝트 사역에 대해서는 그런 예측이 잘 이루어져서 실수와 실패가 일어나지 않도록 해야한다.

선교사 사역과 어려움 — 사역 5단계와 5 '기'와 5 '고'

사실 선교사의 최대 관심은 선교지에서 어떻게 하면 사역을 잘 하여 많은 이들이 예수를 믿고 변화된 삶을 사는가이다. 진정한 선교사는 본인의 명예나 자랑하기 위해서나 보고할 목적이 아니라 진심으로 그것을 위해 사역하고 있다. 그런데 문제는 어떻게 잘 사역하느냐이다. 이 부분을 진정으로 가르쳐 줄 수 있는 선임 선교사도 많지 않고 실제로 어떤 특별한 방법이 통하는 것도 아니다. 그렇다고 해서 아무런 연구와 방법 없이 허공을 치듯이 할 수도 없다. 이런 점에서 사역에 대한 연구와 전략 만들기는 매우 중요한 요소이다. 정말 바라는 것은 각 지역에서 선교사들이 마음과 두뇌와 경험을 모아서 그 지역과 문화에 맞는 사역의 길(로드맵)과 방법과 전략을 잘 세우면 좋겠다. 그런 것을 구체적으로 모아서 후임들에게 전달해주면 참 좋겠다.

선교 사역의 발전 단계는 아래와 같다.

- 1단계(Installation, 설립) : 1단계는 선교지에 정착하면서 집을 얻고 비자를 받고 언어를 배우며 사역을 준비하는 기간이다.
- 2단계(Hard ware, 하드웨어) : 2단계는 교회, 병원, 학교, 법인과 면허와 제도 같은 고정적인 내용을 준비하면서 사역을 위한 공간과 방법과 세부사항을 구체적으로 만들어가는 단계이다.

- 3단계(Soft ware, 소프트웨어) : 3단계는 사람들을 세워가는 단계로서 하나는 선교사의 숫자가 늘어가면서 팀 사역을 하는 것이고 다른 하나는 현지인 리더와 제자들을 세워가는 것이다.
- 4단계(Growing, 성장 또는 부흥) : 4단계는 1단계부터 3단계가 준비되면 자연스럽게 성장과 부흥을 경험하게 된다.
- 5단계(Sending, 파송) : 교회가 성장하면 안디옥 교회 같이 국내와 국외로 파송을 하게 되며 사역이 확장된다.

여기서 2단계와 3단계는 토론이 필요한 데 3단계가 먼저 시행되고 2단계가 진행되는 것이 더 성경적이고 더 맞는다고 보인다. 그러나 어떤 경우는 2단계가 먼저 시행되고 3단계가 후에 이어지는 경우도 있다. 예수님은 3단계를 하지 않으셨지만 부흥과 역사를 이루셨고 파송도 하셨으며 후에 사도행전의 역사가 이어졌다. 그러나 서구 선교사들은 2단계를 먼저하고 3단계 사역을 많이 하곤 했다. 선교지에서는 선교사와 팀의 판단에 따라 2단계와 3단계 중에서 먼저 아니면 같이 진행할 수도 있다.

5'기' +1'기' : 기도·기술·기적·기회·기습+기록

선교지에서 잘 사역을 하려면 5'기'가 필요한 것으로 보인다. 쉬지 않는 기도가 필요하고 현지인들의 관심을 끌어당기며 현지인들에게 봉사하는 영적 기술을 포함한 다양한 기술이 필요하고 신유와 축귀가 아니더라도 다양한 기적이 일어나야 한다. 기회는 예를 들어 동네에 결혼식이 있거나 장례식이 있을 때 기회를 만드는 것을 의미한다. 가서 열심히 도와주고 축하하고 지원하면 사람들은 선교사를 좋아하고 적극적으로 관계를 갖게 된다. 또한 국경일이나 어머니날이 되면 동네 사람들을 초청하거나 함께 어울려서 지내는 것도 기회가 된다. 이런 것들이 기회로 보이면 선교사는 사역을 잘하게 된다. 기습은 무슬림들이나 타 종교 사람들이 '이 지역에는 오지 마라', '죽이겠다', '가만있지 않겠다'라고 하였을 때 당장에는 가지 않더라도 단기 팀이 왔을 때나 다른 때에 기습하여 복음을 전하고 난 후에 선교사들이 다시 접촉하는 것을 기습이라고 말할 수 있으며 그 외 오래 사귀었으나 복음을 전하지 못한 이웃이나 지인들에게 갑자기 복음으로 공격하는 것도 기습이라 할 수 있다.

5'기' 외에 1'기'가 더 있는 데 그것은 기록이다. 매일 일기를 써야 하고 사역마다 기록을 남겨두면 그보다 더한 역사는 없다고 생각한다.

5'고' + 1'고' : 고독·고립·고민·고통·고난 + 고령화

선교사의 사역을 힘들게 하는 것으로 5'고'로 설명할 수 있다. 선교사는 고독하다. 우선은 주변에 사람이 많지 않아서 고독하고 누구에게도 깊은 얘기를 나눌 수 없어서 고독하다. 그리고 고립되어 있다. 장소와 정보와 관계와 사역으로 고립되어 있어 사역이 쉽지 않다. 그리고 고민이 정말 많다. 스트레스도 거기에 포함되며 사역에 따른 고민이 적지 않다. 영적 고통과 심적 고통 외에 사역적인 고통도 있고 육체적인 고통도 있다. 선교사가 고통 없이 사는 것은 정말 어려운 일이다. 그리고 마지막으로 고난도 있다. 이 모든 것이 예수님을 따라가는 제자의 삶이기는 하지만 쉬운 일은 아니다. 이것들도 예수님이 말씀하신 나의 십자가에 포함되는 것으로 보아야 할 것이다.

한 가지 더하면 고령화다. 지금 한국 선교사의 평균 나이가 중년 이상이다. 60대 이상도 적지 않다. 즉 고령화가 진행되었고 은퇴와 관련한 거주와 생활 같은 어려움이 있다. 최근에 어느 교단에서 선교사대회가 있어서 선교사들에게 설문조사를 하였는데, 대부분 선교사가 나이가 들어도 한국에 들어가지 않겠다고 하였다고 한다. 한국에 들어오면 후원이 중단되고 노후도 충분히 준비되지 않아서 빈곤층으로 떨어질 수밖에 없는 것을 알기에, 선교사들은 입국하고 싶지 않다는 것이다. 그러나 선교지에 영주권 같은 것이 없을 때 결국에는 들어올 수밖에 없는 데 선교사의 고령화에 대한 한국 교회의 연합 대책이 절실히 필요하다.

제자 사역은 전도한 사람들 가운데서 일차 선택해서 양육하는 것이 맞다. 다른 방법으로는 캠퍼스의 기독학생회나 모임에서 성경 공부하는 이들 중에서 세울 수도 있다. 제자가 많으면 동역하게 되고 많은 영역의 사역을 감당할 수 있다. 실제로 제자를 세우는 일은 쉽지 않으며 실패도 많이 경험한다. 제자 만들기는 선생된 선교사의 믿음과 모델, 제자의 자기 부인과 십자가에 대한 믿음, 양육과 체험 및 교회와 주변의 격려와 축복과 관련이 있다. 초등학생이나 중학생은 제자로 세우는 것이 일반적으로 부적절하며 고등학생 이상은 제자로 세워갈 수 있다. 알바니아의 대학생 중에서 지방의 교회에서 믿음으로 잘 자랐다가 수도권의 대학에 오면

171

서 수도권의 교회나 기독학생회(IVF)나 대학생선교회(CCC)에서 더 배워서 제자가 되고 리더가 되는 경우가 종종 있었다. 제자 사역은 사전에 제자 코스를 갖고 단계별로 양육을 하는 것이 좋다. 단계를 넘어가는 이들만 선발해서 다음 단계로 넘어가면서 계속 전도와 기도의 실습을 하면서 세워 가면 된다. 그리고 필요하면 외부의 리더십 코스나 예수전도단의 DTS 코스들을 거치게 하면서 배워가게 하고 동시에 외부의 제자들과 만나게 하여 자신만이 아니라 많은 제자들이 세워져 가고 있다는 확신을 주어야 한다.

교회의 리더십과 관련해서는 여성·남성 모두 가능하나 형제 가운데서 우선적으로 세워지면 좋을 것이다. 리더십은 필요하면 전임으로 신학을 공부하고 교회와 모임에서 실제를 배우게 하면서 자라가게 해야 한다. 중간 리더십들은 다양하게 세워질 수 있는데 일반적으로는 여러 코스를 수료하고 전도와 기도에 익숙한 이들을 세우면 된다. 남자 제자들과 리더들을 얻기 위해서 할 수 있는 한 방법은 대학 캠퍼스에 복음을 전하고 매주 전도와 모임을 가지면서 남자 기숙사 중심으로 전도를 하고 모임을 갖는 것이다. 그러면 그들 중에서 형제 제자들을 얻게 된다. 이것은 일종의 목표 중심의 사역으로서 좋은 결과를 얻을 수 있다. 그 외 남자 제자와 리더십을 얻는 방법으로는 병원이나 사업체의 직원 중에서, 학교 사역을 하면서 학생 중에서, 한글이나 영어 학원의 원생 중에서, 태권도 같은 체육 사역을 하면서 훈련생들 가운데서, 그리고 CHE 를 통해서도 얻을 수 있다.

선교 사역의 전문화와 제도화

사역을 전문화하고 제도화하는 것이 필요하다. 사역을 시작하면 상승곡선을 가지면서 발전에 발전, 개발에 개발을 더하도록 하면서 제도가 세워지도록 해야 한다.

예를 들어 영어 학원을 한다고 하자. 동네 아이들과 학생들을 모아놓고 영어 교재 복사물을 가지고 하는 것은 초반에는 반짝하지만 수개월이 지나면 싫증이 나고 부모들도 아이들을 보내지 않게 된다. 방법은 재정을 적절히 투자하여 적절한 장소를 얻는다. 그리고 가능하면 등록하여 사업체로서 해도 좋다. 건물은 등록하는 사무처와 화장실로, 그리고 안에는 영어 공부를 하는 장소 두 곳과 관련된 책들과 자료들을 비치하고 다른 한 방은 이어폰으로 영어 듣기를 연습할 수 있는 시스템을 갖추어야 한다. 그리고 정확한 내규를 만들어서 등록 후 몇 번 이상 지각하거나 빠지면 다음 단계로 갈 수 없도록 한다. 등록비를 받으면 사업체가 되고 안 받으면 공부방이 된다. 일정 코스가 지나면 시험을 보고 다음 고급 단계로 넘어간다. 어느 시기가 넘으면 토플이나 영어권 시험 코스에 도전하도록 한다. 그리고 한국인이 영어 학원을 하면 서구 선교사들에게 도움을 요청하여 같이 일을 할 수도 있고, 적절한 강사비를 주어 고용할 수도 있고, 파트타임으로 자원봉사를 받을 수도 있다. 실제로 영어 학원을 한국인이 한다고 하면 신뢰성이 떨어지는 데 미국인이나 영국인이 하면 신뢰도가 올라가고 부모들이 좋아한다. 일정 기간이

173

지나면 부모들을 초대해서 발표를 하게 하고 연극도 하게 하며 코스를 마친 학생을 다시 강사로 사용하면 자연히 현지화되고 강사가 된 학생은 월급을 받아 자립도 하게 되고 그들 중에서 제자들이 나오게 된다. 한류가 퍼져서 한글 학교도 인기가 있는 데 한글 학교는 한국인이 강사로 하면 되는 데 역시 이런 과정을 거치면 좋고 전문화와 제도화가 되어야 한다.

태권도는 전문화와 제도화되기 쉬운 데 급수가 올라가면서 검은 띠를 취득하면 그들이 강사가 되고 월급도 받을 수 있으며 국내 승급대회와 국제대회 및 세계대회에 참석하여 시합도 하고 경험도 갖고 지도자 훈련도 받으면서 제자로 자라갈 수 있다.

치과 사역도 유사하다. 치과대학생들을 실습시키면서 그중에서 성실히 잘하는 학생들을 따로 모아서 더 훈련하고, 한국에서 교수들이나 치과 의사들이 와서 단독 세미나를 개최하되 현지 교수들과 같이할 수도 있으며 아니면 현지의 세미나에 한국의 치과 의사들이 와서 강의할 수 있고, 관심자들과 선발자들을 모아서 따로 코스를 개발하고 필요하면 단체를 만들며 한국에 연수도 보내서 훈련을 받게 한다. 현지 치과대학과 한국의 치과대학이 협력관계도 만들어 지속적으로 도움을 줄 수도 있다. 이렇게 하면 열심히 실습하고 따로 훈련하는 학생들이나 치과 의사 중에서 제자들이 생기게 마련이다.

이런 전문화와 제도화는 후에 전문기관으로서의 변화의 초석이 되기도 한다. 학원은 교육기관으로 초등학교부터 대학교가 될 수 있고 태권도는 큰 협회가 되거나 체육 학교가 될 수 있고 치과는 치과대학을 만드는 기초가 되기도 한다. 다른 분야에서도 전문화와 제도화를 만들어 가면 작게 시작하였으나 큰 기관과 역사를 만드는 결과를 가져올 수 있다.

사역 등급

20년 넘게 다양한 사역을 해 왔고 현장서 보고 들었고 같은 선교단체 소속의 많은 선교사들과 다른 단체의 선교사들과 교제하면서 여러 관점에서 선교 사역을 살펴보게 되었다. 그것을 1-5로 등급을 정하여 나누어 보려고 한다. 이것은 우열을 의미하지 않으며 다만 선교사나 교회나 선교단체가 사역할 때 어떻게 접근을 하면 좋은지 참고에 도움을 주려는 것이다. 경험한 바로는 치과 사역, 간호 사역, 미용 사역, 그리고 CHE(지역 사회 개발 선교)가 대상이 넓고 사역적인 접근성도 높고 좋다. 교회 개척은 지역과 개인에 따라, 그리고 사역 우선순위에 따라 다르지만 몇 개 사역을 제외하면 가능하다. 제자 삼는 것은 사역의 종류보다 선교사 개인의 준비와 도전에 달려있다고 보면 맞다. 재정 자립도 각각 사역을 하는 선교사에 따라 다르지만, 일반적으로 재정 자립도는 대부분 중간이거나 낮은 편이다. 그것은 재정 지원을 받아야 하는 것을 의미하며 실제로는 재정 지원을 받아야 선교사는 공적인 자세를 갖고 교회와 후원자에 대한 책임 있는 역할을 더 잘하는 것 같다.

4. 선교사 사역

구분	대상 범위	접근성	교회 개척 (가정 교회)	제자 삼기	재정 자립
치과 사역	5	5	4-5	4-5	3-5
간호 사역	5	5	2-4	3-5	1-2
미용 사역	5	5	2-3	3-4	5
교육 사역	3-4	4	4-5	4-5	2-4
의료 사역	3-5	4-5	2-4	3-5	1-4
교회 사역	4-5	3-5	5	4-5	1-2
방송 사역	3-5	3-5	1-2	1-2	2-4
사업 사역	2-4	2-4	2-3	3-4	3-5
농업 사역	2-3	2-4	3-5	3-5	3-4
긍휼 사역	2-4	3-5	3-5	2-4	1
출판 사역	3-5	3-5	1-3	1-3	3-4
CHE	4-5	4-5	4-5	4-5	2-4

여기서 5는 관계가 매우 높음, 4는 높음, 3은 보통, 2는 관계가 적음, 1은 관계가 매우 적음으로 이해하면 되겠다. 개인과 지역과 상황에 의해 영향을 늘 받는 것을 고려해야 한다. 위의 사역들은 필자가 선교지에서 직접 및 간접으로 경험한 것에 기초한 정보로 참고용으로만 사용하면 좋겠다.

현지인이 본 선교사

2000년 초에 알바니아 선교사(서구 선교사와 한국 선교사 그리고 제3국 선교사) 중 많은 수와 현지인 리더들이 같이 모인 세미나가 있었을 때, 세미나 인도자는 알바니아인이 바라본 선교사 그리고 반대로 선교사가 바라본 알바니아인에 대하여 각자 적어서 제출하라고 한 적이 있었다. 그리고 그것을 모아서 발표한 적이 있었는데 서로를 보는 시각과 기대가 매우 달라서 놀라고 많이 웃은 적이 있다. 그러나 속으로는 뜨끔하고 무언가 지적받은 것 같아서 마음이 무거웠을 것이다. 그날 나온 내용을 아래에 정리해 본다.

- 스파이 같다 : 도무지 정체가 무엇인지 모르겠다. 왜 이 나라에 왔는지 무엇을 하려고 하는지 잘 모르겠다. 직업도 없이 지내는 데 무엇으로 돈을 버는지 잘 모르겠다.
- 왜 언어를 그렇게 배우려고 하는가 : 왜 현지어를 그렇게 열심히 배우려고 하는지 모르겠다. 어디에 사용하려고 하는 건지.
- 돈을 많이 쓴다 : 월세며 자동차며 돈을 많이 가진 것 같다. 하는 일도 없는 것 같은데 돈을 많이 쓴다. 돈을 어디서 갖다가 쓰는지 모르겠다.
- 자주 외국에 나간다 : 우리는 비자를 받지 못해 외국에 잘 못 나가는데 자주 외국에 나간다. 왜 가는지도 잘 모르겠다.
- 온종일 무엇을 하는지 모르겠다 : 언어를 배우는 것 외에는 별로

일이 없다. 주로 집에 있고 컴퓨터만 많이 한다.

- 게으르다 : 어느 현지인 가정에 같이 사는 데 현지인 가정은 아침 일찍 일어나는 데 새벽기도도 없는 선교사 가정이나 아침에 성경 묵상하는 서구 선교사 모두 게으르게 보인다.
- 교만하고 거만하다 : 현지인들의 조언이나 지적을 잘 듣지 않는다. 자기들의 방식이 옳다고 고집한다. 현지인들과 대화할 때 고압적인 자세도 보인다.
- 현지의 법을 안 지킨다 : 현지의 노동법이나 고용법을 안 지킨다.
- 예수 믿게 하는 데만 초점을 맞춘다 : 현지인들의 다른 아픔과 어려움에는 관심이 적고, 교회에 오게 하는 것 외에 다른 분야에는 관심이 별로 없다.
- 우리와 별로 대화하지 않는다 : 우리를 교회에 오게 하려는 데만 목적이 있고 우리의 대화를 잘 들어주거나 함께 하려고 하지 않는다.
- 문제를 일으키는 사람 : 일부 선교사들로 인해 문제가 되면 그런 인식이 퍼진다.
- 월급을 많이 안 준다 : 선교사에게나 선교단체에 고용되어 일하는 직원들이나 현지인 리더들이 그런 말을 한다. 선교사들은 돈을 많이 쓰는 데 우리에게는 적은 돈을 주고 일을 시킨다.

선교사는 현지인들이 자기 나라를 위해 먼 나라에서 온 사람, 현지인들을 돕기 위해 온 사람, 어느 정도 대접과 존경을 받아야 할 사람, 도움이 필요하다고 하면 도와주어야 하는 사람, 많은 것을 나누어 주는 사람들로 인정되기를 원하지만 그런 일은 철저히 낮은 자세에서 섬김을 오래 하는 가운데 얻게 된다. 아니면 얻지 못할 수도 있다. 선교사들은 이런 현지인들의 관찰과 지적을 인식하고 철저한 성육신과 동화와 겸손함으로 생활하고 사역해야 한다.

반대로 선교사가 본 현지인들을 정리하면 아래와 같다.

- 게으르다 : 맡긴 일을 열심히 끝까지 하지 않는다. 부지런하게 일을 제시간 내에 마쳤으면 좋겠다.
- 약속을 잘 안 지킨다 : 번번이 약속한 것을 잊어버리거나 무시하고 안 지킨다. 시간도 안 지키고 모임 약속도 존중하지 않는다.
- 무례하다 : 몸을 쉽게 툭툭 치거나 나이를 고려하지 않고 함부로 얘기한다. 선교사의 집에 와서 물건을 함부로 만지기도 한다.
- 선교사를 이용하려고 한다 : 직업을 얻으려고 하고 외국에 나가고 싶어 하고 비즈니스를 하고 싶어 한다.
- 속으로 어떤 생각을 하는지 모르겠다 : 무슨 생각을 하면서 사는지 모르겠다. 자신의 속 이야기를 잘 하지 않는다.
- 물건을 함부로 사용한다 : 사무실의 여러 물건을 허락 없이 사용하고, 냉장고의 음식이 자기 것이 아닌 데 먹기도 하고 다른 사람 고려하지 않고 많이 먹는다.
- 거짓말을 많이 한다 : 아프다고 직장에 안 나오는 데 실제로는 아니었다. 상황을 모면하려고 거짓말을 한다. 자신이 한 일을 안 했다고 한다.

교회 개척과 목회

모든 선교사의 사역 목표는 하나님 나라 건설이며 그것은 교회 개척을 통해 이루어진다. 예수님이 공생애 사역을 시작하시며 첫마디로 천국이 가까웠다고 선포하신 것은 중요한 사건이다. 모든 선교 지역에서 이것이 선포되어야 한다. 그리고 그 선포를 듣고 영접한 사람들로 교회를 세워야 한다. 목회자 선교사 외에 모든 비목회자 선교사들도 모든 노력을 기울여서 교회 개척을 해야 한다. 그리고 그것은 선교사 일생 전부를 통해 이루어져야 한다. 선교지에서 몇 개의 교회를 개척했는가로 선교사의 사역을 평가할 수도 있다.

약 30세가 넘은 한국 선교사의 장점은 그들이 한국 교회의 부흥을 보고 자랐다는 것이다. 그 뜨거운 열정으로 선교지에서도 교회 개척을 감당한다. 서구 선교사들의 일반적인 약점은 교회 부흥에 대한 경험이 적다는 것이다. 한국 선교사는 사오십 대 이상은 그런 경험이 있으나 젊은 그룹에서는 그런 경험이 부족한 것이 선교지 교회 개척의 어려움이 될 수 있다.

선교의 두 가지 목적 중 하나는 교회를 개척하는 것인데, 그 교회는 local church(유형 교회)를 만드는 것이다. 제한 지역이나 교회 개척이 허락되지 않는 곳에서는 유형 교회가 어렵기 때문에 가정 교회와 지하 교회 같은 다른 형태의 교회나 소규모 모임으로 대체하여 개척할 수 있다(가정 교회는 한국에서나 선교지에서도 매우 중요한 교회 개척과 사역의 하나로 인정받고 있는 것 같다). 무엇보다 정기적으로 예배하는 모임을 만드는 것이 중요하겠다. 지역마다 차이가 있지만, 교회 개척이 쉽지 않으며 그 이후 유지와 부흥은 더욱 어려운 편이다. 교회 개척을 위해서는 아래와 같은 시기가 있다.

- 관찰과 분석의 시기
- 전도의 시기
- 정기예배의 시작과 유지 시기
- 정기출석자 확보 시기
- 교육의 시기
- 성장과 참여의 시기
- 부흥과 도전의 시기
- 재생산의 시기
- 자립의 시기

목사안수를 받지 않은 비목회자 선교사들의 교회 개척에 대해서 한국 교회와 선교회 안에서 여러 의견이 있다. 이론적 토론 외에 여러 경우를 가지고 현장적이고 현실적인 토론을 할 필요가 있다. 목회자 선교사들이 이미 교회를 많이 개척한 지역에서 사역하는 경우 비목회자 선교사들은 단독으로 교회를 개척할 필요가 없다. 이미 개척한 교회나 개척할 교회에서 협력 사역을 하거나 전도한 사람들을 그 교회로 보낼 수 있다.

목회자 선교사들이 없는 경우에는 첫째, 사역지가 이슬람 지역 같은 제한 지역인 경우에는 모든 선교사들에게 교회 개척이 어려울 것이다. 그럼에도 불구하고 모든 선교사들이 작은 교회 또는 가정 교회를 개척해야한다. 더욱이 목회자 선교사로 입국할 수 없어 소위 전문인 선교사들만 있는 경우라도 노력해야 한다. 둘째, 제한 지역이 아니지만 시골 지역이어서 목회자 선교사가 없는 경우에는 비목회자 선교사도 교회를 개척해야 한다.

도시 지역에서 이미 소수의 목회자 선교사들이 교회를 개척한 경우에 관해 제일 토론이 많다. 소수의 목회자 선교사들이 전 도시를 전부 전도하고 교회를 개척할 수는 없다. 그러므로 비목회자 선교사들도 전도와 더불어 모아진 그룹을 중심으로 교회를 개척하는 것이 좋다. 그러나 그렇게 하지 않고 목회자 선교사와 연합하여 같이 사역하는 것도 역시 좋은 방법이다.

비목회자 선교사들의 경우에 다른 형태의 선교 사역을 하면서 교회 개척을 하는 경우가 대부분일 것이다. 교회를 개척할 수는 있지만 교회를 유지하는 것은 매우 다르고 큰 사역이다. 즉 교회 개척(Church planting)과 목회(Pastoral care)는 다른 것이다. 목회는 전문가 즉 목회자 선교사가 필요하다. 교회가 커지면 반드시 전임의 목회자 선교사가 필요하다. 두 가지 선택이 있다. 비목회자 선교사가 하던 사역을 접고 전임 사역을 하든지 아니면 목회자 선교사를 요청해서 사역해야 한다. 후자의 경우에는 모든 사역과 권위를 목회자 선교사에게 넘기는 것이 옳다.

교회 개척의 초석은 성령과 기도와 전도며 동시에 주변지역에 대한 바른 관찰과 분석과 연구들이다. 성령의 지시와 방향을 구해야 하고, 이를 위해 계속 기도해야 하고, 개인 전도를 통해서 만남과 성경 공부가 진행되면서 교회를 개척할 가능성을 갖게 되며, 동시에 많은 방문과 적절한 연구의 방법으로 충분한 정보에 기초한 자료들이 있어야 한다. 그 자료들로 가장 적절한 접근 방법과 수년 내의 도전과 변화를 그림으로 가지고 있어야 한다. 성령과 연구 없는 무모한 교회 개척은 과정에서도 우왕좌왕하게 만들며 결과도 예상할 수 없다. 교회 개척을 결정하는 중요한 요소들은 그 지역의 교회 유무, 3~4년 동안 집중할 수 있는 선교사의 에너지 상태와 교회 사역을 같이 할 수 있는 팀 사역의 존재, 현지인들의 구원에 대한 열망, 교회 개척과 유지에 대한 계획 및 적절한 장소의 확보들이다.

초기 교회 개척에서 중요한 것은 핵심 신자들의 확보이다. 초기 교회 개척에는 에너지 집중이 필요한 데 개인과 팀의 수준에 맞추어서 교회 개척 초기에는 일정한 나이 그룹에 초점을 맞추는 것이 좋다. 예를 들어 어린이, 청소년, 청년, 어른 중에서 일정 그룹에 우선순위를 가져야 한다. 그중에는 청소년 그룹이 매우 좋다. 청소년 사역을 1년 이상 집중해서 어느 정도의 궤도에 올린 다음에 그들과 함께 다른 나이의 그룹에 도전하면 매우 좋다.

교회 개척에서 연령별로 관심에 차이가 있다. 어린이는 재미있는 말씀 듣는 것, 활동, 선물을 좋아한다. 청소년은 친교, 활동, 재미, 이성에 대한 관심, 말씀의 감동과 능력을 원한다. 청년은 지성, 활동, 세미나, 친교, 말씀의 감동과 능력, 말씀으로 인한 변화를 기대한다. 어른 남자는 관계, 직업, 이익, 의미, 재미, 말씀의 감동과 능력, 자녀에 대한 관심을 찾는다. 어른 여자는 관계, 도움, 대화, 말씀의 감동과 능력, 가족과 건강에 대한 관심이 많다. 노인들은 죽음, 건강, 자녀들, 휴식, 대화, 친구 됨, 음식, 소일거리에 관심이 높다. 복음을 현지인에게 전하는 것은 소귀에 경 읽기 같은 느낌이 든다. 그래도 믿음은 들음에서 난다. 교회 신자들에게 믿음이 어떻게 시작되었는지 물으면 계속 나와서 말씀을 듣는 중에 생겼다고 말한다.

전도가 쉽지 않다. 언어와 문화의 장벽도 있지만, 일반적으로 다음과 같은 문제들이 있다. 많은 사람들이 예수님에 대해 관심이 있지만, 선뜻 믿으려고 하지는 않는다. 많은 사람들이 예수님을 좋아하지만, 진심으로 믿는지는 확인을 해보아야 한다. 교회에 자주 오는 사람 중에서도 왜 오는지 믿음을 재확인하는 것이 필요하다. 한 영혼을 얻기 위하여 얼마나 많은 노력을 드려야 할지 계산할 수 없다. 한 영혼이 천하보다 귀한 것은 단순히 값어치만이 아니라 얻기가 쉽지 않다는 것도 의미한다.

전도에는 개인 전도부터 대중 전도 같은 다양한 형태의 전도가 있다. 기회에 맞게 적절한 전도의 방법으로 영혼 구원에 힘쓰는 것이 선교사의 직무이다. 자기가 사는 동네 주변의 모든 집에 전도하지 않았다면 선교사는 회개해야 한다. 그리고 선교사는 자기의 방법대로 사는 지역과 교회 주변지역에 관하여 전도의 지도를 가지고 있어야 한다. 어느 사람이 교인인지, 어느 사람이 영접 직전인지 어느 집이 반대하는지를 잘 파악하고 있어야 한다.

현지인들과 좋은 관계의 첫걸음은 그들의 삶의 방식을 이해하는 것이다. 우리와 차이만 있을 뿐 그들의 삶의 방식에서 뛰어난 부분이 많다. 그들의 삶의 방식을 좋아하고 따라가야 한다. 두 번째 걸음은 생각과 말하는 것을 이해하는 것이다. 많은 말과 생각을 들을 때 엄청난 저항과 반대를 느낀다. 그것을 융화하는 것이 중요하다. 세 번째 걸음은 그들의 세계관을 이해하는 것이다. 오랫동안 굳어오고 전통화된 세계관을 받아들이는 것은 거의 불가능해 보인다. 다른 각도와 역사로 이해하면 그들의 세계관의 형성은 당연하다. 네 번째 걸음은 그들을 있는 그대로 이해하는 것이다. 더욱이 현지인은 그들의 있는 그대로의 모습이 아름답게 여겨질 때가 오도록 기도해야 한다.

선교사는 복음을 가져다준다. 복음이 역사하여 그들의 전 인격을 변화시킬 것을 믿는다. 그러나 어떻게 복음을 전할 것인가는 우리의 책임이 크다. 현지인의 이해와 방식과 세계관에 병행해서 복음을 전달해야 한다. 선교사의 역할은 현지의 문화 중 좋은 것들과, 우리가 가지고 있는 것 중 좋은 것들과, 성경이 가르치는 바른 것들을 종합해서 현지인이 천국 시민이 되게 하는 것이다.

교회에 출석하고 있는 사람들이 처음에 어떻게 교회와 연결이 되었는지 조사해보았다. 대부분이 방문 전도와 관계 전도를 통해서 예수를 소개받았다. 병원(긍휼 사역)을 통해 교회에 출석한 사람들도 있었다. 그러나 의료적인 도움에 계속 의존성을 가졌으며 도움이 적을 때는 교회에서 멀어졌다. 긍휼 사역으로는 믿음의 뿌리를 내리는 것이 매우 어려운 것 같다. 대부분의 선교지 교회는 여성들과 어린이들이 많다. 남자 어른들은 마음이 강퍅하다. 복음에 대하여 마음이 닫혀있다. 청소년 이상의 남자들이 많은 교회는 사역이 균형이 있으며 지도자를 키우는 장래도 밝다.

심방은 매우 중요한 사역이다. 심방은 교회에 잘 안 나오거나 교회에 새로 나온 사람들을 중심으로 해야 한다. 기존의 성도들의 집은 좀처럼 방문하지 않는 것이 좋다. 그러나 선교사들은 그들의 집에 가는 것이 더 쉽다. 교회에 새로 출석한 경우에 당일에 모든 프로그램을 제쳐두고 사영리 등을 활용하여 복음을 전하는 것이 원칙이다. 그리고 이름, 나이, 전화번호, 집을 아는 교회 성도 이름 등을 기록하고 주 중에 만날 약속을 하고 다시 만나서 복음을 재확인하거나 전해야 한다. 교회에 안 나와서 심방하는 경우도 가능한 그 다음 주간 안에 심방하는 것이 좋다. 어떤 경우는 썩 내키지 않는 때도 있다. 가고 싶지 않을 때 한 번 더 가야 하고, 이제 그만 가야 한다는 생각이 들 때 한 번 더 가야 한다. 그런 방문 중에 복음에 목마른 자들을 만날 수 있다. 교회에 열심히 나오게 하면서 교회 문턱을 넘나드는 사람은 천국에 가깝다. 현지인을 그들로 계속 교회에 오도록 돕고 성경 말씀을 듣게하면 말씀의 능력이 임하게 된다. 열 번을 교회에 데리고 오면 반응이 생긴다. 첫 6개월은 계속해서 교회에 데리고 나와야 한다.

교회에 나오는 사람들은 영적인 갈급증 이외에 육체적인 필요를 가지고 있다. 영적인 것이 모두 선교사의 책임은 아니지만, 기도와 도움의 책임이 있다. 개인과 가정의 필요를 잘 보는 것은 교회 개척에서 중요한 부분이다. 예수님이 베드로 장모의 열병을 고치셨듯이 현지인들의 육적 및 영적 아픔을 나누어야 한다. 우리가 전도하는 것은 진심으로 그들이 우리의 가족이 되기를 바라는 것이다. 영적인 부모, 영적인 아들과 딸, 영적인 형제자매의 관계를 잘 유지하여 오는 사람들이 가정 같은 분위기를 느낀다면 사역은 성장해 간다. 늙은 어른들을 위해서 선교사는 기꺼이 양아들과 양딸의 역할을 자원해야 한다. 어린이들을 위해서 선교사는 좋은 형과 누나의 역할을 할 수 있다. "누구든지 하늘에 계신 내 아버지의 뜻대로 하는 자가 내 형제요 자매요 모친이니라"(마 12:50). 그외 교회에 능력이 있으며 재미와 즐거움이 있다는 것을 심어주는 것이 중요하다.

모든 사람들은 영적인 관심이 있다. 영적인 것을 느낄 때 교회에 계속 찾아온다. 교회에는 성령의 능력이 있다는 것과 기도와 말씀에서 능력과 기적이 나온다는 것을 각 사람이 체험하는 것이 필요한 데 그것들이 계속 나오게 하는 열심과 확증이 되기도 하며, 그 외 사랑과 교제를 나누고 소풍과 운동 등의 재미가 있을 때 사람들은 모이게 된다.

교회 개척에 있어 문화를 고려할 때 중요한 사항들은 노래와 춤의 기호도, 공식 모임 때 정장 또는 자유스러운 복장, 시간을 잘 지키는 삶, 남녀가 동석 가능한지, 나이 많은 어른들에 대한 공경도, 아이들이 부모 허락 없이 다니는 자유, 남녀 사이의 악수와 포옹 및 뺨을 맞추며 인사, 전에 기독교 문화가 존재한 역사, 공공 물건에 대한 이해, 외향적 또는 내향적, 종교와 종교 지도자에 대한 이해와 존경과 외국인에 대한 태도들이다.

전도와 교회 개척에 있어 성경의 진리에 관련되지 않은 요소는 현지인의 문화에 맞게 변화를 주어야 한다. 문화의 코드를 맞출 때 현지인에게 메시지가 더 잘 전달된다. 그러나 복음과 진리는 타협할 수 없다. 문화는 캡슐이나 사람이 입고 있는 옷과 같이 매우 중요하다. 문화적 관점에서 이해하는 것은 복음을 잘 전달하는 지름길이다. 그러나 복음이 반드시 문화와 함께 가는 것은 아니다.

교회는 장소를 자주 바꾸기가 어렵다. 가능한 영구적이거나 장기적인 장소를 확보해야 한다. 현지인의 자립이 선교의 한 원칙이지만 교회 건물을 사전에 확보하는 것은 매우 필요한 일이다. 교회를 개척하기 전에 교회의 미래의 모습을 결정하고 그 목표로 가는 것이 좋다. 교회에 워십팀을 갖는 것은 매우 중요한 일이다. 워십을 위해 많은 투자를 해야 한다. 어린이 사역을 하다 보면 어린이 전문 사역자가 필요하다고 느낄 때가 한두 번이 아니다.

쉬지 말고 전도하라. 진정한 제자들과 리더십은 열심을 다한 전도에서 얻어지는 것이다. 교회의 교육 과정이 시작되면 전도가 약해진다. 이미 교회 안에 들어와 있는 사람들을 대상으로 하는 교육은 전도를 약화시킨다. 전도는 교회가 항상 우선순위를 두어야 할 사역이다. 교육의 중심은 전도가 되어야 하며 전도를 통해 진정한 교육이 이루어진다. 많은 성경 공부와 교육은 전도를 통해 열매 맺는 것이다. 전도보다 교육을 우선하면 상당 기간 교회의 수적 성장은 지연된다.

독신 선교사의 삶과 사역

독신 선교사에 남성이 거의 없기 때문에 독신이라 하면 여성이라고 생각해도 틀리지 않는다. 세계 선교의 2/3는 독신 여성이, 그리고 나머지 1/3의 2/3는 부인 선교사가 했다는 얘기가 있다. 그만큼 선교에 있어 여성 그중에서도 여성 독신의 역할이 대단했다는 것이다. 실제로 많은 선교 사역은 섬세함을 가진 여성이 더 잘한다. 설교와 신학적 가르침과 목회 일부를 제외한 어린이 사역, 청소년 사역, 여성 사역, 가정 사역, 섬김의 사역, 긍휼 사역, 고아원 사역 같은 많은 사역에서 여성이 두드러진다. 음식, 의복, 만들기와 그리기, 청소, 대접들도 여성들이 월등할 수밖에 없다.

현장에서 경험한 여성 독신들은 각자의 독특함 속에 아름다움을 간직한 채 사명에 몰두하는 평범한 여인들이었다. 그러나 책임질 가족이 없고, 부담 가져야 할 일들이 적고, 생각을 다양하게 할 필요가 없어서 단순하게 집중하여 사역에 올인할 수 있다. 대개 큰 프로젝트 같은 일들을 잘 벌이지는 않지만 자기의 전문성과 현지의 필요성을 잘 혼합한 사역을 찾아 복음 전도와 양육에 열정을 다한다.

독신 선교사들의 강점은 다음과 같다.

첫째, 하나님만 의지한다. 하나님과 교제하고 대화하고 친밀하게 지내는 시간이 많아서 더 영적이고 기도가 깊으며 삶이 투명하며 욕심이 적다. 40일 금식 기도를 하는 분도 있고 식사를 본인이 준비하고 먹다가 안 먹으면 그것이 금식기도가 된다. 독신들은 새벽기도도 매우 열심이다.

둘째, 현지 여성들에 대해 친화력을 갖는다. 여성 사역을 잘하게 되며 여성 중에서 리더들을 잘 세운다.

셋째, 전문성을 잘 활용한다. 어린이 사역, 교회 개척, 전도 및 훈련 같은 전문성을 갖고 역할을 하며 더 다양한 사역도 가능하다.

넷째, 집중력이 좋다. 가정의 선교사들은 일반 다양하고 복잡하다. 자녀 돌보는 일과 교육 등 가족과 함께 있으면 항상 분주하고 일이 많다. 그러나 독신은 그렇지 않아서 단순하게 집중할 수 있다. 마지막으로 죽음의 두려움이 덜하고 책임질 것도 많지 않아 용기를 갖고 위험 지역이나 시골 지역에서도 사역하며 역사를 만들어 간다. 가정이 있는 선교사는 자녀 교육 때문에 수도권이나 도시권을 벗어나기 어렵다. 독신들은 지방에도 잘 갈 수 있고 어디든지 이사도 어렵지 않은 편이다.

선교지에서 관찰한 독신 선교사들의 약점과 한계는 다음과 같다.

첫째, 건강과 체력 면에서 쉽지 않다. 젊었을 때는 비교적 덜하지만, 나이가 들면서 체력이 떨어지고 힘들어 한다. 여러 잔병도 적지 않다. 육체적인 힘이 요구되는 일들도 혼자 처리해야 하는 어려움이 있다. 그러나 정신력이 강해서 사역을 끝까지 감당한다.

둘째, 외로움과 고독 속에 심리적으로 힘든 부분이 있다. 가정은 부부와 자녀를 통해서 대화와 교감이 있지만 이런 부분이 약하다. 과거와 달리 인터넷과 카톡으로 훨씬 나아진 편이지만 스킨십과 같은 직접적인 부딪힘이 부족한 채 지내게 되어 실제 부분에서는 고독 속에 있다.

셋째, 남성들이나 가정에 대한 이해가 부족한 편이다. 남성들의 사고방식이나 생활방식들에 대한 이해나 가정이 어려워하는 부분과 자녀 교육으로 인해 힘들어하는 부분을 잘 동의하지 않는 편이다.

넷째, 조직과 행정에서 부족하다. 개인적인 차이가 크게 있지만, 직장이나 군대 같은 조직이라는 구조에서 덜 살아왔기 때문에 일반적인 이해는 있겠지만 실제적인 이해가 떨어지며 행정력도 부족한 편이다. 그러나 팀장을 맡는 분들도 있어 뛰어난 역할을 하는 분들도 있다.

다섯째, 독선적이고 편향적인 부분들이 많을 수 있다. 이 부분도 개인 간 차가 많을 것이다. 고립된 환경에서 오래 지내면서 사역에만 몰두하다 보면 일반 사회의 흐름이나 팀의 결정이나 상식에서 멀어지기 쉽다. 그래서 말이나 행동이나 판단에서 치우치고 균형이 상실된 표현들이 나타난다. 선교사들이 일반적으로 그런 부분이 있지만, 독신 선교사들은 좀 더 그런 부분이 보인다.

독신 선교사들과 대화해 본 분들에게서 들은 바를 정리해보면 크게 세 가지 경향을 보인다고 한다.

첫째, 카리스마적인 형태로서 공부하고 사역하고 경험한 것이 많아서 일방적으로 가르치려는 형으로 이것에 대해 다른 의견을 내거나 반대를 하면 야단을 치기도 하는 형태를 보인다. 사람들이 보기에는 독선적으로 보이기 쉽다.

둘째, 감정적인 형으로 감정의 기복이 심하여 감정의 종과 횡을 가늠하기가 어려운 분들이다. 이런 유형의 분들과는 사람들이 대화하기 어려워한다.

셋째, 이중적인 모습을 가진다. 말과 행동에서 일정하게 일관된 것이 잘 보이지 않고 주관적인 모습이 강하며, 전에 발언한 것이나 제안한 것을 잊어버리고 다른 표현을 하는 듯이 보인다.

의사 선교사로서는 일반 선교사들을 포함하여 독신 선교사들에 대해 좋은 이해와 좋은 해석으로 접근을 한다.

첫째, 고립되고 스트레스 많은 환경에서는 누구도 그렇게 되는 경향을 가질 수 있다. 그런 상황에서 치우치지 않게 교회와 선교본부와 주변에서 도움을 주어야 한다. 만약 일부에서 심각한 문제가 있을 때는 방치하지 말고 적극적으로 개입해서 조기 발견하고 조기 치료해야 한다.

둘째, 모든 것은 합력하여 선을 이룬다. 선교사들 안에는 다양한 타입이 있고 각 타입에 맞게 사역을 맡기신다는 믿음으로 바라보아야 한다.

셋째, 개인적인 차이와 이차적인 환경적인 변화를 인정하고 서로 상처를 주지 말고 인정하며 개인적인 대화보다는 공적인 자리에서 대화하는 것이 좋다.

넷째, 독신 선교사들에게는 누군가 조언을 주는 분이 필요하고 현장에서는 보조적이며 지원하는 역할을 하는 분이 꼭 있어야할 것으로 생각한다. 다른 독신일 수도 있고 팀장이나 팀원이 그런 역할을 서로 하여 함께 성숙해 나가면 좋을 것이다.

독신이라도 반드시 평생 독신으로 살 필요는 없다. 기회가 되면 결혼을 할 수 있다. 필자 주변에서도 여러 독신이 결혼을 하여 가정에서 멋지게 살고 있다. 독신에서 결혼하는 것이 죄도 아니며 반대로 독신으로 계속 사는 것도 죄가 아니다. 부르심을 받은 그 자리에서 그 모습으로 하나님의 영광을 위하여 선교하면 된다. 우리 주변에 있는 독신들은 우리의 누나이자 여동생이며 자매로서 함께 하나님 나라를 만들어가는 동역자이다. 그들을 편하게 대하되 서로 짐을 나누어지면 좋을 것이다. 독신들이 소천하면 가족에게 연락하여 뒤처리를 하면 되지만 일부 독신들은 아무 가족이 없어서 선교부에 미리 법적 조치를 해 두어야 할 때도 있다.

필자는 많은 독신들을 보면서 한 마디로 그들은 탱크와 같다고 생각했다. 필자가 본 공통점은 물불을 안 가리고 도전하며 거침없이 진격하며 최전선에서 전쟁을 수행하는 강한 분들이라는 느낌이었다. 독신 그 모습으로 사는 것에는 지지하거나 우선 동의하지는 않지만, 그분들의 삶에는 그분들만이 경험하는 깊은 영성과 체험과 경륜과 열매들이 있음을 오랜 세월 관찰하면서 발견해 왔기에 그 길에 부르심 받고 순종하여 살아가는 모든 분들에게 감사와 존경을 드린다.

지역 사회 보건 선교(CHE, Community Health Evangelism)

　지역 사회 보건 선교(CHE)는 지역 사회의 낙후된 문제점들을 개발하면서 동시에 제자들을 만들고 교회를 개척하는 프로그램으로서 개발된 것으로 Medical Ambassadors International에서 개척과 훈련을 감당해왔다. CHE는 사람들로 그들 자신을 위해 무언가를 할 수 있도록 배양하고, 전인적으로 접근하여 리더들을 준비시키며, 지역 사회가 스스로 문제점을 찾아내고 그곳에 존재하는 자원을 찾아서 해결할 방법을 개발시키며, 기본적인 건강의 원리와 실천할 것들에 대한 지식을 함양함으로 개인과 지역 사회의 예상되는 질병을 예방하여 적절한 건강을 증진하는 데 있다. 그 과정에서 이 일을 지역 사회 모임이나 회의에서 추천받은 청년이나 여인들이나 자원자들 중에서 선발하여 그들과 문제를 의식하고 무엇을 할 것인지 논의하고 동시에 성경 공부를 하는 중에 그들을 제자들과 리더십으로 세워가고 교회를 개척하는 것이다. 실제로 CHE가 된 지역 사회를 가보면 행복한 모습이 보이는 데 영육 간에 공급을 받아서도 그렇고 지역 사회의 실제적인 변화의 결과를 보아서도 그렇고 지역 사회의 주인이 되었고 무엇을 할 수 있다는 자신감과 확신 때문이다.

　화장실의 변화, 우물가의 식수 오염의 감소, 쓰레기의 청소와 구분, 도로의 변화, 아이들의 위생 증가, 손 씻기, 기생충의 감소, 학교의 변화 같은 지역 사회의 변화는 참여하지 않은 다른 이들에게도 큰 영향력을 준다. 그리고 한번 성공한 사례는 주변의 지역 사회에 잘 전달이 되며 실제 결과가 있기에 다른 곳의 모델이 된다.

CHE의 내용을 일부 소개하면 아래와 같다.
('지역 사회 보건 선교 전략' 개요에서 일부 발췌, 번역자의 허락을 받아 게재한다.)

- 저자 : 스탠 롤랜드
- 번역 : 정다윗 선교사
- 개정 : 2002년 10월
- 목적 : 지역 사회 보건 선교 전략의 목적은 마태복음 28:18~20에 나와 있는 예수님의 지상 명령과 마태복음 25:36절에 나와 있는 병든 자를 치료하라는 예수님의 최고의 계명을 실현하기 위한 목적으로 개발 사역을 하는 것이다. 이 사역의 계획은 지역 사회 주민들을 지역 사회 보건 요원으로 훈련시키는 방법으로 성취되고 있다. 보건 요원들은 다시 마을 이웃 사람들에게 자신들이 배운 질병 예방, 건강 증진에 대해 가르치게 된다. 보건 요원들은 간단한 질병의 기본적인 조치 및 예방 접종 사역을 돕기도 한다.

지역 사회 보건 선교 훈련에서는 식수 정화, 위생, 농업, 영양, 산모 및 신생아 관리, 환자 가정 관리, 질병 예방 같은 육적인 주제들을 다룬다. 뿐만 아니라 주민들이 이웃의 정서적인 문제 및 사회적인 문제들에 대해서도 도움을 줄 수 있도록 훈련한다. 게다가 그리스도인으로서의 확신, 다른 사람들에게 그리스도에 대해 이야기하는 방법, 하나님의 인도를 받으며 사는 방법, 성경 공부 모임 인도 방법 등에 대해서도 훈련한다.

우리의 의도는 현지 주민들을 자원 봉사자로 세워 타에 본이 되게 하고, 자신들이 배운 영적 및 육적인 진리들을 이웃 가정들을 방문하여 그들에게 나누도록 독려한다. 프로그램은 훈련팀이 그 지역을 떠난 후에도 지속적으로 이웃들에게 잘 전달되고, 쉽게 배가될 수 있도록 만들었다.

• 지역 사회 보건 선교 전략 접근 방법 : 국제의료대사선교회에서 실시하는 지역 사회 보건 선교 전략은 지역 사회 전체를 광범위하게 겨냥하고 있다. 본 단체는 영적, 육적, 정서적 및 사회적인 진리들을 가지고 지역 주민들을 훈련시키므로 이것을 실시하고 있다.

지역 사회 보건 선교 전략을 통해, 우리는 가장 많은 사람들에게 육신적인 도움뿐 아니라 복음을 전하기 원하며, 이렇게 하는 가장 효과적인 방법은 지역 주민들을 보건 요원으로 훈련시키는 것이라는 사실을 경험적으로 확인했다. 사역 접근 방법은 일차적으로 다음과 같은 특징을 가진다.

1. 주민들이 할 수 있는 만큼 최대한 스스로 일하도록 기획된 간단한 사업을 통해 지역 주민들이 가장 심각하게 느끼는 필요들을 최우선으로 해결하는 데 힘을 모으고 있다. 우리는 주민들의 리

더십, 주도권 및 자신감의 수준에 맞춰서 일을 시작하려고 노력하고 있다.

2. 사람들에게 자진해서 적극적으로 찾아간다.

3. 예방 의학, 건강 교육과 때로는 간단한 치료 의학이 통합적으로 전체 프로그램에 들어있다. 예방과 교육이 강조되고 있으며, 개인의 생활 태도 및 조건에 변화가 올 것을 기대하고 있다.

4. 가능한 많은 사람들에게 다가가는 것이 목표이며 소망이다.

5. 프로그램은 주민들이 스스로 개발 과정에 어떻게 참여할 수 있는지에 대해서도 보여 준다. 교육 과정은 간단한 건강 교육, 중요한 질병에 대한 일반적 교육, 병원에 가야 하는지 판단하는 방법, 환자 간호에 대해 가르치도록 개발되었다. 지역 사회가 스스로 돕고 지역 사회의 헌신도에 따라 지도자들이 나오게 되어있다.

6. 대부분의 일들을 지역 교회 지도자, 지역 사회 지도자, 그리고 보건 요원들에게 위임하며, 이들이 지역 주민들로부터 협조를 구하고 프로그램이 운영될 수 있도록 주민들을 참여시킨다.

7. 훈련 내용은 반드시 전수 가능하며 다른 사람들도 쉽게 따라 할 수 있도록 해야 한다.

8. 활용 가능한 지역 자원들을 최대한 활용한다는 것에 대한 확실한 이해가 필요하다.

9. 근처에 있는 병원들과 산부인과, 내과 및 외과 중환자들을 치료하기 위한 원만한 협조 분위기를 조성한다.

10. 홍역, 결핵, 디프테리아, 백일해, 파상풍, 소아마비 등에 대한 집단 예방접종을 한다. 이런 것은 지역 사회에서 지원해야 한다.

11. 깨끗한 식수에 대한 강조, 적절한 화장실 활용에 강조점을 둔 위생 교육을 한다.

12. 가족계획에 필요한 기구들을 쉽게 구할 수 있도록 한다.

지역 사회 보건 선교 전략 저변에 있는 기초는 비록 사역이 외부인들에 의해 시작되었다 하더라도 지역 사회가 프로그램을 자신들의 것으로 간주한다는 것이다. 대부분의 경우 외부에서 단체가 들어와서 지역 주민들을 위해 무엇인가를 해주는 경우가 많은데, 외부인이 떠나면, 그들이 이룩했던 것이 무산되고 만다. 지속성이 없다. 지역 주민들은 외부에서 온 사람들이 자금을 마련하고, 자재들을 마련하고, 프로그램이 돌아가도록 사람들을 보내고, 심지어는 하자가 발생할 경우에도 외부인이 책임을 진다.

우리가 지역 주민들을 위해 무슨 일을 해주게 되면, 지역 주민들의 눈에는 이루어진 모든 것은 외부인의 것으로 보이게 된다. 그러므로 처음부터 지역 주민들에게 초점을 맞추고, 그들 스스로 이것을 '우리의 일이며, 일할 사람은 우리'라고 말하도록 해야 한다. 우리는 지역 주민들이 그 일을 하도록 돕는 자가 되어야 하며, 그들이 하나님의 인도로 책임감을 지고 스스로 일하도록 만들어야 한다. 단 한 번으로 이런 일이 일어나지 않으며 여러 번의 시도와 도움을 통해 비로소 주민들이 주인 의식을 가지게 되는 것이다.

CHE의 핵심 가치는 Medical Ambassador International(MAI)의 홈피에 아래와 같이 나타나 있다. (MAI의 허락을 받아서 영문으로 내용을 게재한다.)

Prioritizing the whole person: Some ministries focus solely on the spiritual and ignore physical needs; others address only the physical. We address both.

Prayer: Because true transformation is the work of God we have to seek his help.

Commitment to the vulnerable and marginalized: Jesus offers salvation to everyone. However, he particularly calls us to serve those whom other might ignore.

Long Term Solutions: We focus on development rather than relief. We believe prevention of diseases (and other problems) is less costly and more sustainable than trying to cure them.

Local ownership: We do not want to promote a cycle of dependency on outside aid. Rather, we teach communities to identify and solve their own problems.

Participatory Learning: Our teaching methods engage adults in discussion, reflection and action, building on what they know. It also allows less educated people to shine as trainers.

Use of locally available resources: When people use resources they already have, they grow their independence and can teach others to do likewise.

Multiplication: The brilliance of CHE is that it doesn't need professional development workers to thrive. Because it relies so heavily on local leadership and volunteers, once one community catches the vision, it spreads like wildfire.

Christian Servant Leadership: Jesus modeled leadership based on serving others, not being served by them. Thus, we raise leaders who, like Jesus, lead through sacrificially serving.

가정 교회(목장) 사역

　　교회 개척에서 이 분야를 다룰 수도 있지만, 특별히 분리하여 설명하는 것이 좋겠다. 가정 교회는 한마디로 설명하면 평신도들을 양육시켜서 소규모 그룹의 가정 중심의 정기예배와 모임을 갖고 삶을 깊이 나누는 모임으로 정의할 수 있고, 이는 기존의 교회 내에서 이루어지기도 하고 이런 가정 교회 모임들이 모여서 공식 교회가 생기기도 한다.

　　필자 부부는 1997~1998년에 텍사스 휴스턴에서 의학 연수를 하는 동안 두 분의 지도 교수님의 교회에 출석하게 되었다. 그 교회가 최영기 목사님이 시무하시던 휴스턴 서울침례교회였다. 거기서 실제로 목장에 속하여 가정 교회를 체험하면서 가정 교회 세미나도 경험하였고 그 뒤에 계속해서 목장과 관계를 가졌고 한국에 와서도 가정 교회를 하는 여러 교회들과 밀접한 교제를 가졌다. 한국에 잠시 와서 누가회 여름수련회에 참석했을 때는 모 신학교 교수가 강사로 왔다. 강의 중에 성장이 멈춘 한국 교회를 향하여 이제 대안은 가정 교회뿐이라고 하는 말을 들은 적이 있다. 미국에 있는 동안 가정 교회를 경험했는데 그 사역이 한국 교회에 새로운 모델이라고 하였다.

　　가정 교회는 선교지에서도 매우 잘 적용할 수 있는 사역으로서 선교사가 몇 번 세미나에 참석해서 배우면 되고 아니면 선교지 출발 전에 가정 교회 사역을 제대로 익혀서 현지에서 적용할 수도 있다. 본인이 직접 목자가 되어 목장을 섬겨본 경험이 있으면 더욱 좋을 것이다. 문제없는 가정 없고 늘 도전과 변화에 직면하고 스트레스가 많은 가정과 부부들이 모여서 예배를 드리고 삶을 나누다 보면 밤새 얘기를 나누게 되고 성령의 치유를 맛보게 되고, 그 은혜와 힘이 삶에 반영되고 전도도 열심히 하게 되어 목장은 성장하고 분가하면서 새로운 목장들이 생겨난다. 실제로 잠시 휴스턴 서울침례교회에 머물렀지만 계속 목장들이 생겨나는 것을 보았고, 한국에 와서도 목장이 있는 교회들은 계속 성장해 나가며 삶에 은혜와 웃음이 충만한 것을 목격하였다. 선교지의 현지인 가정들도 예외 없이 많은 스트레스와 어려움에 직면해 있고 실제적으로 영적 필요에 갈급한 이 시대에 목장의 가정 교회는 현지인 가정을 뚫고 들어갈 수 있는 귀한 사역이라고 생각한다.

목장에는 여러 단계가 있어 구원을 확인하고 제자로 리더십으로 성장하게 되며 목장마다 선교사를 연결하여 지원도 하고 교제도 하니 선교에도 크게 쓰임 받고 있다. 최영기 목사님의 가정 교회로 세워지는 평신도 목회 등 여러 책을 참고하면 좋을 것이다.

긍휼 사역(Mercy Ministry)

과거에도 긍휼 사역이 의미가 있었고 오늘 시대에도 가난하고 열약한 나라에서만이 아니라 어느 나라든지 빈부의 차이가 있고 선교사 대부분이 약한 분들을 위해서 사역하기에 이 사역은 여전히 큰 가치를 가진다. 그 외 전쟁, 기근, 난민, 재해, 장애같이 많은 원인들이 긍휼 사역을 필요로 하고 있다. 예수님도 이 땅에 오셔서 약한 자들과 고통에 있는 자들, 그리고 병자들을 치료하시고 도우셨다. 예수님의 모델을 따라가는 제자들은 선교사들도 거의 반드시 이 사역을 해야 한다.

알바니아에 있을 때도 HOPE for Albania, HOPE for World, World Vision같은 다양한 단체들이 긍휼 사역을 하였고, 그 외의 여러 기관들도 사역을 하였다. 특히 공산주의 시절에도 HOPE for World의 죠세나 불라우는 기근에 처한 알바니아를 위하여 트럭에 식량을 싣고 와서 국경을 통과하여 가난한 이들을 도왔다. 후에 이를 알게 된 공산당 정부에 의해 투옥이 여러 번 되기도 하였으나 결국 풀려났고, 기근에 지친 백성들을 의식한 정부는 결국 국제적으로 문호를 개방하고 민주주의가 시작되게 되었다. 그녀는 이런 긍휼 사역에 대해 이슬람 사람들을 포함한 많은 사람들의 의식을 바꾸는 중요한 사역이라고 설명하였다. 1999년 코소보 전쟁과 이 전쟁을 피해서 온 60만 명의 난민 사태 시에는 알바니아 모든 교회와 선교사들이 마음을 합쳐서 난민을 위한 지속적인 사역을 하였으며 이슬람 난민 중에서 많은 이들이 예수를 믿고 세례를 받았다.(코소보는 99퍼센트가 무슬림)

이 긍휼 사역에는 실제로 여러 가지가 필요한 데 재정, 노동, 지속성 및 지혜와 인내들이다. 재정에서 긍휼 사역은 밑 빠진 독에 물 붓기와 비슷할 정도로 재정이 많이 필요하다. 그래서 재정이 거의 안 드는 CHE나 재정의 필요를 위해서 비정부기구를 만들어 재정 모금도 한다. 이 재정을 계속 감당하는 것이 절대 쉽지 않다. 어떤 단체는 소규모 펀드(Mini Fund) 사업을 해서 현지인에게 500~1500달러를 빌려주고 그것으로 장사를 시작해서 최소한의 생계를 유지해 가도록 한다. 후에 돈이 생기면 갚을 수 있지만 갚지 못해도 찾을 수는 없다.

노동도 많이 필요하다. 창고에서 먼지를 뒤집어쓰면서 상자들과 비닐에 온 물건들을 꺼내어 분류하고 쓸데없는 것들을 버리고 일일이 분류하여 일정 장소에 모으고 재분류하여 두고 차량으로 옮기고 가서 필요한 곳을 찾아 주는 일이 절대 쉽지 않다. 필자도 HOPE for Albania와 협력해서 일을 해 보았고 코소보 난민들을 위해서 일을 했을 때 정말 육체적 에너지가 많이 필요한 것을 경험했다. 난민을 먹이는 일만 해도 음식 준비에서 뒷정리까지 하루 종일 해야 하고 물건을 나누어주는 것도 받고 분류하고 포장하고 전달하는 일을 쉼 없이 해야 했다. 그리고 가난한 이들이 계속 있기에 이 긍휼 사역의 지속성이 유지되어야 하는 데 이는 정말 어려운 일이다. 이 모든 긍휼 사역에 지혜를 갖고 철저한 기획과 인내를 갖고 장기적인 안목을 가져야 하는 데 시작도 어렵지만, 유지는 매우 어렵다.

때로는 긍휼 사역이 오히려 문제를 일으키기도 한다. 받은 사람들이 좋지 않은 것을 주었다고 불평하고, 분배에서 누가 더 많이 가져갔다고 하며, 매일 주지 않거나 요청할 때에 주지 않으면 원망하며, 누군가는 그런 물건들을 모아서 시장에 내다 팔아서 다른 문제를 일으키며 물건을 훔치기도 하고 싸우기도 하는 문제들이 발생한다. 약이나 어떤 음식들은 더 예민해서 약이나 음식을 먹고 부작용이 날 수도 있고 유효기간이 짧은 것을 주었는데 보관하다가 유효기간이 지나서 문제가 되기도 한다.

이 사역을 하다 보면 하나님이 광야 40년 동안 이스라엘 백성들을 불기둥과 구름기둥으로 보호하시고 만나와 메추라기와 물을 주셨는데 늘 원망과 불평 가운데 있었던 것이 생각나기도 한다.

소외된 사람들 사역

위에서 긍휼 사역을 설명하였는데, 이와 관련되어 우리 주변에는 늘 어려운 그룹들이 있다. 장애자, 고아들, 이혼녀들, 과부들, 노인들, 교도소의 사람들과 난민들 그리고 기타의 고통 중에 있는 사람들이 있다. 예수님이 가난한 자들은 항상 너희와 함께 있나니 (마 26:11)라고 말씀하셨고 마태복음 25장에서는 주리고 목마르고 옷을 벗고 병들고 옥에 갇힌 사람들을 도운 그룹에 대해 예수님이 언급하셨다.

태어나면서부터 장애를 가진 분들부터 이차적으로 사고와 전쟁으로 장애자가 된 이들이 많아지고 점점 더 늘어간다. 그들 대부분이 경제적으로도 어렵고, 국가도 사회도 그들의 복지를 책임지기가 쉽지 않으며 가난한 국가와 지역에서는 더욱 어렵다. 그들도 하나님의 자녀가 되고 이 땅에서도 행복을 누려야 하는 데 외부의 도움이 많이 필요하고 선교사들이 도울 수 있다. 고아들도 많다. 버려진 아이들, 미혼모의 아이들, 전쟁으로 부모를 잃은 아이들과 경제적으로 어려운 아이들과 난민의 아이들이다.

서구 선교사 중에는 선교 초기부터 고아원을 하여 많은 고아들을 도왔고 경제적으로 어려운 부모의 아이들을 위탁받아서 돌보았다. 알바니아 초기 선교에도 미국 선교사가 고아원을 맡아서 아이들을 돌보았다. 한국 선교 초기에도 광화문에 집을 사서 고아원을 하였고 거기서 많은 훌륭한 사람들이 배출되었고, 한국 초기 국회의장도 그 고아원의 배경을 갖고 있었다고 한다. 과부들도 많다. 남편이 사고와 전쟁으로 죽어서 이른 나이에도 과부가 된 이들도 있다. 남편에게 버림받고 이혼당한 여성들도 있다. 그들도 보호와 도움이 필요하다. 노인들도 그렇다. 본인이 거동하고 가족의 도움을 받을 수 있으면 괜찮지만 그렇지 못한 노인들도 많다. 양로원이 많이 필요하다. 다양한 이유로 교도소에 있는 사람들도 도움이 필요하다.

선교사들이 교회 개척과 캠퍼스 사역과 상류사회 사역 같은 화려한 사역을 하는 것도 필요하며 국가와 사회의 리더십을 가질 이들을 대상으로 사역하는 것은 매우 중요하다. 동시에 그 사회의 약자들에게도 많은 사랑의 사역이 필요하다. 이런 유의 사역은 한 선교사가 한 단체에서만 하기가 어려울 때도 많다. 손이 많아야 하고 물질 및 재정 지원도 지속적으로 필요한 데 여러 단체와 많은 선교사들이 협력하면 좋을 것이다. 그리고 이런 류의 사역을 전임으로 할 수도 있고 다른 사역을 하면서도 부분적으로 참여하여 일할 수 있다.

비정부기구(NGO, Non Governmental Organization)

이 사역은 교회 개척이 어려운 지역에서 새로운 사역의 형태를 만들고 체류 비자를 받기 위해 선교사들에게 활용되기 시작하였다. 비이익기구(Non profitable organization)가 있지만 일반적으로는 비정부기구로 통일해서 언급된다. 일반적으로 이익을 내는 사업체나 학교나 병원이 아닌 이상 현지에 세워지는 대부분 기관은 모두 비정부기구로 보면 맞을 것이다.

대부분 선교사들이 선교지에서 불안정함을 안정으로 만들기 위해서 기관을 설립하는 데 전문성에 따라 차이가 있지만, 일반적으로 비정부기구를 설립하게 된다. 어느 나라에서는 이것이 사단법인이 되기도 하고 재단법인이 될 수 있다.

현지에 이런 기구 또는 법인을 세우는 일은 크게 두 가지 방법이 있어서 모국에 있는 기관의 지부로서 열 수 있고 다른 방법은 모국과 무관한 현지 법인으로 세우는 것이다. 모두 현지의 변호사를 통해서 목적과 발기인과 장소와 사업들을 제시하면 변호사들이 만들어주고 상의하여 법원이나 행정기관에 제출하면 된다. 발기인은 외국인도 가능하나 어느 나라에서는 현지인들이 반드시 들어가도록 하는 경우도 있다. 이 법인의 유지를 위해서는 정기회의, 정기총회, 임원과 역할, 사업과 보고, 재정 관련 은행계좌 열기와 재정 사용의 투명성 및 매년 마다 세무서에 세무 보고와 관청에 사역 보고들을 해야 하는데, 각 나라의 법에 따라 다르며 이사의 변동 사항이 있을 때와 장소가 변경될 때 목적이나 내규가 변할 때 각 나라에 따라 반드시 신고하고 법원에서 다시 법인 서류를 갱신해야 한다.

서구 선교사들은 이런 법인의 운영에 대해 매우 정밀하여 이사회와 실행위원회 같은 정기회의를 하고 기록을 하고 사역일지 같은 장부를 남기며 관청에 정확히 보고하고 재정 사용을 투명하게 한다. 그러나 한국 선교사들은 필요에 따라 주먹구구식으로 많이 운영하는 것으로 보이며 후에 주무관청이나 세무서에서 조사를 나올 때 적절한 서류를 보이지 못하거나 설명을 잘 하지 못한다. 이런 부분은 경험이 없기도 하지만 법에 대한 존중 의식이 약해서이기도 하다. 그래서 모든 선교기관들은 소속 선교사들이 현지에서 등록한 법인 같은 기구들에 대해서 운영을 잘 하는 지 정기 점검을 해 줄 필요가 있고, 운영에 관해 세미나를 열어서 지도를 해주어야 한다.

선교사들이 주의할 점은 이 법인과 기관을 유지하는 것이 곧 선교라는 의식을 가지면 안 된다는 것이다. 실제로 법인과 기관을 유지하는 데 많은 사람과 시간과 에너지를 소모하게 된다. 그러다 보면 선교 본연의 사역에 집중하지 못할 때가 있다. 매우 주의해야 한다. 다른 주의할 점은 이 법인의 목적에는(종교 법인 외에는) 종교 활동이 들어갈 수 없는 데 그 법인이 있는 장소에서 주로 예배와 모임을 드려서 후에 문제가 될 수 있는 부분이다. 처음부터 영적인 일에 대한 목적을 삽입하면 좋겠고 그렇지 않으면 현지의 사정에 맞게 조정을 해 놓아야 후에 문제가 없을 것이다. 마지막으로 현지인 고용인을 두었을 때 매우 잘 관리를 해야 한다는 점이다. 고용과 관련하여 노동법이나 연금법에 저촉되는 일이 없어야 하고 정확히 계약서를 작성해야 하고, 필요하면 변호사나 공증인에게 가서 공증해야 한다. 또한 휴가, 휴일, 정확한 일의 명시와 사명 선언과 비전 선언을 정확히 설명하고 주지하도록 해야 한다. 그들이 단순 고용인으로서가 아닌 주인 의식을 갖고 일하도록 배려하고 매년 월급의 인상 같은 예민한 일에 구체적인 원칙을 갖고 접근해야 한다. 고용인과 관계가 깊으면 부탁하는 일에 대하여 거절하기가 쉽지 않은 데 서구 선교사들은 예와 아니오가 분명한 반면에 한국 선교사들은 어려워하는 편이다. 현지인 고용자는 문제 발생했을 때 관청에 보고하거나 증인이 될 수 있어 주의해야 하고, 법인과 선교사에 관한 너무 예민한 정보들을 알지 못하도록 해야 한다.

최근에 제한 지역에서는 선교사들이 이런 비정부기구를 만들어 일을 한다는 것을 많이 알고 있어 갑자기 조사가 나오고 추방을 당하는 일들이 있다. 그래서 선교사들은 항상 자신이나 법인의 사역이 다른 곳에서 설명한 것같이 all or none이 될 수 있음을 준비하는 비상사태에 대한 시나리오를 갖고 있어야 한다.

후에 법인을 닫기가 쉽지 않은 데 대부분의 나라에서는 비정부기구가 폐쇄할 때는 그 자산을 다른 유사한 법인에 기증하거나 정부에 넘기도록 하고 있다. 추방당할 때는 모든 재산이 다 넘어가게 되는 데 그때에 자료나 인적 사항들이 넘어가면서 다른 선교사들에게 피해가 가지 않도록 해야 한다.

사업 선교(BAM, Business as Mission)
ㅡ 선교적 비즈니스 모델

비정부기구들조차 안전이 확보되지 않는 상황에서 사업 선교는 새로운 선교 사역으로 떠올랐고, 이미 2007년 상하이 포럼 같은 BAM 포럼을 하면서 경험을 나누고 전략을 만들어가고 있으며, 이 단어와 선교는 많이 회자되고 있고 성공적 모델도 제시되고 있다. 국제적으로 경제가 최대의 주제가 되면서 경제에는 거의 국경이 없고 선교사들도 사업가로서 들어가는 것은 어렵지 않은 편이어서 이 점은 매우 고무적인 일이다.

다만 현지에서 사업 아이템을 찾고 이를 정착시키며 법과 관련된 일을 안정시키고 재정을 투입해서 하려는 일에는 많은 어려움이 있어 실패할 수도 있다. 특히 첫 5년 이내는 정말 어려운 상황에 종종 봉착하고 안정되기까지 위기를 경험하기도 한다. 이 BAM을 하려는 분들은 다른 이들과 네트워크를 하여 많은 정보와 경험을 들어야 하며 자신이 한국에서 성공한 모델을 갖고 있으면 더 좋으며 재정을 잘 준비해야 한다.

사업 선교사들은 선교사로서의 소정의 훈련과 절차를 밟아 선교사가 되는 것이 필요하며, 교회 및 소속 선교단체와 관계를 맺을 때 사역과 사업과 관련된 부분을 정확히 잘 기록해야 하며, 재정 수입에 관해서 어떻게 할 것인지를 명확하게 해야 한다. 이 부분이 분명치 않아서 교회와 선교기관과 어려움을 겪기도 한다. 사역에 관해서는 선교사로서 모든 것을 할 수 있으나 일차적으로는 사업을 통하여 전도하고 제자를 만드는 일에 집중하는 것이 필요하다. 교회 개척 같은 사역을 하는 것은 고려를 많이 해서 결정해야 하는 데 두 사역을 다 하는 데는 무리가 따른다. 재정에 관해서는 모든 수입을 다 선교부에 보고하고 선교 재정으로 사용하는 것이 맞는지 아니면 사업 재정으로서 유지하는 것이 맞을지, 그리고 후원을 받아야 하는지 아닌지에 관해서도 주의가 필요하다. 어느 선교사는 이 점 때문에 교회와 선교부와 큰 갈등을 겪기도 하였다.

사업을 하게 되면 현지인들을 많이 고용하게 되는 데 이에 관해서 현지인들에게 모범이 되지 못하는 경우도 있다. 그래서 여러 현지인들에게 비난을 받기도 한다. 비정부기구의 고용인 이상으로 정확한 법 이해와 준수가 필요하다. 마지막으로 선교지에서 사업을 접을 때에는 손해가 되더라도 현지법의 절차를 따라야 한다. 그런데 어느 날 갑자기 정리해서 떠남으로 후에 세무와 관련되어 문제가 발생하기도 하며 남은 선교사나 한국인들이 그 어려움을 겪기도 한다.

교육기관 설립

한국의 경제 상황이 좋고 교회가 대형화 되어 큰 프로젝트가 가능하다. 과거 서구 선교사들이 한국에서 했던 것은 대한 모델과 경험이 있어 한국 선교사들도 여러 프로젝트를 진행하는 데 그중에 교육기관 설립이 있다. 이미 우리는 연변과학기술대학과 여러 곳의 초중고등학교 사역과 대학 사역 및 신학교 사역에 대하여 많이 듣고 있는 편이다.

사람 교육은 100년을 보는 것이므로 교육 선교 사역은 장기간의 역사를 이룰 수 있으며 연세대학교와 같이 여러 대에 걸쳐서 사역을 감당할 수 있기에 그 의미가 크다. 그런 프로젝트들이 비록 일부의 부작용과 세속화와 물질주의로 흐를 경향이 있더라도 역시 가져올 수 있는 기독교 복음화와 영향력은 무시할 수 없다.

교사들과 교수들이 선교사로 나오고 있고 교육에 풍부한 경험을 가진 분들이 한국에 많고 실버 선교로 나오고 있어 그 어느 때보다 교육 선교와 교육기관 설립의 가능성이 높은 편이다. 목회자 선교사들이 그동안 세워온 신학교 외에 일반 대학과 교육기관 설립은 현지 정치와 경제와 사회의 각 분야에 현지 리더십을 세우고, 직업을 주고, 부동산을 확보하며 시스템을 갖출 수 있어 매우 고무적인 사역임에는 틀림없다.

핵심적인 사항은 누가 하려는가, 왜 하려는가, 어떻게 하려는가와 무엇을 하려는가의 근본이 중요하다는 것이다. 누가 하려는가에 있어 1인에 의해서가 아니라 다수의 신실한 사람들과 전문적인 사람들이 같이 참여해서 해야 하고, 왜 하려는가에 있어 그 지역에 예수님의 제자들을 세우겠다는 분명함이 있어야 하며, 어떻게 하려는가에 있어 1인 소유에 의한 재정 및 운영 문제가 발생하지 않도록 재산과 소유와 운영에 있어 명확하고 투명한 백서가 있어야 하며, 무엇을 하려는가에 있어서는 구체적인 내용이 있어야 한다. 교육기관의 외형으로만 갖추려고 하지 말고 진정으로 현지 복음화와 봉사를 이룰 목적과 방향과 내용이 정확해야 하고, 과정이 정확하고 정직하고 투명해야 한다. 특별히 한국에서도 가족 및 족벌 운영으로 인해 기독교기관들이 문제가 되고 운영과 재정이 투명하지 않고 오용과 남용으로 사회적 물의를 일으키기도 하였는데, 그런 문제들이 발생할 소지들이 없어야 한다.

아프리카 모 국가에 의과대학을 설립하려는 프로젝트에 참여한 적이 있었는데 결국은 이 사역을 독점하려는 의도가 발견되어 더 진행을 하지 못했다. 이런 프로젝트들이 재정 모금을 쉽게 할 수 있고 하게 되면 명예를 얻고 관심을 끌 수 있어, 다른 이들과 나누고 싶지 않고 자기의 책임 하에 단독으로 하고 싶기에 큰 시험과 유혹이 될 수 있다. 결국, 이것은 프로젝트의 주인이 하나님이라는 것을 잊어버리고 인간적인 소유의 개념으로서 접근하기 때문이다.

필자도 선교지에서 혹시 교육기관을 설립할 수도 있을 가능성이 있어서 아래와 같은 내용을 사전에 준비한 적이 있다.

첫째, 필요성과 사역성에 관한 철저한 Research and Development(연구와 개발)

둘째, 장기적인 유지를 위한 재정과 인력에 대한 충분한 공급의 청사진

셋째, 선교적 및 교육적 목적의 성취

넷째, 재정에 관한 확실한 준비

다섯째, 현지의 법과 제도에 따라 허가 여부에 대한 철저한 분석과 조사

여섯째, 교회와 선교부의 동의 및 재산 관계의 명확성

일곱째, 프로젝트 관련 법인에 교회와 선교부 추천의 인물들이 이사와 감사로 참여

여덟째, 지역에 따라 규모에 따라 여러 요소들의 추가 고려

교육기관을 설립하는데 필요한 자원의 약 50~80퍼센트 이상이 준비되었을 때 시작하는 것이 맞다. 운영하면서 채워가겠다는 것은 환상에 가깝고 비현실적이다. 서구 사회는 일반적으로 연구와 개발(Research and Development)이 익숙해서 정확한 연구의 근거를 가진 큰 프로젝트 사역을 만들지만, 한국은 무대포식으로 밀어붙이고 선 시

행 후 보완하려고 시도한다. 후자는 빨리 시작할 수 있어 좋은 것같이 보이고 밀어붙이기 식으로 가지만 결국 중간 과정에서 계속 헤매고 내용이 변경되고 목적을 상실할 수 있어 위험해 보인다.

마지막으로 교육기관을 포함하여 모든 현지의 사역들은 결국 현지화로 가야 한다. 즉, 현지인들이 중요역할을 맡게 되고 주인의식을 갖고 사역을 지속해나가는 것을 의미한다. 쉬운 일은 아니지만 필요한 일이다. 이를 위한 준비는 처음부터 하는 것이 맞다. 선교사가 다음 선교사를 구할 수 있으면 큰 부담이 없지만, 다음 선교사가 준비되지 못하면 현지인 중에서 다음 리더십을 이어갈 충분히 준비되고 검증된 자를 세워야 한다.

만약 그런 현지인 리더십까지도 준비되지 못하였을 때는 어떻게 하면 좋을까? 이에 대한 명확한 정답은 없지만 크게 두 가지 가능성이 있다. 하나는 문을 닫는 것이다. 신중한 판단이 필요하지만, 만약 선교사 이후 문제 될 소지가 많고 복음 사역에 이익이 없으며 오히려 손해를 가져올 수 있는 상황이라면 문을 닫는 것이 바람직하다. 대신 선교사가 사역하는 동안 최선을 다하면서 후임을 구해야 한다. 다른 하나는 후임이 없고 현지인 제자가 없어도 다른 현지인에게 이양하는 것이다. 복음적이며 선교적인 목적은 이룰 수 없어도 현지 사회에 기여하고 봉사하는 기능을 계속할 수 있다면 그 목적만을 위해서라도 기관을 유지하는 것이 맞다. 다만 이런 결정은 홀로 하지 말고 교회와 선교부와 그리고 현지 선교사들과도 깊이 논의해서 결정해야 하며 관계된 모든 법적 절차를 잘 이해하고 있어야 한다.

의료 선교

　필자가 내과 의사여서 의료 선교에 대해 좀 더 할애해서 쓰고 싶다. 현장에서 의료 선교를 하면서 많은 정리를 하였다. 의료 선교는 역사적으로 다양한 지역에서 많은 역할을 해왔다. 특히 의료가 발전하지 않던 시대에는 현지인들만이 아니라 선교사들의 건강을 지키는 역할도 하였고, 복음 전도의 직접적이며 간접적인 사명을 감당했고, 의료 선교사들도 헌신과 충성이 대단하여 본국에서 많은 것을 내려놓고 엄청난 사랑의 의료를 행하였다. 의료 선교의 모델은 예수님의 전도, 가르침, 치유를 통해서 배울 수 있고 사도들은 베드로의 사역을 통해서와 바울의 사역을 통해서 배울 수 있다. 의료 선교는 선교의 필수불가결한 요소이다. 의사 누가도 선교 일에 동참하였고 마지막까지 바울과 함께 있었다.

　의료 선교의 목표는 크게 세 가지이다.

- 하나님 나라가 가까웠음의 선포
- 제자 삼는 일과 교회 개척
- 사회봉사 및 변혁이다.

　의료 선교를 통한 전도의 대상들은 아래와 같다. 의사, 간호사, 병원 직원, 환자, 환자 가족, 의과 대학생, 간호 대학생, 보건복지부 및 보건소 직원들, 그리고 이동 진료 시에 만나는 이들과 난민들과 사회적 약자들이다. 의료를 통한 사회 변혁은 질병 치료와 예방 및 교육 사업 외에 의료수준의 개선과 현지 의료기관의 지원들이 있다.

의료 사역으로 많은 선교 클리닉과 병원이 세워지고 의과대학도 시작되었지만, 서구의 의료 선교사 수가 감소하면서 폐쇄되거나 현지인에게 넘어간 병원도 많다. 의료 선교사의 수가 감소하고 의료 사역에 필요한 재정도 고비용이어서 전쟁, 자연재해, 난민, 새로운 질병의 발생, 여전히 의료를 필요로 하는 지역이 많고, 의료가 발달한 나라도 빈부차로 의료 혜택을 보지 못하는 이들이 늘고 있고, 비정부기구 사역에 의료가 많이 포함되어 있으며, 의과대학과 병원들이 생기면서 필요와 사역이 더 확대되고 있다. 한국은 현재 약 500~600명의 의료 선교사(의사, 치과 의사, 한의사, 간호사, 약사, 의료 기사 및 종사자 포함)가 사역하고 있으며 그 수가 더 증가하고 있지는 않다.

선교 현지에서 의료 선교가 가진 강점은

첫째, 의료인이어서 쉽게 친근해진다.

둘째, 일반적으로 존경을 받는다.

셋째, 현지인들의 건강에 대한 필요로 인해 방문이 쉽다.

넷째, 병원 출입이 자유롭다. 때로는 중환자실에도 쉽게 들어갈 수 있다.

다섯째, 현지 의료인들과 동료 의식이 빨리 생긴다.

여섯째, 현지인들과 접촉점이 많다.

일곱째, 한국의 의료인들이나 여러 나라의 기독의사회의 회원들과 의료를 통해 가까워질 수 있고 도움도 받는다.

의료 선교의 영역은 과거에는 질병을 치료하고 예방하여 의료인들을 교육하는 것을 넘어서서 아래와 같이 확대되었다.

• 의료 선교 목적을 위한 사역 : 교회 개척, 제자 훈련, 기독의대생회와 기독의사회 설립 또는 협력, Community Health Evangelism(지역 사회 복음 전도)
• 환자를 위한 사역 : 진료소 및 병원 설립, 이동 진료, 예방접종과 치료약제 및 기자재 공급, 난민 치료, 의료 상담, 환자의 해외이송, 환자 교육, 환자를 위한 진료 및 상담 시스템 개발
• 의료 발전을 위한 사역 : 영양 및 건강 교육, 지역 의사 교육 및 위생교육, 교수 및 임상 의사 사역, 간호 및 기사 전문인 양성, 도서관 사역과 교육 재료 및 기자재의 기증, 세미나 및 의학 집담회 제공, 해외 연수를 위한 재정 공급, 인터넷 의료 앱 개발과 선진국 의료 전달
• 선교 팀을 위한 사역 : 선교사들과 가족들의 진료, 응급 진료 시 담당과 순회 진료, 선교사 선발 시의 의학적 자문관, 선교사 스트레스의 치료 팀, 기타 의료 관련 질의의 자문관 역할

의료 선교는 그 개념과 사역 내용이 많이 확대되었다.
첫째, 선교와 건강에 관해 바른 성경적 진리를 재발견하여 의

217

료에 접목하기 시작했다.

둘째, 현대 의료의 변화 때문이다.

셋째, 선교 현장에서의 의료 선교에 대한 요구가 달라졌다. 의료 선교의 변화 요구는 의료 선교 현장에 민족주의의 등장, 제한 지역의 증가, 자국 의료수준의 향상 및 전체 (서구) 의료 선교사들의 수적 감소와 관련이 있다.

의료 선교사들이 가진 일반적인 장점은 아래와 같다.

첫째, 지적 능력이 있다.

둘째, 의료 과정 중에 다양한 사람을 많이 만난 경험이 있다.

셋째, 자기 건강관리에서 유리하다.

넷째, 위기관리 능력이 있다.

다섯째, 많은 일을 처리하는 능력이 있다.

여섯째, 리더십이 있다.

일곱째, 교회와 교회병행단체(para church movement)의 여러 경험을 가지고 있다.

여덟째, 행정에 대한 경험이 많다.

의료 선교사들의 일반적인 단점은 아래와 같으며 장점들과도 일부 관련이 있다.

첫째, 지적 능력 등으로 인해 독단적이 되거나 독불장군이 될 수 있다.

둘째, 많은 일을 하면서 혹 일 중독에 빠질 수 있다.

셋째, 리더십을 가진 것이 현지 팀의 리더십이나 선교부와 충돌하게 만든다.

넷째, 상당한 기간 동안 의료 문화 안에서 생활함으로 비의료 문화권에 대한 이해가 낮다.

다섯째, 논리적이고 조직적인 언어의 사용은 사람 중심과 비논리적인 사람들과의 교제를 어렵게 할 수 있다.

선교지에서 건강에 대한 책임은 국가를 제외하고는,

첫째, 교회와 가족이 해야 한다.

둘째, 지역공동체가 해야 한다.

셋째, 선교사들, 특히 의료 선교사들이 해야 한다.

넷째, 모든 기독 의료인들이 담당해야 한다.

의료인들에게는 4가지 질병군이 있다고 한다. 그것은 영혼의 병(Spiritopathy), 육체의 병(Somatopathy), 정신의 병(Psychopathy), 사회의 병(Sociopathy)이다. 이 4가지 영역에서 온전히 되는 것이 건강이라고 정의하며 전인 건강으로 명명한다. 흔히 의료는 육체의 병을 주로 다루지만 실제로는 이 4가지 영역이 다 관련이 있다. 영국 의사 선교사에게 들었던 강의에서, 이슬람권 의사들이 진료에서 하는 질문은 요사이 알라와의 관계는 어떻습니까? 정기적으로 기도합니까? 금식합니까? 남편(아내)과의 관계는 어떻습니까? 이웃들과 잘 지냅니까? 그리고 마지막으로 질병에 대하여 묻는다고 한다.

의료 선교사들도 자신을 살펴보아야 한다. "의사야 너 자신을 고치라"는 것(눅 4:23)과 자신은 전인적으로 건강한가? 자신은 전인적으로 준비되었는가? 자신은 치유된 경험을 가진 사람인가? 자신은 선교 현지에서 전인 치유를 살펴보아야 하는 사람들이다. 그래서 의료 선교는 단순히 Medical mission(의료 선교)가 아니라 Healing mission(치유 선교)로 가고 있다. 아래에서 둘을 비교해 본다.

구분	Medical Mission (의료 선교)	Healing Mission (치유 선교)
의미	의료 중심의 선교	치유 중심의 선교
사역자	의료인 중심	의료인 + 비의료인
중심사역	예방, 교육, 치료	사람과 사회를 치유
면허	거의 반드시 필요	면허와 거의 무관
비의료인의 참여	참여 영역이 적다	많다
평등성	의료인이 상위의 역할	모든 사역자가 평등
필요한 것들	약값, 의료 장비, 건물 및 의료인들	기도, 격려, 지원 및 간단한 기술들
비용 지출	많다	적다
사역자 교육	장기간의 교육	단기간의 교육
하나님의 역사	의학이라는 틀로 인해 하나님의 개입 여지가 적어진다	하나님이 주도적으로 일하도록 한다.

선교사의 의료기관 설립에는 분명한 원칙이 있어야 한다.

첫째, 선교 목적과 방향이 분명해야 한다.

둘째, 현지 언어와 현지 문화와 현지 의료를 충분히 이해하고 있어야 한다.

셋째, 현지 법인의 형태로 운영하는 것을 지향하며 재정에 있어서 수입 지출 내역이 투명해야 한다.

넷째, 규모를 가능한 한 작게 해야 한다. 인력 모집의 어려움과 재정의 유지를 고려하여 가능한 한 규모를 작게 해야 한다.

다섯째, 전체 예산의 60~70퍼센트가 준비되어 있어야 한다.

여섯째, 5~10년 후의 미래를 예측하고 있어야 한다.

일곱째, 충분한 유지 재정이 있어야 한다.

여덟째, 의료기관 설립에는 의료인 선교사가 항상 있어야 한다. 의료 선교사가 처음부터 설립을 주관하거나 적극적으로 참여하여 준비를 해 가는 것이 좋다. 그렇지 않은 경우 의료 면에서 미비점들이 많이 생긴다.

아홉째, 현지인 의료인 중 동역할 수 있는 좋은 기독인들을 가지고 있는 것이 좋다.

의료기관 설립 장소는,

첫째, 땅을 매입해서 건물을 건축

둘째, 기존의 건물을 인수

셋째, 전세로 설립, 운영

넷째, 선교센터 안에 의료기관을 운영하는 형식으로 가능하다.

의료기관 설립의 목표는,

첫째, 의료 사역이 팀의 선교 사역에 더 접목되도록 한다.

4. 선교사 사역

둘째, 팀에 기여한다.

셋째, 의료인들에게 가정 의학 중심의 1차 의료를 교육할 기회를 제공한다.

넷째, 환자들에게 1차 의료기관으로서의 일반적 진단과 치료 및 일부 전문 분야의 의료서비스를 제공한다.

다섯째, 국내 및 국외 의료기관들과의 협력체계를 만들어가며 의료기관의 설립 목적을 성취한다.

여섯째, 최소한의 비용으로 최대한의 의료 효과를 거두는 것을 목표로 한다.

의료기관 설립 장소를 비교하면 아래와 같다.

구분	중심가	비중심가	시외
대상 환자	다양(비교적 부유)	다양(비교적 가난)	지역 주민이 많음
환자 이용도	많다	중간	중간(대상이 다름)
환자들 기대치	중간	약간 많음	높다
교통 편의	편리	중간	힘들다
의료기관 입지 조건	좋다	좋다	좋지 않다
다른 의료기관	많다	중간	거의 없다
의대생, 의사 접촉 빈도	많다	중간	적다
재정투자	땅값이 비싸다	중간	싸다
일반 의료비 지출	비교적 많다	비교적 적다	비교적 적다
미래 전망	계속 중심가	시의 확대	신도시 등의 가능성

설립된 의료기관들은 반드시 외부와 협력을 해야 한다. 보건복지부와의 협력과 지역 관청과의 협력, 타 진료기관들과의 협력 및 의료 전달을 위한 대학병원과의 연결, 선교기관에서 설치한 의료기관들과의 상호 협력, 외국 의사들과 외국 원조기관들의 법인 또는 클리닉에 원조 요청 및 관계 형성, 그리고 한국 의료기관들과의 접촉 및 관계 형성이다.

의료 선교에 대한 오해가 있다. 예를 들어 의료 선교는 간접 선교이다. 의료 선교는 다른 선교사들과 그 사역을 후원하는 데만 사용된다. 의료 선교는 복음 전도의 미끼이다. 의료 선교사는 육체의 질병만을 다루는 사역자이다. 외국인 의사이기 때문에 '금방 호응을 얻을 것이다'와 '무료로 진료해주어야 한다'라는 것이다.

환자에게 진료비를 받을 것인지의 여부는 신중히 결정하여야 한다. 이것에도 원칙은 있으며 그 원칙을 선교지에 맞게 적용하면 된다. 한국의 의료 선교사들이 일하고 있는 지역은 대부분 가난한 지역이다. 그러므로 그 나라의 경제를 고려하되 받는 것이 원칙이다. 그러나 무료 진료는 의사로서의 책임감과 성실성을 떨어뜨리고 환자들에게 의존성을 키워 나중에는 당연히 진료를 해주어야 한다고 생각하게 만든다. 그리고 어떤 지역에서는 무료로 주는 약은 효과가 약한 약이라는 인식을 갖고 있다. 만약 재정 후원이 충분하지 않는 한 무료 진료는 계속되기 어려우며 의료기관이 문을 닫을 수가 있다. 그러면 더 큰 손해를 가져올 수 있으며 처음에 무료 진료로 하다가 후에 유료 진료로 바꾸는 경우에 오해를 낳을 수 있다. 그래서 의료 선교사들은 그 나라의 사정과 설립한 법인과 의료기관의 정체성 및 방향성에 따라 차이가 있지만, 처음부터 적절한 진료비를 받는 것이 좋다고 생각하되, 일부 가난한 사람들은 등록시켜서 무료 진료하는 것을 선택하는 경향을 갖고 있다.

과거와 달리 요즘의 의료 선교사는 대부분 전문의들이다. 그러나 여전히 일반의들에게도 의료 선교는 문호가 개방되어 있다. 둘 사이를 비교하면 다음과 같다.

구분	일반의	전문의
나이	대개 젊다	많다
체력	젊으므로 유리하다	30대 중반 이후에나 선교 헌신
현지 진료	어려운 질병에 대해 경험 부족	경험이 많은 편
어떤 국가에서는	의사 면허 취득 시 불리하다	유리하다
의료기관 입지 조건	좋다	좋다
본인 만족도	의사로서의 만족도가 떨어짐	만족도가 높은 편
사역을 마친 후	한국 재적응 시 불리	한국 재적응 시 유리
현지의 대학병원 근무	일하기 힘들다	일할 가능성이 많다
현지 의사들과의 관계	가르쳐줄 것이 많지 않다	가르치는 부분에서 유리하다
세미나 기획	어렵다	가능하다

의료 선교사의 선교단체 선택에서는 선교지 선택도 중요하지만 좋은 팀을 선택하는 것도 중요하며 한국 의료 선교사들이 개척

한 지역과 팀을 우선적으로 고려할 필요가 있다. 그리고 의료 선교 경험이 풍부한 국제단체의 선택은 일반적으로 안전하고 유리하다. 그 단체들은 자녀 교육에서도 국제적으로 좋은 노하우를 갖고 있어서 사역하기를 원하는 지역을 고려하면서 단체도 고려하면 좋을 것이다. 나아가 의료 사역뿐 아니라 교회 개척 사역을 동시에 하는 사역 팀에 참여하는 것이 좋으며 자기의 전문 과목도 고려해야 한다.

의료 선교사의 사역지 결정에서 특별한 사유가 없는 한 모든 지역이 가능하지만 아래의 요소를 고려해야 한다. 의료 선교 전략, 의료 환경, 전문 과목의 활용, 현지 병원과 진료소의 존재 그리고 자녀 교육이다.

의료 선교가 여전히 유효한 사역으로 새로운 영역도 많이 개척하고 있지만 여러 장애물도 있다. 자국 의료가 발달하여 선교사의 필요가 적어지거나 고급화되어야 하고, 민족주의와 의료법의 제한으로 의사 면허를 잘 안 주려고 하며, 인터넷 같은 정보 획득의 다양성으로 의료 선교가 축소되기도 한다. 그러나 틈새가 있듯이 이런 제한성 속의 신(新)의료 선교의 가능성은 계속 열리고 있다.

첫째, 자국 의료의 발전 속에 여전히 문제를 가지고 있어 더 필요로 하는 부분이 증가하고 있다.

둘째, 의료와 선교 사역 사이에 균형을 이루면서 의료 선교사의 다양한 선교 사역에의 참여가 요구되고 있다.

셋째, 과거보다 의료 선교의 대상이 더 넓어졌다는 점이다.

현지에서 의료인으로 일하는 방법은,

첫째, 의료인 면허증을 획득하여 일한다.

둘째, 면허 없이 이동 진료 등으로 일한다.

셋째, 현지인 의사와 함께 일한다.

넷째, 의료 법인의 설립을 통하여 일한다.

그리고 여전히 많은 지역에서는 전문의적인 교육보다는 보편적 환자를 보기 위한 일차 의료의 교육이 중요하게 강조되고 있다. 그래서 젊은 의사들을 대상으로 가정 의학 또는 내과 중심의 현장 의료 교육이 강조되고 학생들에게 작은 도서관 설치로 공부할 기회를 제공하며 선교지 병원에 고용된 의사들이 대학병원에 파견 가서 공부하거나 세미나에 참여하도록 하며 한국에서 단기로 오는 전문 의사들이 교육하게 하는 것을 포함한다.

마지막으로 의료 선교사들은 복음 전도와 의료 선교가 항상 균형 있게 병행되어야 한다는 것을 기억해야 한다. 의료 선교사가 의료 사역 안에만 머물면 진정한 의미의 선교를 제한하게 될 수 있다. 언젠가는 의료는 쇠하고 복음(교회 개척)은 흥하게 하는 방향으로 결과가 오더라도 준비하고 있어야 한다. 의료 선교도 계속 변화를 요구받고 있다. 늘 변화와 혁신에 대한 준비와 노력을 해야 한다.

다른 의료 선교 사역

앞에서 언급한 의료 선교는 주로 의사 선교사에 의한 의료 선교를 설명하였다. 그러나 간호 선교, 치의 선교, 한의 선교도 있으며 그 외 재활과 물리치료, 언어치료사와 약사와 치위생사와 다른 분야들도 있으며 점점 더 사역의 필요가 증가하고 있으며 훌륭하게 사역하고 있는 소식도 들려온다. 그리고 의료 사업 선교도 중요한 사역으로 등장하고 있다. 여기서는 치의 선교, 한의 선교 및 간호 선교만 소개하도록 한다.

치의 선교

필자가 경험한 치과 선교를 설명하면 아마 현존하는 선교의 전략과 방법 중 최고인 것 같다. 여러 관점에서 살펴볼 수 있다.

첫째, 대상 면에서 보면 신생아부터 노인들까지 남녀와 나이와 인종과 지역에 상관없이 모두에게 필요한 사람이 치과 의사이다. 그리고 구강과 치아에는 늘 문제가 발생한다. 결국, 치과 의사를 꼭 필요로 한다. 어느 전문 과목이나 대상도 이렇게 모든 나이에 전 모든 인종에 그리고 모든 지역에 필요하지는 않을 것이다.

둘째, 치과 사역은 자립도가 매우 높다. 현지에서 면허도 비교적 쉽게 받는 편이고 개업도 가능하며 재정도 확보할 수 있어 자립성이 강하다.

셋째, 자연히 현지 치과 의료인들과 교제하면서 복음 전파가

227

가능하다. 그들 중에는 제자들도 생긴다. 치과 의사들과 폭넓게 교제한다.

넷째, 현지인 지도자(치과 의사)에게 사역을 인계할 때 자립이 가능하다. 선교사들이 사역을 현지인들에게 이야기할 때 제일 어려운 것이 재정의 자립이다. 이 면에서 치과 선교는 매우 탁월하다.

다섯째, 교회 개척이 가능하다. 환자들은 응급이 많지 않아서 예약제로 운영할 수 있다. 시간 사용을 조정할 수 있고 제자들도 생기고 현지인들 접촉도 많아서 교회 개척이 용이한 편이다.

여섯째, 단기 사역에도 큰 효과를 가져온다. 일주일 이내 단기로 진료해도 많은 환자들에게 큰 도움을 준다. 그리고 진단 기구나 재료가 많이 필요 없고 약도 많이 가져가지 않아도 된다. 심지어 현지의 치과 의사의 도움이 있으면 기구들의 지원도 받을 수 있다. 치과 선교는 현지인들에게 매우 유용하고 기다려지는 사역이다.

일곱째, 다른 장점도 있다. 한국에 연수를 보낼 때 대학병원이나 큰 병원에 보내지 않고 일반 개원한 치과에 보내도 상당한 기술을 배우고 돌아온다. 단기간 보내도 많은 것을 배우고 돌아올 수 있다. 의료나 다른 분야는 그렇게 하기 쉽지 않고 기간도 오랜 시간이 필요하다. 또한 치과 의사들은 쉽게 친해진다. 의료는 내과 선교사와 현지인 비뇨기과 의사가 교제하기 쉽지 않다. 그러나 치과는 그렇지 않다. 심지어 현지어를 배우지 않아도 교제가 가능할 정도이고 단기 선교에도 통역이 필요하지 않을 수 있다. 우리나라 치과 사역은 치과 의료 선교회를 중심으로 이루어지고 있고 파트너십과 관계가 중요해진 만큼 꼭 관계를 갖고 전략과 경험을 배울 필요가 있다.

한의 선교

한의 선교를 서구 선교사들은 대체의학의 하나로 분류하며 일부 치료에서 유용하다고 소개할 정도이다. 그러나 한국 사람들이나 중국 사람들은 한의를 임상적으로 많이 활용해왔고 한의학을 학문으로 발전시켜 와서 정규 교육화했고 면허 제도를 만들었다. 영어로는 'Korean medicine'으로 번역되며 'Oriental medicine' 또는 'Herbal medicine'이라고도 한다.

한의 선교의 역사는 아직 짧다. 한의사가 선교사로 허입되어서 사역하는 것이 최근 들어 활발해졌다. 전에 한의를 겸한 목사 선교사가 사역하거나 미국에 있는 한의사들이 단기 선교 중심의 선교를 하거나 선교사들이 수지침을 배워서 활용하는 경우와 기독한의사회에서 단기 선교를 진행하다가 한의 선교를 경험한 이들이 2011년에 GAMA(글로벌아시안의학회)가 시작되면서 활성화 되고 있다. 특별히 수만 명의 한국의 젊은이들이 중국에 가서 중의를 많이 배웠는데, 중의 면허를 가져도 중국에서도 일할 수 없고 한국에서는 한의 면허를 취득할 수 없어 공중에 뜬 상황에 있었는데 이들 중에서 새로운 한의 선교 역사를 만들어 보려는 움직임도 시작되었다.

한의 선교는 반드시 의료 선교와 대비해서 이해하기 보다는 전문인 선교의 한 부분으로서 접근하면 좋을 것 같으며 전문 한방 기술로 복음을 전하고 선교 활동을 한다고 보면 될 것이다. 선교지에서는 한국에서와같이 탕제를 사용하기는 어렵고 환약도 처방하기 어려워서 침술을 주로 사용하고 일부 물리치료 기구들을 사용해서 선교해야 한다. 침술만 사용한다면 많은 기구 없이 이동이 간편하다. 한의학이 아직 전 세계적으로 학문으로서나 임상 치료로서 인정받지는 못하고 있다. 동양 문화권과 중동권에서는 비교적 친숙한 편이며, 그리고 대체의학이 있는 일부 나라들에서 사용할 수 있지만 아직 보편화되어 있지 않으며 그것은 한의학을 하는 분들과 선교사들의 숙제이다. 미국에서도 일부 주를 중심으로 면허화되어 있어 계속 노력하면 전 세계적인 치료로서 인정받을 수 있을 것으로 보지만 시간과 노력이 많이 필요하다.

지금까지의 한국 선교가 발전해 온 것에는 크게 두 가지 방법, 두 길이 있었다고 본다. 하나는 서구 선교기관에 들어가서 그들의 노하우와 경험을 배운 것이고, 다른 하나는 순수하게 한국적으로 접근해서 사역해서 창조적으로 개척하고 만들어온 것이다. 한의 선교도 역시 두 가지 길이 있다고 생각하여 의료 선교대회의 한의 분과에서도 참석자들에게 제시한 것이 있다. 하나는 한국의 의료 선교하는 이들과 함께 하여 그들이 사역하는 지역에서 함께 하며 한의 선교를 개척하는 것이다. 다른 하나는 한의 선교가 가능한 곳에서부터 시작하여 선교를 확장하는 것이다. 좋은 결과를 만들면 만들수록 한의 선교의 사역이 선호될 것이고, 더 많은 한의 선교 지원자들이 헌신할 것으로 생각한다.

필자도 알바니아에서 한의 선교사와 약 10년을 같이 일하였다. 한의와 물리치료가 근골격계 질환자와 통증 환자에게서와 기타 마비 환자들에게서 매우 탁월한 효과를 보여주었다. 그런 결과에는 내과 의사와 함께 하여 서양 의학의 진단기술 지원을 받은 것과 기존의 클리닉이 있어서 면허 없이도 일할 수 있었기에 가능했다. 한의 선교의 도전과 응전에서 한의 치료가 만병통치인 것처럼 접근해서는 안 되며 현지의 의료법을 존중하고 학문에 맞는 치료법으로 접근해야 한다. 그리고 일부 한의 면허가 없는 분들이 침과 부항을 사용하면서 환자 치료를 하고 한의 선교사들에게 같이 일하자고 제안하기도 한다고 한다. 이런 점에서도 잘 정리하는 것이 필요하다.

간호 선교

한국에서 파송된 간호 선교사는 40여 개국 200여 명으로 추정되며, 계속 그 수가 증가하고 있다. 간호 선교사는 남편을 도와서 교회 개척과 사역을 하거나 전도, 제자 훈련, 어린이 사역과 교육 사역, 보건 사역, 그리고 병원과 클리닉과 조산소에서 일하고 있다. 간호 선교는 현지인에 대한 접근성이 매우 높은 사역으로서 매우 가치가 있다. 다른 의료 선교사들과 함께 하면서 시너지를 만들기도 하고 독립적으로 일하면서 교육과 보건 분야에서 탁월하게 일하고 여성과 아이들을 계몽하는 일을 담당한다. 간호 선교사들 중에는 독신 선교사들도 있어 독신으로서의 장점을 더하여 많은 사역을 감당하시는 분들도 있고 병원을 하고 계시는 분도 있다. 한국에도 서구 간호 선교사들이 간호학교를 만들어 많은 인재를 양성해 낸 것같이 간호 선교사들은 현지에서 간호학교를 시작하거나 현지 간호학교에서 일하면서 여성 의료리더십을 세우고 있다. 그리고 독신 간호 선교사들은 가정에 대한 부담이 없어 대도시가 아닌 마을과 지역에 머물거나 돌아다니면서 간호와 보건에 힘쓰고 있다. 간호 선교는 1967년에 시작된 대한기독간호사협회를 중심으로 일하고 있으나 목사 선교사의 부인 선교사로 의료와는 관계없이 일하는 분들도 있고 파송기관도 다양한 편이다. 한국에 많은 간호 인력이 있고 그들 중에 기독교인 비율이 매우 높은 편이다. 더 많은 헌신자가 나오면 좋겠다.

한국에서는 이런 의료 선교를 지향하는 개인, 교회, 병원 및 선교단체들이 모여 한국기독교의료선교협회를 구성하여 협력 사역을 하고 있으며 매 2년마다 의료 선교대회를 개최한다. 미국과 호주에서도 미주 의료 선교대회와 대양주 의료 선교대회의 이름으로 의료 선교대회가 진행되고 있으며 전 세계 의료 선교를 위해 2013년에 세계한인의료선교협회가 시작되었다.

단기 선교

단기 선교에 관해서는 좋은씨앗 출판사의 『단기 의료 선교의 새로운 패러다임을 찾아서』라는 책을 참고하기 바란다. 단기 선교의 기간에 관해서는 2년 이하의 선교 중심의 사역을 의미한다. 일주일 내외의 초단기 선교도 단기 선교에 포함된다. 단기 선교의 필요가 더 증가하고 있다. 이제는 선교의 한 분야를 차지하고 있으며 중요한 역할을 한다.

단기 선교 최고의 목표

하나님의 선교 드라마와 복음 드라마에 이 단기 선교가 귀하게 사용될 수 있어서 소모품이나 일시적 사역으로 규정짓지 말고 선교의 큰 전략으로서 잘 활용해야 한다는 것이다. 즉, 단기 선교를 통해서도 현지에 구원역사를 이루고 제자를 남기는 역사를 만드는 것이 최고의 목표이다.

예수님이 단기간에 사마리아 성에 가서 큰 역사를 만드신 것 같이 오늘의 단기 선교도 큰 역사를 남길 수 있다. 무엇보다 사마리아 여인을 구원했듯이 단기 선교도 여러 중요한 사람들을 회심시키고 하나의 밀알이나 제자로서 쓰임 받게 할 수 있다. 단 한 번의 방문을 통해서도 그런 역사를 만들 수 있고, 또는 같은 현장을 지속적이고 반복적으로 방문하여 사역을 함으로써 귀한 제자들을 얻을 수 있다. 수원의 모 교회는 필리핀의 한 지역을 계속 방문하여 귀한 현지인 리더십을 얻었다. 서울의 한 교회는 아예 선교지에 치과를 개설하여 현지인 치과 의사를 고용하였고 지속적인 방문을 계속하고 있다.

단기 선교사에 대해서는 아래를 이해해야 한다.

첫째, 하나님께서 단기 선교사를 부르신다. 항상 장기 선교사로 부르시는 것은 아니다.

둘째, 가족의 형편과 건강 때문이다. 이런 경우에는 장기 선교를 고집할 필요가 없다.

셋째, 나이가 드신 분들이 선교에 참여하는 경우에 단기로 하는 것이 낫다. 소위 시니어 선교 또는 Silver mission(은퇴 후 선교)에서는 전문성과 요청에 따라 단기로 사역하는 것이 바람직하다.

넷째, 사역이 단기를 요구하기도 한다. 교사 선교사, 상담 선교사, 선교사 진료를 위한 의사 선교사, 단기 프로젝트를 지원하는 선교사들의 예가 있다. 이런 경우에는 단기 선교의 형태가 더 효과적일 수 있다.

단기 선교가 장기 선교로 연결

서구에서는 단기 선교가 장기 선교에 거의 연결되지 않는다는 보고서들이 있다. 문화 차이가 존재하는 것으로 이해가 되지만 한국의 선교를 살펴보면 단기가 장기로 연결되는 경우들도 종종 볼 수 있다. 단기 선교를 잘 활용하는 선교팀은 사역의 열매 외에 장기 선교사를 얻기도 한다. 선교지에 왔던 단기 선교사는 다시 그 지역에 가고 싶은 꿈을 갖고 산다. 장기 선교사를 하기 전에 단기 선교를 경험해보는 것도 추천한다. 단기 선교를 하면서 부르심을 확인할 수 있다. 단기 선교를 경험한 이들이 왜 다시 장기 선교를 하고 싶어 하는지, 그리고 어떻게 연결할 수 있는지 심층으로 연구해야 한다.

단기 선교사를 잘 활용하려면 확실한 프로그램과 인적 관리의 노하우가 있어야 한다. 그렇지 않으면 단기 선교사는 시간만 허송하기 쉽다. 단기 선교사도 선교사이다. 훌륭한 선교 자원이 낭비되지 않도록 해야 한다. 이제 장기 선교사를 후임으로 얻는 것이 매우 어려울 때가 올 것이다. 단기 선교사를 잘 활용하는 것을 대체의 방법으로 잘 연구해야 한다.

단기 선교의 축복에는 아래와 같은 점들로 요약해 본다.

- 선교에 직접 참여 기회 : 단기 선교는 강의나 책을 통해서 간접적으로 경험한 선교 현장을 본인이 직접 참여 경험하게 해 준다. 이를 통해서 선교가 무엇인지 가늠하고 정리하게 한다.
- 선교의 일반화 : 그동안 선교는 특별하게 부르심을 받은 사람들의 특별한 사역으로 분류되어 왔다. 그러나 이제는 누구도 할 수 있는 사역이요 할 수 있는 영역이 있다는 것으로 일반화되어 가는 과정을 경험한다.
- 선교 현장을 가까이 : 아프리카, 중동, 아시아의 여러 국가를 실제로 경험하면서 나의 삶에 가까이 온 현장을 발견한다.
- 어린이와 청소년 교육 : 단기 선교에 가족 중심으로 또는 부모의 동의를 받은 아이들과 청소년들이 많이 참석하고 있다. 어린 시절부터 선교를 경험하는 좋은 기회가 되고 있다. 일부 어린이와 청소년들은 가난한 나라들의 아이들을 보고 많은 교훈을 받고 돌아온다고 한다.
- 노년(시니어)의 참여 : 시니어 선교가 모두 단기는 아니지만, 건강과 여러 이유로 종종 본국을 방문하여 쉬고 활동하는 시기가 필요하다.
- 교회의 선교 활성화 : 많은 교회들이 단기 선교를 감당해왔다. 교회의 부흥에는 영향이 적다고는 하지만 선교 활성화에는 여러 면에 기여하고 있다.
- 장기 선교로의 연결 : 한국의 경우에는 장기 선교사 중에서 단기

235

선교를 경험한 이들이 적지 않다.

- 개인의 신앙 부흥 : 선교지에서 단기 팀을 많이 받아 보았다. 개인 대화 시간에 신앙의 부흥을 경험하기 위해 왔다는 젊은이들이 많이 있었다.
- 교회의 사역 확장 : 선교에 참여하기 원하는 교회들에게 단기 선교와 지속화는 사역의 확장에 도움이 된다.
- 선교 현장에 기여 : 단기 선교는 현장의 장기 선교사들에게 많은 유익을 주어 왔다. 전도, 사역 확장, 건축, 어린이 사역과 제자 훈련과 교육에 많은 역할을 한다.
- 선교사 지원 : 단기 선교는 선교사와 가족을 많이 지원한다. 아이들 교육을 도와주기도 하고 먹을 것과 필요한 것들을 가져다주며 위로와 기쁨이 된다.
- 전문 분야 지원 : 특별히 의료나 교육과 기술 분야에서 전문적인 지원을 하기도 한다.
- NGO적 역할-구호 : 현지에 재난 사건이 발생한 경우에 NGO적인 역할을 할 수 있다. 동유럽 코소보에 전쟁이 일어났을 때 한국서 단기팀이 와서 NGO로서 역할을 하였다.

그 외 각 교회와 각 기관에 따라 여러 장점과 축복들이 많이 존재한다.

단기 선교의 문제점들을 그동안의 여러 보고서를 통해 정리해 본다.

- 개인 행동, 여행 중심, 경력 쌓기 : 선교지에 여행하는 것처럼 와서

개인 행동을 하여 선교사와 사역을 난처하게 만드는 경우도 있다. 단기 선교를 여러 번 다니면서 경력을 쌓는 경우도 있고 본인의 봉사점수를 위해 서류를 요구하는 경우도 종종 있다.

- 행사 위주의 소모적인 일회성 사역 : 단기 사역을 워십 댄스와 아이들 사역과 많은 환자를 치료하는 진료에만 머물지 말고 실제로 기도와 전도 중심이 되어야 한다.

- 사고 가능성-교통사고, 질병, 사망, 납치 : 샘물교회 사태 외에도 여러 크고 작은 사건들이 보고되어 왔다. 단기 선교도 장기 선교와 같이 유서나 이에 갈음하는 서류들을 준비해야 할 것으로 보인다.

- 통관의 어려움-물자 : 이미 동남아 국가들에서는 한국 분들이 여름과 겨울에 가져오는 물품들이 의료 선교나 선교에 쓰일 물건들로 정밀 검사가 필요하다는 것을 알고 있을 정도다. 통관이 안 되어 압수된 약들과 의료 장비들도 적지 않고 벌금을 내기도 한다.

- 현지 문화와 현지인에 대한 오해와 갈등 : 방문객들이 현지의 문화를 존중하지 않는 태도를 보여서 문제가 되기도 하고 현지인을 무시하는 발언과 행동으로 오해를 사기도 한다.

- 장기 선교사의 사역에 어려움 초래 : 단기팀을 준비하다 보면 장기 사역의 흐름이 깨지기도 한다. 또한 단기팀이 사역한 뒤처리에도 많은 에너지가 필요하다.

- 팀 내부나 현지 선교사와 갈등 발생 : 단기팀이 사전에 잘 준비해 오기는 하지만 준비 과정에서와 현지에 도착해서 여러 팀 내의 문제가 발생하기도 한다. 팀과 현지 선교사 사이에서 갈등이 발생하는 경우도 있다.

- 사역 후에 사후 관리의 부재로 인한 문제들 : 단기 동안 많은 사역을 할 수 있는 데 그 뒷감당을 선교사가 해야 하는 부담을 갖는다. 어린이 사역을 해서 많은 아이들이 모였는데 출석한 아이들 모두를 잘 기록하고 관리하고 심방하기가 쉽지 않다.

위의 언급된 문제들 외에도 크고 작은 문제들이 많이 있는 데 대개는 보고되고 있지 않다.

단기 선교에서 많이 하는 단기 의료 선교의 문제들도 있다.

- 참석자들의 부족 및 고령화 : 점점 더 어르신들만 참여하고 있으며 각 교회의 의료 선교부에는 젊은이들이 매우 부족하다. 교회 연합 의료 선교세미나에서도 그 문제가 중요한 공통적인 어려움이다.
- 새로운 사역지의 한계 : 주로 아시아 지역에 몰리며 거리가 먼 지역들은 단기 의료 사역을 하기가 쉽지 않다. 어느 지역은 한 교회의 의료팀이 왔다 간 뒤에 다음 주에 다른 의료팀이 오기도 한다.
- 의료 장비와 약 통관의 어려움 : 통관의 어려움이 증가하고 있다. 여권을 압수 당하고 약의 유효기간이 지난 약을 가져가서 며칠 동안 구금된 적도 있으며 많은 벌금을 낸 적도 있다.
- 의사 면허 없이 진료 : 현지의 면허 없이 진료하는 것은 현지의 의료법상 엄연한 불법이다. 이런 불법적인 일이 계속되어 문제가 발생한다. 어느 지역에서는 현지 의사의 진료 행위를 방해하는 일로 고발당하기도 한다. 진료팀으로부터 약을 받으면 고혈압이나 당뇨

환자들이라도 1개월 정도 받는 데 이후에는 현지 의원에 가서 같은 약을 처방받으려고 하는 데 무슨 약을 받았는지 모를 때도 있고 약의 이름을 알아도 없는 경우가 있다.

- 의료 사고 및 마찰 : 여러 이유로 진단이 쉽지 않다. 한 번 진료하고 약을 주는 일이 많다. 매우 위험한 일이다. 그래서 적지 않게 의료 사고와 약의 부작용도 발생한다. 이에 대한 글들도 존재한다. 수술 후 부작용도 있다. 항생제를 많이 사용해서 현지에 약의 내성 문제가 크게 발생했다는 보고도 있다.

- 현지의 의료 상황의 변화 : 각 나라의 의료적인 필요와 의료법들이 변하고 있다. 진료보다는 교육과 보건을 하는 일에 우선순위를 두어야 한다.

- 진료받은 분들의 사후 관리의 제한 : 약을 먹은 분들과 수술을 받은 현지인들을 어떻게 관리하는 지의 대책이 별로 없었으나 최근에는 이메일과 카톡을 통해서 그리고 선교사를 통해서 관리가 일부 이루어진다. 어느 교회나 팀은 계속 같은 지역을 방문 진료하면서 이런 문제들을 극복하기도 한다. 좋은 모델과 방법이다.

- 비의료인들의 참여 제한과 어려움 : 단기 선교가 의료 선교를 중심으로 이루어지면 의료인이 아닌 참여자들은 의료 사역의 보조로서 (환자 줄 세우고, 등록하고, 약 사고, 나누어주는 일 등) 일하고 돌아오게 되고 그러면 다음 번에는 참여도가 떨어진다. 참여하신 의료인 아닌 분들은 가능한 처음부터 장소와 사역을 분리해서 사역하도록 배려해야 한다.

현재까지 한국 교회가 해온 초단기와 단기를 분석해보면 아래와 같이 정리해볼 수 있다.

- 소모적이며 일회성 사역 : 좀 더 생산적이며 현지에 꼭 필요하며 현지인 중심의 사역을 하도록 기획되면 좋겠다. 우리 중심의 준비보다는 현지에 필요한 것들을 듣고 그것 중심으로 계획을 짜야 한다.
- 행사와 프로그램 : 일 년의 정기 행사로서 하지 말고 정말 구원의 역사를 만들고자 하는 비전과 방향으로 준비하고 참여하여야 한다.
- 비연속적과 비관리적 : 사역지를 방문하여 계속 참여하고 참여한 이들이 계속 역할을 하도록 잘 관리하고 방문에 대한 역사와 기록을 남겨야 한다. 카톡방 같은 방법으로 계속 교제하고 소식을 전하고 다음 사역 때에도 이들의 경험과 기록을 참고하여야 한다.
- 이차적 사역 : 다른 사역이나 장기 사역의 보조로만 제한하지 말고 단기 선교 자체를 전략적으로 활용하는 방향으로, 다양한 사역을 주도적으로 만들어 가도록 해야 한다.
- 주로 의료 사역 : 의료 사역이 비교적 사람을 많이 모으고 인기가 있지만, 진료 사역도 한계가 있다. 진료에서 기도와 전도 중심으로 선교지를 위한 사역을 만들어야 한다.
- 무계획과 비전략적 : 반성과 변화를 해야 한다. 매년의 단기 선교는 전년도의 내용을 반복하는 것을 넘어서 더 발전(upgrade & update)되어야 한다. 허공을 치듯이 사역하지 않고 한두 가지 방향으로 집중해야 하는 데 주로 전도를 많이 해야 한다.
- 언어 제한 : 언어의 제한이 사역의 한계를 가져오기는 하지만 다양한 접근으로 이를 극복할 수 있다. 한글을 가르치거나 문서 전달과

영상의 방법도 사용할 수 있다.
- 비전문적, 비연구적 : 단기 선교를 반복하고 지속적으로 하면서 전문적 연구를 하면 전문성이 개발된다. 단기 선교를 계속하여 자료를 모으고 분석, 평가하면서 연구하면 현지에 더욱 맞는 사역을 만들어갈 수 있다.
- 비집중적 : 분산된 사역을 하지 말고 집중적인 사역을 해야 한다.
- 현지 아닌 우리 중심 : 선교는 현지인 중심으로 계획되는 것이 맞다. 현지인 리더십들과 함께 사역을 의논하는 것이 필요하다.

단기 선교.org의 홈페이지의 필요

초단기를 포함하여 단기 선교에 관해 더 많은 연구와 발표가 있으면 좋겠다. 예를 들어 캄보디아 같은 지역에서 선교사들이 연합하여 단기 선교에 관한 종합 보고서를 책으로 만들어서 한국 교회에 제출해주면 좋겠다. 나아가 '단기선교.org' 같은 홈피를 만들어서 교회들이 단기 선교에 관한 경험과 자료들을 올림으로써 서로 정보를 교환하고, 통관과 어려움을 사전에 인지하여 준비하게 하고, 중복적이고 소모적인 일을 피하고, 실수와 오류를 최소화하고, 현지에 최고의 사역이 되도록 협력과 나눔이 시작되기를 바란다. 현지에서 사용한 의약품들도 목록과 양을 기록하여 남겨두면 다음에 오는 단기 의료팀이 그 의약품들을 사용할 수도 있어서 가져가는 의약품의 양을 줄일 수 있다.

단기 선교의 연합

교단과 기관을 포함하여 단기 선교를 하는 많은 분들이 모여서 각 나라에 맞는 최고의 단기 사역 모델 1, 2, 3 정도를 만들어서 운영하면 좋겠다. 그리고 단기 선교가 필요한 지역들도 리스트를 모아서 제시하면 많은 팀들이 준비하는 데 도움이 될 것이다. 일시적이고 소모적인 단기 선교에서 현지에 귀한 사람들을 제자로 얻고 그들과 더불어 하나님 나라를 세우는 일에 단기 선교사 쓰임 받기를 기도한다.

시니어 선교(Senior Mission)

필자가 밴쿠버에 있을 때 출석했던 교회의 장로님은 선교 사역을 시작하셨다. 필리핀에 가서 6년 이상을 잘 사역하셨지만 부인 선교사에게 암이 발견되면서 철수를 하셨다.

선교 명령은 나이에 상관없이 모든 기독인들에게 주신 것이 맞다. 2000년 전후부터 기독 직장인들과 전문직들이 은퇴를 시작하면서 선교 사역에 동참하는 일이 많아졌다. 이를 소위 시니어 선교로 조직화하면서 수면 위로 등장하였다. 현재 시니어 선교는 시니어 기독인들이 자신들의 경험과 축적된 삶의 지혜를 가지고 믿음으로 선교 중심의 후반부 인생을 살 수 있도록 돕는 운동이다.

시니어에 관한 정확한 개념과 나이의 정의와 사역의 전략적인 부분에서는 계속적인 정리가 필요한 것으로 보인다.

개념과 나이에 관하여

인생 후반부라고만 말하는 것은 정확하지 않은 것 같다. 축구 경기의 후반은 전반과 같은 시간이다. 인생을 80으로 보면 40세 이후를 의미하는 데 일반적으로 맞지 않는다. 적어도 은퇴 전후부터라고 말하는 것이 맞을 것이다. 어떤 이는 선교의 대안이라고 말한다. 현재 한국의 선교사 숫자가 늘지 않고 새로 동원이 되지 않는 현상을 고려하여 그런 제시를 한 것으로 보이나, 대안이라기보다는 새로운 선교 사역 모델로 보면 정확할 것이다. 이런 면에서 예비군이라고 말하는 것도 정확하지 않다. 또 다른 이는 순수한 헌신과 즐거이 일할 수 있는 시니어 선교라고 한다. 그런 설명을 하면 젊을 때의 헌신은 순수하지 않다는 오해가 생길 수 있다. 모든 선교 헌신은 순수하지만 여러 각도의 검토가 필요하다. 그리고 즐거이 일하려고 하겠지만 선교 사역은 많은 어려움과 고통이 동반되는 제자의 삶이다.

시니어 선교의 활성화

시니어 선교의 활성화에는 크게 두 가지의 이유가 있다.

첫째, 젊었을 때 선교에 헌신하였으나 여러 사정으로 선교지에 나갈 수 없었던 분들이 그 헌신을 기억하고 선교를 시작하는 것이다.

둘째, 선교지의 인력 필요를 찾다 보니 경험 많은 은퇴하신 전문직들의 역할이 많이 부각된 것이다. 은퇴 후 여전히 신체적으로 정정하여 사역을 찾던 시니어들에게 선교지 사역이 전문성을 활용할 귀한 기회가 된 것이다. 그분들이 한국에서는 다양한 영역에서 자원봉사를 하려고 계획하신다. 한편으론 은퇴 이전이라도 선교를 위해 직장을 조기에 접고 선교지에 나간 경우도 있다고 한다.

시니어 선교의 정점과 약점

시니어 선교의 장점은 아래와 같다.

첫째, 인생의 다양한 과정을 통해 인격적으로나 경험적으로 많이 준비되어 있다. 교회에서와 직장에서 다양한 경험을 하였고, 인격적으로도 다듬어져 있어 선교지에서 여러 사역에 뛰어난 역할을 할 수 있는 잠재력을 가지고 있다.

둘째, 갖춘 전문성은 선교지에서 매우 귀하게 사용될 수 있다. 교육, 기술, 의료, 교수, 행정, 언어와 같은 많은 영역에서의 전문성이 적절하게 연결되면 매우 뛰어나게 역량을 발휘할 수 있다.

셋째, 재정적인 자립이 가능하다. 본인의 과거 직장에 따라 다르지만, 연금과 보험으로 재정자립이 가능한 경우가 많아서 특별한 프로젝트를 제외하고는 재정 때문에 선교 사역을 못 하는 경우는 거의 없을 것이다. 그 외 재산을 가진 경우에는 선교지에서 여러 일들에 재산을 전부 또는 일부 사용할 수 있다.

넷째, 인맥이 많다. 살아온 동안에 맺은 많은 관계들은 선교지의 사역에 많은 도움이 될 수 있다.

시니어 선교의 약점은 아래와 같다.

첫째, 신분과 위치의 문제가 있다. 위의 장점에도 불구하고 시니어들은 선교지에서는 초임 선교사이다. 장기 선교사들이 겪는 많은 어려움을 그대로 겪을 수 있어 많은 보살핌이 필요하고 정착, 언어, 현지 적응 같은 많은 단계를 지나야 한다. 또한 선교기관 입장에서는 이들을 시니어 선교사로 부를 수 없다. 일반적으로 시니어 선교사는 장기 선교사 중에서 사역을 오래 한 선교사들에게 붙이는 명칭이다. 그리고 이들을 어떻게 허입해서 어떤 훈련을 시키고 어떤 지역에 배치하며 어떤 사역을 해야 하는 지를 결정하기가 어려울 수 있다.

둘째, 선교지의 질서 면에서 어려움이 있을 수 있다. 어느 선교대회서 만난 현지의 팀장 선교사는 자기 팀이 현재 경로당이라고 웃으면서 얘기를 시작하였다. 들어보니 60대인 자기보다 젊은 선교사들은 없고 모두 연배가 높은 분들이 와서 사역하고 있다고 한다. 젊은 선교 사역자를 구하는 것이 매우 어려워진 현실에서 나타나는 현상이다. 한국적 문화를 고려하면 비록 팀장이라도 연배가 높은 선교사들을 관리하기가 쉽지 않다는 것도 표현하고 싶었을 것이다. 연배가 높은 초임 선교사들과 현장의 선교사들 사이에 관계 설정과 정리가 쉽지 않을 수도 있다.

셋째, 일부의 분들은 70세가 훨씬 넘었는데도 사역하고 계시다고 한다. 이분들은 신체적으로도 한계가 있어 선교지에 다른 부담을 주지만 현지의 필요 때문에(다른 대체할 선교사를 구하지 못한 상황들)와 본인들의 열정으로 계속 사역하고 계시기에 신체적인 어려움이 있다.

넷째, 단독 사역을 하는 것이 쉽지 않을 수 있다. 위에서 언급한 대로 일부 경험을 가진 분들을 제외하고는 초임 선교사들로서 일정 기간이 지나지 않고는 자기 스스로 사역을 만들어가는 것이 쉽지 않을 수 있다. 그러면 기존의 선교사들과 협력 사역을 해야 하는 데 한국의 팀 사역의 어려움이 그대로 나타날 수 있다. 만약 장기적으로 사역을 한다면 젊은 선교사들같이 단독으로 사역을 할 수 있다. 이때에도 사역을 한 것을 어떻게 현지화 할 수 있느냐 하는 면에서는 단독 사역이 어려울 수도 있다.

시니어 선교를 위한 제언

첫째, 단기 사역 중심으로 사역을 시도해보면서 장기 사역을 결정한다. 기간을 2년 이내로 정하고 현지 정착 및 사역을 하면서 쉼을 갖고 단기를 계속하든지 아니면 이후 장기 사역을 결정해서 할 수 있다. 반드시 건강을 고려해야 한다.

둘째, 본인의 전문성과 경험을 충분히 사역할 수 있는 곳을 선택한다. 그래야만 선교 사역의 만족도가 높을 뿐 아니라 현지에도 큰 도움이 될 수 있다.

셋째, 교회와 선교부의 관계를 정확히 설정하고 동시에 현지의 팀이나 선교사와 관계 설정을 분명히 문서로 만들 필요가 있다.

넷째, 훈련이 필요하면 이에 맞는 훈련을 받는 것을 적극적으로 추천한다. 전문인선교훈련원(Global Professional Training Institute, GPTI)이나 지역 단기 선교 훈련 과정(Local Missionary Training Course, LMTC, 합동 측 총회세계선교회 선교훈련원) 같은 훈련을 추천한다. 일부 은퇴한 목회자 선교사를 제외하고는 시니어 선교 참가자들은 평신도 선교사들이 많다. 그에 맞는 훈련이 필요하다.

다섯째, 이미 시니어 선교가 많이 확장되어 있어서 다양한 경험을 시니어 선교대회와 세미나에서 나누면서 가장 좋은 형태와 방법을 만들어갈 필요가 있고 이에 관련된 시니어 선교학 책자들도 많이 나와야 한다.

여섯째, 반드시 해외의 현장 선교만을 고집해서는 안 된다. 많은 국제기관도 자원봉사자들이 많이 활동하고 있다고 한다. 그러므로 한국에 있는 선교기관들에서 본인들의 역량을 사용할 기회들이 많을 수 있다. 선교지에 나갈 사정이 되지 않는다면 국내에서 선교 역할을 할 수 있으며, 최근에는 국내 사역자들도 선교사로 부르고 있다. 또한, 타 국가 근로자들이 한국에 많이 와 있고 이들을 대상으로 하는 선교 사역도 많이 있어 그런 사역에도 동참할 수 있다.

시니어 선교는 총체적 선교의 한 모습이며 점점 더 그 중요성과 위치가 강조되고 있다. 소모성으로만 사용하지 않고 선교 전략적인 면에서 바른 이해와 정리 속에서 훌륭한 사역이 되도록 모두가 노력할 필요가 있다. 단기선교가 일회성으로 끝나지 않고 선교지에 새로운 전략으로 사역개발과 확장에 이바지하는 것처럼 시니어 미션도 동일하게 전략적 활용이 필요하다.

디아스포라 사역
— 세계 선교를 위해 흩어진 한국 민족

국제화 시대 이전에도 많은 한국인들이 전 세계에 퍼졌고 지역마다 한인 교회들이 생겼다. 그리고 그 교회들의 대부분은 선교에 관심을 갖고 원주민이나 이웃 국가들에 복음을 전하고 단기 선교를 시작하거나 장기 선교사들을 파송하거나 협력하였다. 특히 미주나 유럽에 있는 한인 기독인들은 선교 운동과 소식에 더 많이 노출되었고 선교 필요성을 더 깊이 그리고 많이 인식하였다. 그리고 미국 시민권을 사용하여 중국과 북한을 가서 여러 사역을 시작하였다. 코스타대회가 시작되면서 미주와 많은 나라에서 공부하던 유학생들을 포함하여 선교 열기가 더해졌다.

미국이나 다른 나라에 이민 간 한국 성도들은 경제적인 이유, 가정적인 이유, 교육적인 이유와 기타 말 못 할 이유들로 고향을 떠났다. 그들이 그곳에 간 것은 그런 이유를 넘어선 하나님의 구원과 선교 계획이 있으셨다. 창세기의 요셉은 애굽에 팔려서 총리가 된 것을 형들이 시기해서 팔았거나 본인의 운명으로 받아들이지 않고 하나님의 구원계획인 것을 깨닫게 되었다.

"당신들이 나를 이곳에 팔았다고 해서 근심하지 마소서. 한탄하지 마소서 하나님이 생명을 구원하시려고 나를 당신들보다 먼저 보내셨나이다. 하나님이 큰 구원으로 당신들의 생명을 보존하고 당신들의 후손을 세상에 두시려고 나를 당신들보다 먼저 보내셨

나이다. 그런즉 나를 이리로 보낸 이는 당신들이 아니요 하나님이시라"(창세기 45:5~8).

그것은 놀라운 발견이다. 하나님의 계획을 깨달으니 원망과 복수와 과거가 잊히고 새로운 하나님의 시간과 흐름과 역사를 보게 된 것이다. 이런 깨달음들이 재외 동포들과 유학생들과 해외 거주자들에게 일어나기 시작했다. 미국과 다른 나라에 이민을 간 진정한 이유는 하나님의 선교 계획 때문이라고 이해하는 것은 그들의 삶의 목표를 재인식하게 만든다. 예를 들어 일본 제국주의의 핍박을 피해 자유를 찾아서 만주로 간 이들은 국경이 닫히면서 연변에 남게 되었다. 그들은 조선족으로서 중국과 북한선교를 위해 그동안 귀한 역할을 감당하였다. 역시 자유를 찾아서 러시아의 연해주로 간 이들이 있다. 소련 스탈린의 강제 이주 정책에 따라서 그들은 중앙아시아로 흩어졌다. 이주 기간 동안 많은 이들이 죽어갔다. 그러나 소련의 붕괴 이후에 그들은 중앙아시아 선교에 쓰임 받고 있다.

세계에 퍼진 한인들이 약 700만 명이라고 알려져 있는데, 하나님이 그중에 많은 성도를 각 나라에 흩으시고 복음 역사를 이루고 계시다. 필자도 알바니아에 있으면서 영국 런던의 한인 교회와 성도들로부터, 그리고 헝가리 부다페스트 한인 교회와 그리스 아테네 한인 교회와 독일 프랑크푸르트의 한인 교회의 도움을 받았고, 빈의 한인 교회에서 동유럽선교대회를 개최했으며, 로마에 있는 기독인들의 도움을 받았고, 남가주 얼바인의 한인 교회에서 의료 선교대회를 개최했고, 캐나다 밴쿠버와 토론토와 미국 뉴욕과 휴스턴의 한인 교회들의 사랑과 지원을 받았고, 시카고의 Messenger of Mercy와 기독 의료인들로부터 방문과 약품 같은 지원을 받았다.

또한 최근에는 선교적 교회(Missional Church)의 개념이 교회에 확산되면서 선교가 교회 사역의 일부가 아니라 본질에 있음을 자각하기 시작하여 선교가 더 확산되기 시작하였다. 약 10여 년 전부터 선교적 교회가 부각되기 시작한 것은 크게 두 가지 이유인 데,

첫째, 21세기의 국제 사회의 지구촌화로 인해 민족들의 이동으로 인한 다문화 사회가 되면서 파송 국가와 선교를 받는 국가의 차이가 없어지면서 본국의 교회들도 가까이 존재하는 타민족들에 대해 선교의 책임이 발견되었기 때문이다. 한국에도 약 200만 명 이상의 외국인이 체류하고 있다. 미국은 이미 다민족 사회로서 선교적 교회의 필요가 더 인식될 수밖에 없다. 미국 한인 교회들도 단순히 타 국가로 선교사를 파송하는 것을 넘어서 미국 안에서 선교를 해야 할 책임을 느끼고 있다.

둘째, 한국을 포함하여 각 나라의 기독교는 일반 대중으로부터 다양한 공격을 받고 있고 소외되고 있고 교회의 본질에 대해서 의심받으며 교회의 문제들로 인해 비난을 받고 있다. 이런 상황에서 교회의 본질론과 존재론과 역할론을 다시 조명하는 부분에서 선교적 교회가 중요한 주제가 되었다.

신학과 선교학과 학위

수록된 설문지에서도 보았지만 신학 과정과 선교학 과정을 수료했고 사회 복지와 문화 연구 등의 다양한 과정도 공부하였다. 교회 개척은 일부 다른 면이 있으나 목회를 위해서는 신학이 필수이며, 선교 목사로서는 현지인들에게 신학을 가르쳐서 현지의 목회자로 안수하고 교회를 담당하거나 개척하게 할 수 있다. 선교학도 필요하다. 선교사는 선교를 균형 있게 이해하고 학문을 반영한 전략과 기획을 만들 수 있다. 성경 학교 수료도 필요하다. 결국 선교사는 성경을 가르쳐야 한다. 그러기 위해서는 본인이 준비되어야 한다. 그리고 사역 과정에서 여러 다른 학문과 기술이 필요하다. 문화인류학, 언어학, 교육학, 유아 교육, 농업 기술, 공중 보건학, 상담학, 영어 교육을 위한 자격증과 한글 교육을 위한 자격증 같은 것들이다.

한국에 왔던 서구 선교사들도 사역하면서 필요를 발견했을 때 그것을 할 수 있는 사역자를 초청하거나 아니면 본인이 본국에 돌아가서 공부하고 다시 온 경우들이 있었다. 선교사들이 안식년을 이용하여 공부할 수도 있고 직접 기술을 배울 수 있고 최근에는 인터넷을 이용한 사이버 대학과 온라인 강의도 많아서 선교지에서도 노력하면 충분히 학위를 만들고 기술을 배워서 현지에 사용할 수 있다. 이런 점에서 선교사는 시간을 아껴서 자기 계발과 노력을 경주해야 한다. 또한 나라마다 다르지만, 현지의 대학이나 학원에 등록해서 비자도 받고 현지의 문화도 익히고 학위도 받을 수 있다. 어느 나라에서는 미국에서 온 선교사가 영문과에 등록하여 매우 이상하게 취급받은 적이 있었으나 그것은 비자를 위한 것이었고 현지 대학이나 대학원에서 다양한 학문 공부가 가능할 것이다.

주의할 점이 세 가지가 있다.

첫째, 학문적 준비를 하기 위해 현지 입국이 매우 늦어지는 것이다. 어떤 선교사 후보는 공부하고 선교지를 준비하다가 결국 한국에 돌아간 경우도 있었다.

둘째, 선교지 입국 이후 그런 학문을 위해 오랜 시간 현지를 떠나는 것이다. 어떤 선교사들은 그렇게 공부하다가 그곳에 있는 한인 교회의 목회자로 남아서 선교지로 안 돌아오는 경우도 있다.

셋째, 공부했지만 실제로 현지에서 사용하지 못하는 것이다. 어느 선교사들은 안식년도 부족하여 다시 가서 공부하였는데 막상 사역에서 공부한 것들이 전혀 반영이 되지 않은 채 과거와 유사하게 사역을 하는 모습도 보게 된다. 이런 점들이 있기에 가능한 꼭 필요한 공부를 꼭 알맞은 시간에 하는 영적 신중함이 필요하다.

의료 선교사의 훈련 과정 중의 신학 과정과 선교 사역 중의 신학 과정의 장단점

구분	훈련 과정 중	선교 사역 중(안식년의 활용)
선교지 도착까지	다른 훈련 포함해서 시간이 많이 소모	선교지에 가기까지 시간 절약

신학 과정 기회	훈련과 배움의 좋은 기회	사역 시작 후에는 못 가질 가능성이 크다
현지 사역과의 연결	반드시 연결되는 것은 아니다	선교지 사역에 필요하므로 공부 후 사역에 많은 도움
자기 계발과 사역	공부 과정을 통해 배운 지식이 안목, 사역 및 자기 계발 등에 도움	실제적인 도움을 준다
체력	훈련의 연속이어서 잘 감당	체력적으로 힘듦
의료 사역과의 관계	신학 과정 공부와 시간 소모로 의료 지식과 경험에서 멀어진다	전문 지식을 현장에 잘 활용

안식년과 한국 방문

필자가 선교를 비유할 때 흐르는 물과 같다고 하였다. 물은 같은 물이지만 실제로 그 물이 어제의 물이 아니기 때문이다. 선교도 역동적으로 흐르면서 계속 변한다. 대표적인 변화 중의 하나는 사람이다. 선교지에서 한국을 그리워하고 살지만, 막상 한국에 와 보면 많은 것이 변해있다. 그것을 금방은 깨닫지 못하지만, 교회에 가서 성도들을 만나고 가족을 만나보면 금방 알게 되고 실제로 변화는 상상 이상이다. 여러 선교사들이 안식년기간에 한국을 방문한 뒤의 경험들을 얘기하면 그것들을 잘 기록해 두었는 데 그것에 필자의 경험을 더하여 정리해본다.

안식년 유용론과 무용론

안식년에 대하여는 여러 논쟁이 있다. 어느 목사님들과 교회 관계자들은 목회자들도 안식년을 잘 갖지 못하는 상황에서 선교사들이 꼬박꼬박 안식년을 갖는 것은 문제가 있는 것 같다고 한다. 그리고 선교사가 와 있으면 어떻게 대접하고 섬겨야 하는지 쉽지 않다. 예를 들어 주택, 비용, 사역 등이다. 안식년 관련한 양측의 설명은 타당성이 있다.

- 유용론을 주장하는 이들은 실제로 선교사들이 지쳐있기 때문에 쉼이 필요하고, 공부와 연구와 재훈련 같은 재충전이 필요하며, 한국 교회와 후원자들과의 관계에서 필요하며, 한국에 와서 본국 사역으로서 선교 동원과 재정 동원을 해야 하고, 아이들의 정체성 면에서 한국 학교에 다니는 것이 필요하며 부모님과 가족들을 위해서도 필요하다고 생각한다.
- 무용론을 주장하는 이들은 현지 사역을 두고 이동하는 것이 바람직하지 않고, 안식년 후에 재입국해서 적응과 연결성 면에서 사역이 어려울 수 있고, 이동과 관련된 재정 및 에너지 소모가 많아 한국서 쉬지 못하고 오는 경우도 많고 실제로 안식년 동안 한국에서 할 사역이 없는 경우도 적지 않으며, 안식년 동안 한 공부들이 현지 사역에 도움이 안 되는 것도 많이 보았고 그런 공부들이 선교사

의 경력에만 추가되며, 자녀가 없는 이들은 한국 정체성이 필요 없고 어떤 아이들은 한국 방문 후 더 혼란스러워하는 것도 있다고 생각한다.

- 필자가 경험한 절충안은 결국 개인과 가정에 따라 판단하고 이를 교회와 선교단체와 상의하면 좋겠다는 것이다. 즉, 일률적으로 안식년을 갖지 말고 필요에 따라 맞춤형으로 하자는 혼합형이다. 즉 세미나, 수련회, 선교대회같이 정확한 목적형으로 이동을 하고 선교사의 쉼은 현지에서나 이웃 국가들에서 갖는 것이 바람직하다는 것이다. 아이들의 교육과 정체성 부분은 쉽지 않으나 그것 하나만으로 한국을 방문하는 것은 간단치 않으며, 각 가정도 이에 대하여 다양한 의견을 갖고 있는 것이 현실이다.

일반적으로 안식년의 큰 원리는 두 가지라고 생각한다. Brainwashing과 Brainstorming(세뇌와 창조적 아이디어 구상) 그동안 해왔던 아이디어와 사역들을 내려놓거나 비우고 다음 사역을 위한 창조적인 아이디어를 여러 사람(교회, 선교본부 및 팀과 관계된 사람들)과 만들어 가는 것이다. 안식년으로 선교지를 떠나면서 배우는 것은 선교 사역이 우리의 것이 아니며 선교지의 열매들과 우리가 헤어질 수 있다는 것을 연습하는 것이다. 진실로 선교 사역과 열매는 선교사의 것이 아니다.

선교사가 안식년을 가장 효과적으로 사용하기 위해서는 일정 코스에 등록하는 것이다. 신학, 성경 학교, 기술 공부 등에 등록할 때 1년을 무리 없이 보낼 수 있다. 안식년에 해야 할 사역을 들라고 하면 휴식, 교회 봉사, 재충전과 다음 사역을 위한 준비이다. 그리고 자녀 교육이 중요하다. 그 외 반드시 해야 할 것을 정리해보면 아내와 아이들과 함께 하기, 건강검진, 치과 진료, 아이들 포경수술, 부모님과 가족 문안, 후원자 방문과 모임 및 재관계 형성, 사역 보고, 아이들 한글 교육, 아이들에게 한국에 대한 좋은 인상주기, 후임 선교사 모집, 교회 사역(교회 사역을 하기가 쉽지는 않으나, 정기 및 부정기적으로 역할을 맡아서 하면 교회의 내부에 들어가 볼 수 있고 배우는 것이 많다. 그러나 많은 선교사들이 교회의 표피만 체험하고 돌아간다), 선교본부 지원 사역들이다. 이런 사역들을 하면서 안식년이 '안쉴년'이 된다면 그것도 은혜로 인정하고 편안히 사역하면 좋겠다.

안식년 때 아내 선교사가 싫어하는 것들은 머물 집(공간)이 없어서 여기저기 돌아다니는 것, 공식 식사 자리, 강의 요청, 남편을 자주 불러내는 것, 아이들과 집에 묶여 있는 것, 시어머니와 함께 지내는 것, 초라한 자기 모습, 첫 주일에 입고 나갈 옷이 없을 때, 가정의 일정이 여러 외부 약속으로 취소되는 것, 할 일이 없는 것, 선교지보다 더 열악하다고 느껴지는 것들이다.

안식년 동안 나쁜 기억들을 가질 수도 있다. 여기저기 처소를 옮겨 다닐 때, 아이들이 나쁜 인상을 받았을 때, 아내의 얼굴에서 웃음이 사라질 때, 재정적인 어려움, 다른 이들과의 비교, 가정 내의 부담되는 일들, 좌절되는 여러 가지 상황들의 발생이다. 예를 들어 아래와 같은 일들이 발생한다.

• 달라졌다 : 무엇보다 먼저 필자가 달라졌다. 여러 성도들이 후배들

이 변했다고 했다. 현지화 된 것도 있지만 무언가 공중에 떠버린 듯한 외국인 같은 말씨, 표현, 주제, 농담 및 옷 입기들이 사람들의 눈에 지적된다. 공항에 내리자마자 후배들이 나와 있었다. 꼭 2년 만이다. 알바니아 사람들 같이 말을 크게 했다. 후배들은 내가 화난 줄 알았다고 생각했다고 한다. 아니었다. 알바니아 사람들의 목소리는 늘 크다. 그리고 외향적이다. 그래서 나도 모르게 외향적으로 바뀌어 있었다. 그리고 한글이 어눌해졌다. 교회에서의 첫 번째 보고와 간증을 위해 나는 열심히 준비해서 발표했다. 그러나 많은 성도들이 내가 무슨 말을 하는지 잘 이해가 안 되었다고 한다(선교 경험이 많아진 이후는 이런 부분에 주의를 기울여 전보다 간결하고 명확하게 잘 전달하게 되었다). 다른 선교 모임들에서 후임 선교사들이 발표하는 것을 보니 역시 이해하기 어려운 부분들이 적지 않았다.

• 모임의 어려움 : 공식적인 모임들이 생기고 부부와 아이들이 초대를 받는 데 어느 경우는 아이들이 학교에 나가고 있어 아내가 집에 있어야 하면 결국 남편만 나가게 된다. 그러면 거의 하루 종일 집에 아내와 아이들만 있게 되며 특히 주말에는 더욱 그렇다. 주말에 아이들을 봐줄 분이 없으면 아내는 집에서 지내야 하는 데 이것이 아내와 아이들을 매우 힘들게 한다. 모임에 나간 남편도 쉽지 않다. 선교지와 달리 한국은 이동에 많은 시간이 걸린다. 잠시 방문하는 동안은 차량을 빌리거나 구하기도 어렵기에 버스나 지하철로 이동하는 것이 만만치 않다. 모임에 가서 선교사는 많은 질문을 받는다. 그런데 그 질문들의 대부분이 답하기가 쉽지 않다. 선

교지 날씨는 어떠냐? 정치는 어떠냐? 치안은 어떠냐? 교육은 어떠냐? 하나하나 길게 자세히 설명하다 보면 선교사는 제대로 식사를 못 한다. 언제 한 번은 불고기를 대접받았는데 정작 고기는 한 두 점 밖에 못먹고 국물만 먹고 온 적도 있다. 다음에 교회의 같은 어르신들이 후임 선교사를 초청해서 같이 식사한 적이 있는데, 그 선교사를 필자의 옆에 앉게 했다. 그래서 질문을 하면 내가 미리 공부한 것으로 짧게 대답을 했다. '날씨는 한국과 비슷합니다.' '정치는 대통령제입니다.' '치안은 좋지 않습니다.' '교육은 한국과 차이 없습니다.' … 그동안 그 선교사는 마음껏 식사를 하였다.

• 상처 : 한국에 온 선교사들이 여러 상처를 받고 선교지로 돌아갈 수 있다. 위에서 언급한 대로 아내가 대표적으로 상처를 잘 받는다. 우선은 안정된 집이 없어서다. 여기저기 옮겨 다니는 것을 정말 싫어한다. 아이들만 보고 하루 종일 집에 있기도 어렵다. 남편도 얼굴을 보기도 어렵다. 대개 남편만 오라 하고 아내는 실제로 가서도 할 일이 별로 없다. 주일 예배 후에 만난 여성 모임에서 아내의 오래된 옷들도 회자가 된다. 아이들이 변한 모습도 지적이 된다. 아이들이 영어로 교육을 받는다고 하니 부러운 표현을 하시는 분들도 있다. 아내는 누구와 마음을 터놓고 얘기하고 싶은데 실상 아무도 없다. 가족하고도 대화가 쉽지 않다. 어렵게 사는 딸을 보는 어머니의 마음이 불편하다. 가족들에게 이런저런 부탁을 하기도 쉽지 않다. 어느 선교사는 결국 가족들이 물건도 사주고 옷도 사주는 등 많은 재정 지원을 하는데, 아기를 낳으러 온 여성 선교

사에게는 매우 치명적이 될 수 있다. 필자도 그런 경험을 했는데, 그때의 어려움은 다시 기억하고 싶지 않다. 후배가 빌려준 차에 짐을 싣고 신생아를 데리고 여러 곳을 옮겨 다녔다. 그렇다고 그런 필요들을 무조건 교회에 요청할 수도 없다. 교회도 어렵고 힘든 부분이 많은 것을 알기 때문이다. 아이들도 한국의 학교에 다니는 일이 쉽지 않다. 왕따와 은따가 흔한 한국의 공립학교에서 아이들이 힘든 경험을 하게 된다. 결국 다른 아이들과 싸워서 팔이 부러진 아이, 물건을 가지고 가는 아이, 툭툭 치고 방해하는 아이, 영어 해보라고 하는 아이, 그리고 왜 그렇게 욕은 많이 하는지…… 선교사 아이들이 부정적인 경험을 많이 하게 된다.

• 힘들게 왔다가 힘들게 출국한다 : 선교사들이 선교지를 정리하고 출국할 때도 쉽지 않았다. 사역, 월셋집과 물건들과 아이들 교육 관련한 많은 것들을 정리하고 한국을 오는 것이다. 한국에 도착하면서부터 가장 많이 받는 질문은 언제 출국하느냐이다.

재미있게 필자가 정리해 보았다. 주일 하루에 많은 성도들을 만나면서 그 질문을 20번 이상 받는다. 아내가 10번을 받는다. 아이들도 받는다. 그리고 주 중에도 받는다. 평균적으로 우리 가족이 일주일에 50~100번은 그 질문을 받는다. 그렇게 한 달 두 달이 지나면 그 질문의 무게가 엄청나다. 빨리 한국을 출국해야 할 것 같다. 그리고 교회에서 특별한 역할이 없다. 인사가 대부분이다. 성도들도 선교사들에게 특별히 나눌 얘기가 별로 없다. 선교사는 빨리 선교지로 돌아가고 싶어진다. 새롭게 가족이 된 그들이 그리워진다.

필자의 안식년을 돌이켜보면 위의 어려운 점들을 넘어서 오히려 감사할 일들이 정말 많았다. 담임목사님의 많은 축복과 배려, 장로님들의 사랑과 지원, 많은 성도들의 칭찬과 격려가 있었다. 그리고 새벽 모임과 금요기도회에 가보니 선교사의 이름을 놓고 엄청나게 기도하고 있고, 청년들과 학생들에게 롤 모델과 도전이 되고 아이들이 교회에서나 학교에서 친구를 알게 되고 자신들이 한국인이라는 정체성을 갖는 시간이 되었다. 누가회와 여러 곳에서 만난 기독 의료인들은 의료적 지원에서 많은 도움이 되었다. 그리고 선교사이기 때문에 만날 수 있던 사람들과 갈 수 있었던 여러 모임, 그리고 선교대회에서 강의와 학생들과의 만남도 참으로 소중했다. 또한 잠시 떨어져 있었던 선교지의 소중함을 다시 깨닫고 더욱 헌신할 각오와 방향을 회복하는 것도 큰 감사였다.

재정 모금과 다음 사역을 위해서도 하나님이 적절한 준비를 마련하고 계시다는 것이 또 다른 감사의 제목이다. 인간적으로 계산적으로 충분하지 않아도 하나님은 준비된 자들을 만나 가능성을 발견하고 돌아가게 하신다. 일단 가능성을 찾아두면 선교지에서 계속 접촉이 가능하다. 필자가 한국과 교신이 충분히 가능했던 것은 선교지에 도착해서 약 10년 후였다. 그러나 지금은 카톡과 이메일과 070 같이 많은 통신이 가능해져서 꼭 한국을 자주 방문하지 않아도 다양한 모금과 관심자 접촉이 가능하다.

누군가가 선교사는 매년 10퍼센트씩 망가진다고 한다. 그래서 10년 차가 되면 완전히 무너져 있는 데 그것은 한국과 관련된 부분들을 포함한 그동안 간직해 왔던 본인의 의식과 삶에 관련된 것들이다. 반대로 생각하면 무너진 만큼 새로운 10퍼센트가 채워져서 현지에 맞는 사람이 되어가고 있었던 것이다. 선교지에서만 나그네와 행인이 된 것이 아니고 한국에 대해서도 그렇게 될 것을 빨리 깨닫고 한국을 방문할 때도 준비를 철저히 해서 가야 한다는 것을 알아야 한다. 두 번째와 세 번째 방문할 때면 새로운 자세와 관계로 덜 상처받으며 한국의 변화에 적응하며 계획한 것을 많이 이루고 선교지로 돌아가게 될 것이다. 그리고 결국에는 한국에 들어와서 살고 생애를 마칠 것을 알고 한국의 변화를 알아가는 데 소홀하지 말고 잘 적응할 수 있도록 준비해야 한다.

선교와 팀 사역

기러기 식으로 날기

이제 팀 사역은 필수가 되었다. 단독으로 사역하는 것이 여전히 적지 않고 팀으로 사역하는 것이 여러 면에서 어렵지만 그런 형태로 꼭 가야 한다는 인식은 매우 퍼져 있고 점점 더 증가하는 추세이다. 안식년, 질병, 쇠약해짐, 여러 이유의 중도 탈락, 사역이 많아짐, 그리고 은퇴를 생각하면 팀 사역은 필요하다. 좋은 팀은 기러기들이 날아가는 것과 같다. 맨 앞에 인솔자가 있고 다른 사람으로 계속 변화되며 좋은 팀은 정신과 구조의 적절함을 갖고 일한다. 좋은 팀은 같은 차를 타고 장거리 여행을 하는 것과 같다. 가는 목적과 방향이 분명해야 한다. 운전과 휴식을 공유해야 한다. 그리고 같은 공간에서 재미있게 보내야 한다.

팀 사역이 필요한 이유를 필자는 7가지로 정리해 보았다.

첫째, 결코 한 사람으로 다 이룰 수 없는 것이 선교이기 때문에 많은 선교사들이 연합하여 사역해야 한다.

둘째, 사역의 시너지 때문인데 5명이 각자 일하면 최대 500퍼센트까지 결과를 낼 수 있지만 팀으로 일할 경우 1000퍼센트 이상의 결과를 더 짧은 기간 내에 만들 수 있다.

셋째, 선교사의 성숙과 리더십인데 결국 공동체 내에서 성숙해 간다.

넷째, 선교사의 부재로 선교사들이 여러 이유로 선교지를 비우기 때문에 동역자가 필요하다.

다섯째, 선교의 연속성으로 선교사들은 결국 은퇴하게 된다. 때로는 중도에 그만둘 수도 있어 후임자가 필요하다.

여섯째, 투명성과 객관성으로 팀으로 일할 때 사역, 재정, 보고와 모든 면에서 투명성과 객관성을 더 가질 수 있다.

일곱째, 더 성숙한 제자들의 배출을 위해서인데 선교사들이 팀 사역을 할 때 현지인 신자들도 더 균형 잡히고 더 성숙한 제자들로 양육될 수 있다.

팀 사역의 대원리와 소원리는 아래와 같다. 밖에는 큰 원으로 대원리가, 그리고 안에는 소원리들이 있으며 이것들이 역동적으로 움직인다. 그 원리들을 조화롭게 맞추어 나가는 것이 큰 숙제이다.

대원리는 다음과 같다.

- 공동 재정 : 개인 재정을 인정하면서도 사역은 공동 재정으로 한다.
- 공동 사역 : 모두가 같은 분야에서 일하는 것을 의미하지 않고 전문성과 은사와 기호를 따라 사역을 정하거나 배분하고, 각 사역에서 리더십을 갖고 일하되 필요 시에 같이 일하며 모든 사역은 같은 팀의 이름으로 한다.
- 공동 열매 : 설사 다른 선교사가 직접 사역에 같이하지 않아도 모든 열매는 팀의 이름으로 공유한다.
- 수평적 리더십과 구조 : 대조되는 수직적 리더십이 아니라 동등하게 역할과 기능을 인정하며 리더는 옆에 서서 같이 대화하고 나누면서 사역하며 섬긴다.
- 만장일치 : 회의를 자주 하지 않고 역할을 맡은 선교사의 책임과 리더십을 인정하지만, 회의를 하게 되면 그때는 만장일치로 결정하는 것이다.

만장일치(전원 합의)를 다시 언급하면 팀은 전원 합의제로 모든 일을 결정하는 것이 좋은 것 같다. 이 원리는 모두가 합의해야 한다는 것이다. 팀은 투표하지 않고 충분히 논의한 후에 투표가 아닌 의사표시로서 전원 합의를 끌어낸다. 합의가 없는 경우에는(한 사람이라도 동의하지 않는 경우에는) 두 가지 해석이 가능하다.

첫째, 하나님의 뜻이 아닐 수 있다.

둘째, 하나님의 뜻이 분명하지만 지금 사역을 하는 것은 하나님의 뜻이 아닐 수 있다.

결국 합의에 이르지 못한 의견은 취소된다.

이런 과정을 통해서 경험하게 되는 축복은 크게 두 가지이다.

첫째, 소수 의견을 통해서 혹시 팀이 잘못 결정하는 것을 막을 수 있다.

둘째, 후에 다수 의견이 옳다고 판명 나더라도 소수였던 자신들의 의견을 존중해 준 팀에 대하여 신뢰와 존경을 갖는다. 이것은 전체 팀 정신과 역학에 큰 자산이 된다.

만장일치에 관해 몇 가지 질문들을 받곤 한다.

첫째, 사역이 전혀 진행되지 못할 것이다. 전원 합의제는 모든 문제를 전원 합의로 처리하는 것은 아니다. 일반적인 것과 단위 팀에서 해결할 내용은 단위팀 디렉터가 자체적으로 결정해서 해나간다. 대신에 꼭 중요한 문제들로 전원 합의가 필요하다고 제안하는 안건만 다룬다.

둘째, 민주적으로 다수의 의견에 따르는 것이 옳게 보인다. 때로는 다수에 의해 잘못된 결정이 되는 경우도 있었으며 투표를 할 경우에는 소수의 의견을 가진 분들이 마음이 감동되어 일하는 것이 어렵다는 것을 알게 되었다.

셋째, 기권은 어떻게 처리하는가? 좋은 의견인데 자신이 이해하지 못하거나 만족하지 못하면 기권을 하는 경우도 있다. 그것은 전원 합의로 처리한다.

팀 사역의 소원리는 아래와 같다.

- 칭찬 및 격려 : 매우 중요한 팀 사역의 요소이다. 불평과 비난과 대립을 내려놓고 믿음의 눈을 통해서 보면 칭찬과 격려가 계속될 수 있다.
- 야단치지 말 것 : 한국의 선임은 야단치는데 익숙하지만, 선교사에게는 안 하는 것이 좋으며 꼭 필요할 때는 부드럽게 해야 한다. 그렇게 해야 선교사가 진심으로 고치려고 한다.
- 스트레스 이해 : 선교지에서 매일 받는 스트레스에 대해 선교사를 이해하고 케어한다.
- 심리적 연약성 이해 : 선교지에서 어린아이처럼 다시 태어나서 적응하고 자라가며 사역에 부담을 갖고 있는 선교사들의 심리를 이해함을 바탕으로 대화하고 결정한다.
- 에너지 유지 : 선교사의 영육 간 그리고 심리적 에너지는 계속 소모된다. 그 에너지를 계속 재충전하는 프로그램, 노력, 지원과 공급을 서로 해야 한다.
- 자유를 최대한으로 줄 것 : 안전과 사역에 관련된 일들을 제외하고 선교사에게는 최대의 자유가 주어져야 한다. 그리고 모든 사역의 원칙은 자율성이다. 자유와 자율성이 침해되면 선교사는 팀과 같

이할 수 없을 것 같다는 다른 생각을 하기 시작한다.

- 탈출구를 가질 것 : 선교사는 어느 시점에 모든 것을 내려놓고 싶고 어디론가 훨훨 날아가고 싶을 때가 있다. 그런 시점이 오기 전에 평소에 팀 여행, 팀 리트릿, 소풍, 가족끼리의 자유 여행같이 탈출할 기회를 제공해야 한다.
- 프라이버시를 꼭 지켜줄 것 : 자유와 더불어 각 개인의 외모, 배경, 과거, 자녀들과 교육 그리고 기타 개인적인 것들을 존중하고 언급하지 말아야 한다.
- 잘 먹고 잘 노는 팀 : 평소에 잘 먹고 잘 놀며 농담을 주고받으며 웃음을 가져야 사역의 에너지가 충만해진다.
- 팀 안에 평상심을 유지 : 팀은 늘 위기와 변화를 직면한다. 그럼에도 흔들리지 않고 계속 사역의 목표와 목적을 향해 나가는 평상심을 가지도록 해야 한다.
- 말과 혀의 주의 : 팀 갈등의 가장 큰 원인은 말과 혀로 상처를 주는 것이다.
- 정확 및 신속한 결정들 : 팀은 평소 연구와 준비로 사역을 개척하거나 유지하는 데 있어 정확하도록 노력해야 하며, 필요하면 결정을 신속히 하여 사역하도록 한다.

팀 사역은 대개 10번을 시도하면 한두 팀만이 제대로 된 팀 사역을 하는 것 같다. 같은 지역에 같은 소속으로 있다고 하여 팀 사역은 아니다. 팀의 원리들이 제대로 적용되고 그 결과가 나타날 때만 진정한 팀 사역이다.

팀에는 사역, 존재, 팀 정신, 열매, 전략, 재정 같은 많은 중요한 요소들이 있다. 그중 가장 중요한 것은 팀원들의 대화이다. 팀원들끼리 대화가 자유로이 열려있고 순환되는 것이 첫 번째로 중요하다. 대화에는 단순 대화, 정보 전달, 상호 교류, 전략회의와 상담 그리고 농담 같은 모든 것이 포함된다.

대화가 잘 안 되면 대화에서 서로 얻는 것이 없다고 느껴진다. 하고 싶은 이야기를 할 수 없고 해야 하는 의견을 나눌 수 없다. 다른 사람이 받을 상처가 두려워서 대화가 왜곡되고 있다. 대화 시간에 가기가 싫다는 여러 증상이 나타나고 악화된다. 단절된 대화는 마치 혈전증과 폐색으로 인해 순환이 제한되거나 막히는 것과 같다. 그러면 막힌 부위의 원위 부위에 혈류 부족으로 인한 심각한 손상이 온다. 건강한 혈액순환과 같이 좋은 팀은 자유로운 대화가 가능하다.

팀 사역은 마음에서 시작된다. 자신의 마음을 살펴보아야 한다. 최고의 것을 동역자에게 주려는 마음, 동역자에게 내가 가진 것과 얻은 것 모두를 줄 수 있다고 생각할 때부터 건강한 동역이 시작된다. 팀 사역의 다음은 실제 구조와 기술을 만들어 가는 것이다. 마음과 이론으로만 되지 않고 실제 현실의 내용에서 팀 사역이 보여야 한다. 이를 위해 계속 연구하고 노력해야 한다. 좋은 팀의 모델이 있다면 이를 발표하거나 책으로 소개하여 많은 선교지에 도움과 도전이 되어야 한다.

여성 사역

선교에 많은 여성들이 참여하고 있으며 선교지에도 여성들이 매우 많다. 특별히 여성의 인권이 충분히 보장되지 못하는 지역이 여전히 많다. 남성 및 여성 선교사들은 그런 여성들이 하나님의 창조된 인격으로서 자유를 누리고 살도록 교육하고 계몽한다. 그런 과정에서 예수를 믿은 여성들은 자신의 자녀를 포함한 가족을 잘 섬기고 인도하고 신앙을 가르친다. 그리고 주변에도 큰 영향을 주며 결국 사회와 국가에 변화를 가져온다.

한국에 온 선교사들은 인격과 권리를 거의 주지 않던 한국 여성들을 변화시키는 큰 작업을 시작하였다. 양반의 여성들은 여성대로 필요했고 특히 신분이 낮은 상민이나 노예 그룹에서 이 교육과 계몽은 여성 역사의 큰 변혁의 기초가 되었다. 첩이나 종으로 팔릴 운명에 있는 여자아이들을 위해 학교를 열어서 여학생들이 교육을 받을 수 있도록 하고 교회에서는 신앙을 가르치며 삶에서는 선교사가 모범이 되어 감동과 안내를 주었다.

한국의 여성들이 점차 계몽된 결과 신분이 낮은 여성들이 공부하여 많은 기회를 가질 수 있게 되었고, 여성들은 사회에 진출하고 독립운동을 직접 간접으로 하며, 후에 선거권을 가지면서 정치와 경제와 많은 분야에 역할을 하기 시작하였다. 그리고 그것이 한국 근대사에 큰 영향을 주었다.

전 세계의 많은 지역에서 아직도 여성들이 많은 어려움을 겪고 있다. 여성 할례, 일부다처제, 조혼, 첩과 종으로 팔림, 성적인 문제들, 다양한 학대와 폭력, 명예살인 같은 살인, 교육 기회의 박탈 그리고 인권의 무시와 같은 일들을 경험하고 있다. 많은 나라가 민주화되고 개방화되고 상황이 나아진 것 같지만 여전히 그런 비인간적인 일들은 진행형이다. 오히려 내전과 가난과 경제의 어려움과 독재들로 인해 더 상황이 나빠진 곳도 적지 않다.

그래서 선교사들은 복음을 전하면서 이런 고통 가운데 있는 여성들에게 예수님의 은혜의 해를 소개하고 자유를 선포하며 그들이 자유인의 삶을 살도록 돕는 선한 사마리아인의 역할을 해야 한다. 현장에서 그런 사역을 해야 하고, 필요하면 여성 운동이 일어나도록 지원해야 하고 비정부기구들이 세워지도록 조언하고 최종적으로 이런 여성들의 모임이 법과 제도를 만들어가도록 후원해야 한다. CHE(지역 사회 복음 전도)에도 여성들이 주도적으로 많은 역할을 할 수 있는 것도 여성들의 참여와 리더십을 배양해 준다.

필자는 이슬람 사회의 변화와 도전을 생각하면 결국 여성 사역이 매우 필수적이라고 생각한다. 한국 사회가 변화되고 교회가 부흥한 것은 결국 여성의 힘이었다고 본다. 여전도회가 없으면 교회가 유지가 될 수 있을까? 실제로 매우 어려울 것이다. 다른 곳에서 언급한 세계 선교의 대부분이 여성들이 했다는 것을 다시 상기해야 한다. 이슬람 사회의 변화의 핵심은 여성 사역이다. 그 사역이 전통적인 이슬람 사회를 개방하고 변화시킬 수 있는 큰 힘이요 전략이라고 생각한다.

농업 사역과 개발 선교

선교지를 개발하는 여러 사역들이 현지에 필요하다. 물이 없는 곳에서는 우물이나 수로 사역, 길이 없는 곳에는 길을 만드는 사역, 학교나 공공기관이 낙후하면 이를 개발하는 사역이 필요할 것이다. 많은 선교지가 가난하기에 이런 일에는 외부 전문가의 도움이 필요하다. 선교사가 모든 것을 해 줄 수는 없어도 같이 할 수는 있을 것이다.

농업 선교는 식량을 자급자족하지 못하는 곳에서 큰 도움이 되고 자립을 가져올 수 있다. 나아가서는 재정의 자립과 부를 만들 수도 있다. 땅을 정하고 개간하고 농업에 필요한 물을 개발하고 그 나라 그 지역에 맞는 씨앗이나 나무를 구하여 심고 비료를 주며 관리하다가 추수 때에 열매를 거둘 수 있다. 농업에 경험이 있는 선교사는 자신의 경험을 잘 살려서 현지인들을 격려하고 자극을 주면서 협력하여 일을 추진할 수 있다. 알바니아에서도 미국 선교사가 본인의 농업 경험과 전문성을 살려서 중부 지방에 밀과 관련된 농업 선교를 시작하였고 여러 해에 걸쳐 생산량이 증가하여 그 지역 사람들에게 도움을 주었다. 그 외 여자들에게는 자수를 통해서 다양한 작품을 만들어 선교사들에게도 홍보를 부탁하고 여러 나라에 가져가서 판매한 적도 있다.

축산에 관해 어느 선교사는 양계장을 시작하여 좋은 달걀을 얻어서 선교사들과 현지인들에게 판매하고 있다. 그러나 이런 농업이나 양계업은 기존의 시장들이 있어 경쟁이 되기에 질이나 양에서 특별하지 않으면 경쟁력을 갖기는 쉽지 않다. 필자도 현지인 가난한 이들에게 양계를 지원하려고 충청도에 있는 선교사를 돕는 양계장과 접촉을 한 적도 있었다.

방송 선교 사역

선교지에서 복음 전도 사역을 하면서 발견한 점은 선교사들이 그렇게 노력해도 모든 지역의 모든 사람에게 다 복음을 전파하지 못한다는 것이다. 거의 반드시 빠진 사람들이 있게 되는데 이것은 매우 안타까운 일이다. "예수님이 모든 성과 촌에 두루 다니사"(마 9:35)라는 표현은 선교사가 이런 광범위한 복음 사역을 해야 하는 것을 보여 준다. 또한 세월이 지나니 전에 복음을 듣지 못한 과거에는 유아였으나 이제는 성년이 되어 복음 전도가 필요하게 된 후세대들이 있다는 것도 알게 되었다. 현지인에 의한 현지인 전도가 되겠지만 선교사만큼 복음에 빚진 마음으로 전도를 하기는 쉽지 않다.

알바니아에서는 이런 복음화를 위해 여름이면 CCC선교회가 주도하고 많은 교회와 청년 및 성도들이 참여하는 유로 프로젝트(Euro Project)를 실시하여, 한 해는 북쪽의 산간 및 시골 지역을 예수 영화를 상영하면서 전도하고, 다음 해에는 남부를, 그리고 그 다음 해에는 그동안 안 한 지역을 전도하여 최대한 복음을 듣지 못한 이들이 없도록 하였으나 역시 후세대가 자람으로 그런 사역이 다시 필요하게 되었다.

방송 선교는 동시에 많은 이들에게 복음을 전할 수 있으며 다양한 프로그램을 통해서 세대를 초월한 접근을 할 수 있는 귀한 사역이다. 그리고 그 외 다양한 기독교 정보를 전달하고 말씀을 증거하거나 가르치고, 간증을 나누고, 기독교 운동을 일으키고 참여를 유도하고 재정 모금도 할 수 있다. 방송 관계자들에게는 직업을 제공하면서 다양한 뉴스 시간에는 정치와 경제와 사회와 교육의 다양한 주제도 다룰 수 있다. 한 교회 한 기독인이 다 담거나 기억할 수 없는 큰 규모의 다양한 일들을 취급함으로 많은 교회와 성도들에게 큰 비전을 도전하고 연합 사역을 유도할 수 있다.

알바니아에도 2000년 이후에 이미 서구 선교사들과 현지인 성도들이 두 개의 라디오 방송 선교를 하고 있었고 여러 차례 방문한 적이 있었다. 특별히 알바니아 옆에 있는 무슬림이 99퍼센트인 코소보를 위하여 필자도 방송 사역을 알아보고 있었는데 미국 캘리포니아 로스앤젤레스의 몇개의 기독 방송국을 방문해 보기도 하고, 한국에서는 CBS기독교방송국과 극동방송국을 방문하여 자문을 구한 적도 있었다.

라디오 방송을 정부로부터 주파수를 사거나 기존의 다른 방송국의 주파수의 하류를 사용하여 큰 프로젝트를 진행하지도 않고 할 수 있지만, 텔레비전 방송은 많은 재정과 공간 및 사람이 필요하고 허가와 안테나 설치 등 많은 작업이 들어가야 한다. 그러나 한국의 여러 교회들이 참여하고 선교사들이 연합하면 이런 방송 선교도 충분히 가능할 것으로 생각한다.

성경 번역과 문서 사역

선교사의 성경 번역 사역은 오래된 선교 사역이다. 아도니람 저드슨도 버마어를 영어로 번역하였던 것처럼 복음을 전하기 위해 성경 번역과 언어 공부는 반드시 필요한 일이었다. 이 번역 작업이 간단하지 않기에 많은 선교사들이 한 언어의 번역을 위해 평생을 드리는 일이 보통이었다. 이미 많은 나라의 언어로 성경이 번역된 시점에도 위클리프 선교회나 한국의 번역선교회(GBT, 성경번역선교회)는 자신의 언어를 갖지 못했거나 성경이 없는 남은 지역의 언어를 위해 계속 번역 사역을 하고 있다. 대개는 쪽 복음부터 시작하였다가 후에는 성경 전체를 출판하게 된다. 이미 성경을 출판하였다 하더라도 후에는 원어로부터 다시 번역하려는 시도도 하게 된다. 성경을 번역하는 것에서 끝나지 않고 문맹인 현지인들이 글자를 갖고 그 글자를 활용하여 표현하고 사용할 수 있도록 가르쳐야 한다. 그래서 번역은 언어 조사와 문화 교육을 동반한다.

알바니아도 오랫동안 공산주의의 폐쇄 속에 있어서 성경을 갖지 못했다. 초기의 성경은 코소보의 알바니아어로 되어 있어 알바니아 사람들이 보기에는 약간의 어려움이 있었다. 그리고 여러 쪽 복음들이 나왔으나 역시 번역이 미진하였다. 그러나 그것도 복음 전도를 위해서 많이 사용되었다. 후에 스위스 선교회에 목사 선교사가 원어로부터 번역하는 작업을 진행하여 마침내 2000년대 중반 이후에 완성해서 출판하였고, 각 교회는 그동안 사용하던 성경 대신 새 번역으로 된 성경을 사용하기 시작하였다.

문서 사역은 여러 선교단체에서 계속 시도하여 많은 역할을 하였다. 영어를 구사하는 예수 믿은 이들을 통해 번역된 것을 유럽이나 미국으로 가져가서 출판을 해서 가져오기도 하였고 후에 알바니아 현지에 출판 기계들을 가져와서 출판하였다. 1993년 이후 많은 기독교 서적과 어린이 사역을 위한 어린이 성경과 문서들을 번역하고 출판하여 복음 전도의 큰 밑거름과 전달체가 되었다. 그중에서 만화로 나온 예수님에 관한 사복음서의 내용과 다른 선지자들에 대한 만화는 현지인들에게 나이에 상관없이 많은 관심을 끌었다. 어느 나라든지 만화는 읽고 이해하기가 쉽다. 삽화가 (Illustrator) 중에서 선교에 헌신한 이들이 많아 나와서 많은 나라의 언어로 성경 만화를 만들면 복음 사역에 큰 도움이 되겠다. 더 나아가 이 내용을 앱으로 만들어가 인터넷의 사회 망에 접속하면 큰 전도가 될 것으로 보인다.

현지인들의 한국 연수

과거에 미국 선교사들이 많은 선교지의 젊고 가능성 있는 이들을 미국으로 데려가서 공부와 훈련을 받게 하고 다시 선교지로 보내는 일들이 있었고, 그것을 연수라고 하며 현재도 진행형이다. 한국이 세계적으로 경제가 발달하고 여러 학문과 기술에서 발달함으로 이제는 한국 선교사들이 선교지의 현지인들을 한국에 보내서 기회를 제공하는 유사한 일들이 진행되고 있다. 소위 한류라는 붐도 일어나서 한국을 보고 싶어 하는 이들도 많아졌고 선교지에서 한글을 가르치는 것도 선교 사역의 한 부분이 되었다. 연수의 목적에 따라 다르지만, 한국에서 신학을 하는 경우는 1년 이상을 머물면서 공부를 해야 할 것이다. 그러나 의료 연수 같은 기술 연수는 장기 연수가 필요 없을 수 있다. 다만 석사 학위나 박사 학위를 하면 장기간의 연수가 될 수 있다. 필자가 한국에 여러 치과 의사들과 치과대학생들을 보냈는데 3개월에서 1년 이내면 충분히 치과에 대해서 배워서 사용할 수 있다. 그러나 어느 여자 치과 의사는 3년 정도를 보내며 석사 학위를 받고 깊은 수준까지 학문을 배웠다. 의사 연수의 경우도 수개월이면 일반 연수의 목적을 달성할 수 있는 것으로 판단되었다.

과거의 서구 연수가 매우 성공적이기도 하고 실패한 경우도 있었듯이 한국으로 보내는 연수도 두 모습을 그대로 갖고 있다. 가장 성공적인 경우는 잘 연수받고 선교지로 돌아와서 사역에 참여하고 복음의 확장에 힘쓰고 선교사와 동역하는 것이다. 우리나라 선교 초기의 박에스더(본명 김점동, 1876~1910)는 선교사들의 도움으로 미국에 가서 볼티모어 여자의과대학을 졸업하고 의사가 되었고, 1900년에 한국으로 돌아와서 1년에 3,400명이 넘는 많은 환자를 진료하였고, 1902년에는 콜레라가 유행할 때도 전염병을 두려워하지 않고 환자들에게 가서 사역했고, 1904년에는 평양에 가서 다른 의사와 함께 1년에 8,600명 이상을 진료하고 순회하면서 일하다가 1910년에 결핵으로 35세의 이른 나이에 소천 하였다. 한국에 와서 신학을 한 현지인들도 비교적 본국으로 돌아가서 리더십을 발휘하면서 교회를 개척하거나 선교사들과 동역하였다.

그러나 모두가 그렇게 되기는 어렵다. 일부는 그대로 미국에 남아서 자기의 바람과 계획을 진행하는 이들도 있었고 현지에 돌아와서는 선교사의 계획대로 일하지 않고 자기의 방향으로 간 이들도 있고 심지어 믿음에서 벗어난 이들도 있었다. 어느 연수한 이는 돌아오면 수년간 같이 일하기로 하였지만 미안하다고 하고 선교사를 떠나 취직해 버린 이들도 있었다. 선교사들이 사전에 계약서를 작성하고 공증하고 해도 사실 그 서류들이 법적인 효력을 발휘하기는 어렵다.

여러 경우들을 보면서 아래와 같이 정리해본다.

첫째, 정확한 선택이 중요하다. 한국 연수를 최대한 활용하는 것은 바람직하다. 다만 현지에서 훈련하는 것을 우선해야 한다. 훈련 후 헌신과 그동안의 사역과 참여 같은 충분한 자질 검토를 통해서 가장 준비되고 적절한 사람을 선택해야 한다. 일단 선교사가 선택해서 추천하면 한국에서는 이를 검증할 방법이 거의 없다.

둘째, 현지에서 가능한 것은 현지에서의 연수가 원칙이며, 그후 추가로 필요한 부분만 단기 및 장기 연수를 계획해야 한다.

셋째, 충분한 재정 후원과 한국에서의 비자 및 의식주가 가능할 때만 추진해야 한다. 그리고 가능한 본인이 일부 비용을 지불할 수 있도록 같이 기도하고 준비하는 것이 좋다.

넷째, 현지에서도 유효할 수 있는 법적인 공증 절차를 거쳐야 하며 필요하면 증인을 세우는 것도 좋은 방법이다.

다섯째, 한국 연수하는 동안도 계속 영적인 관리를 통해서 믿음과 헌신을 살펴보아야 하고 필요하면 중단하는 결단도 해야 한다.

여섯째, 혹시 헤어지게 되는 경우라도 가능한 좋은 관계 속에서 축복해야 하고, 계속 믿음으로 살고 복음에 헌신할 수 있도록 돌보아주어야 한다.

일곱째, 복음과 크게 관계가 없는 현지 개발 차원의 기술연수에서는 비교적 자유롭게 지원하고 연수할 수 있으나 가능한 복음과 관련을 맺도록 노력해야 한다.

국내에서의 선교 사역

과거에는 국외에 나가서 사역하는 이들만 선교사라고 하였으나 선교본부에서 일하는 선교사들도 선교사로 부르기 시작하였다. 그

4. 선교사 사역

후 한국에 머물면서 비거주 형태로 현지에 나가서 사역하면 비거주 선교사로 분류하다가 최근에는 한국에서 선교 동원과 훈련과 연구하는 선교사들을 국내 사역 선교사로 부르기 시작하였다. 그리고 국내 사역 선교사 중 일부는 한국에 와 있는 외국 사람들을 대상으로 사역을 하고 있다.

국내 거주 외국인은 약 200만 명이라고 하지만 불법 체류까지 포함하면 더 넘을 것이다. 그리고 여행객들을 계산한다면 훨씬 더 많을 것으로 생각한다. 과거에는 이들에 대해 선교적 개념을 갖지 않았으나, 최근에는 이들을 선교하는 것이 매우 중요한 것을 깨닫고 선교사가 직접 사역하기도 하고 많은 한국 교회들도 이 사역을 교회 선교의 일부분으로 의식하고 담당하고 있으며, 일부 교회는 아예 전적으로 외국인들을 대상으로 사역하고 있다.

하나님께서는 나그네와 객을 대접하라는 말씀(출 22:21-22, 신 26:11)을 주신 만큼 우리 기독인들은 한국에 오는 객들과 나그네들을 잘 섬기는 자세가 필요하다. 우리가 한국에 있는 외국인들을 대상으로 사역하는 것은 이런 명령에 순종하는 것도 있지만 그들이 예수님을 알지 못하는 구원의 대상이고 나아가 그들이 미래 본국으로 돌아가서 복음의 제자들이 될 수 있기 때문이다. 실제로 여러 사람들이 한국에서 예수를 믿고 본국으로 돌아가서 신앙생활을 계속하는 경우도 듣고 있고 한국의 교회와 선교지의 사역자들이 서로 연락하여 그들을 돌보며 신앙생활을 계속해 나가는 경우도 있다.

2010년에 들은 이야기를 참고해보면 좋겠다. 인터넷에는 아래와 같이 기록되어 있다.

"김○○ 목사.

경기도 광주시에서 외국인 노동자를 위해 NGO로 활동 중인 분이다. 1986년 어느 추운 겨울날 길바닥에 앉아서 추위에 떨고 있는 스리랑카 노동자 두 명을 보고 안타까운 마음에 자기 집으로 데려가 먹이고 입히고 재워 주었다. 그들과의 인연을 시작으로 많은 외국인 노동자들이 김 목사의 교회로 모여들었고, 당시 길에서 만났던 스리랑카 청년이 스리랑카 현지에서 야당 국회의원을 하던 자신의 숙부를 한국으로 초청해서 김 목사와 인연을 맺게 해주었다.

당시에는 야당 국회의원이었던 그를 통해 김 목사는 국내 교회를 설득하여 많은 구호물자를 스리랑카로 보내게 되었고, 그 일을 계기로 그 국회의원은 정치 일선에서 큰 지지를 얻게 되었다. 그 국회의원이 바로 현재 스리랑카 대통령인 라자팍세이다. 그것을 계기로 라자팍세 대통령은 김○○ 목사를 통해 한국에 코끼리 한 쌍을 선물로 보내온 것이다. 그냥 지나칠 수도 있었던 그에게 베푼 작은 온정이 현재 스리랑카라는 불교 국가와 한국이 좋은 친선 관계를 유지하는 계기가 된 것이다."

이와 같은 이야기들이 아마도 곳곳에서 있을 것이다. 하나님이 어떤 사람을 세워 어떤 역사를 이룰지 알 수 없기에 선교사가 현지에서 한 사람 한 사람 소중하게 사역해야 하는 것처럼 한국에 그들이 와 있는 것도 하나님의 주권 속에 있다면 복음을 들을 귀한 기회가 아닌가 생각한다. 한국 교회와 각 선교단체는 하나님 나라의 관점에서 그들에게 접근해야 할 것이다. 그들 중에는 이슬람 국가에서 온 이들도 많다. 어쩌면 그들이 복음을 들을 기회가 한국에 있을 때 뿐 일수도 있다. 코소보 사태 시 많은 난민이 내려와서 예수를 믿었다. 코소보는 99퍼센트 무슬림이다. 그런 기회를 주신 것같이 우리에게 주신 이 큰 선교의 기회를 잘 감당해야 할 것이다.

콜럼부스와 돈키호테

선교에 지도가 있어서 이 길을 가면 시간은 걸리더라도 어느 목적지에 도착한다는 예상이 된다면 참 좋을 것이다. 팀 사역, 객관화, 투명화와 공개화가 되고 통제와 평가가 이루어지면 나라마다 사역마다 이런 지도가 생길 수도 있겠다. 그럼에도 불구하고 여러 내외적인 이유로 선교는 주관성과 기이함을 피하기가 어렵다.

1997년에 삼성에는 '청바지 모임'이라는 그룹이 있었다. 모든 직원들이 청바지를 입었기에 붙은 이름인데 출퇴근도 자유롭게 하고 재정 사용도 비교적 자유로우며 연구와 기술개발에 몰두하였다. 이 팀은 삼성의 20만 명 정도 되는 직원들을 컴퓨터로 일사불란하게 볼 수 있는 시스템을 개발하는 팀이었는데 마침내 그 역사를 이루게 되었다. 아마도 정상적인 팀으로는 그 일을 쉽게 만들어낼 수 없었을 것이다. 빌 게이츠나 스티브 잡스 같은 일부 기형적이고 역발상적인 생각을 하는 이들이 새로운 세상을 만들어내는 것도 우리는 그 뒤로 보고 있다. 선교도 예외는 아니라고 생각한다.

필자는 선교지에서 일반적인 다른 팀들과 다르게 새로운 형태와 구조와 기능으로 팀을 운영해보고 도전적인 개척을 하고 역발상적인 시도를 하는 일을 만들어보려고 했다. 새로운 개척지와 개척 시기였고 알바니아에 모델이 없는 의료 사역인 이유도 있고, 비목회자 전문인 선교사여서도 그러했고 아마 성향도 그런 부분이 있었던 것 같다. 결과적으로는 많은 사역과 열매들을 만들어낼 수 있었던 것 같다.

예를 들어 소아마비였던 선교사를 팀원으로 받아서 좋은 협력을 했고 다른 선교사를 우리 선교부의 정규 훈련코스가 아닌 싱가포르의 훈련원과 미국의 신학교에서 공부하도록 했고, 다른 선교사에게는 미국 의사 시험을 도전하도록 했고, 연말에는 그리스로 팀 리트릿을 갔고(당시에 초임 선교사는 선교지를 벗어나 출국하는 것을 허락하지 않는 분위기였다.), 이웃 국가에 선교세미나를 가기도 했고, 다른 선교단체의 선교사들과의 협력을 적극 지지했고, 전체 선교사들을 위한 제안과 사역을 하도록 격려했으며, 미국의 교회와도 협력해 일했고, 정규 교회 외에 대학 캠퍼스마다 교회가 시작되도록 지원하고, 선교본부가 아닌 선교 현장에서 인준받는 선교사 제도를 활용하여 다양한 선교사들을 받아서 함께 사역해 보았다.

지금 돌이켜보면 이런 도전적이고 역발상적인 시도와 기획이 선교에 관해 많은 것을 깨닫고 경험할 기회를 주었던 것으로 생각한다(그러나 일부 다른 팀의 선교사들에게는 부담을 준 것도 있었을 것으로 생각한다).

군대에도 외인부대가 있고 각 회사에도 팀으로 운영하는 제도로 가고 있고 창의적이고 창조적인 도전을 격려하는 분위기가 있는 만큼 선교에서도 그런 팀이 선교단체마다 몇 팀 정도 있으면 좋겠다는 생각을 한다. 콜럼부스는 배를 타고 서쪽으로 가고 가다가 만난 대륙이 인도로 알았고 만난 원주민을 인도인이라고 불렀다. 그런 실수를 만들기는 했지만 달걀을 깨서 세웠던 것같이 그런 깨려는 시도가 없으면 변화도 일어나지 않는다는 것을 보여주었다. 돈키호테를 무조건 지지하는 것은 아니지만 현실과 이상 사이에서 우리가 이루고 싶은 이상적인 선교 기획과 꿈을 도전해보는 것이 필요하다. 베스도가 바울에게 미쳤다고 하고 다른 이들도 그렇게 생각했으나 정작 바울은 참되고 온전한 말을 한다고 하였다. 우리 중에도 예수님과 선교에 미친 사람과 그룹이 필요하다고 생각한다. 돈키호테의 명언에서,

"이룰 수 없는 꿈을 꾸고(Dream the impossible)
이룰 수 없는 사랑을 하고(Do the impossible love)
이길 수 없는 적과 싸움을 하고(Fight with unwinnable enemy)
견딜 수 없는 고통을 견디며(Resust the unresistable pain)
잡을 수 없는 저 하늘의 별을 잡자"(Catch the uncatchable star in the sky)

"누가 미친거요?
장차 이룩할 수 있는 세상을 상상하는 내가 미친거요?

아니면 세상을 있는 그대로만 보는 사람이 미친거요?"

이런 형태의 선교를 제도화하거나 객관화하기는 어렵지만 선교에 변화를 주기 위해 도전하는 일이 필요하다고 생각한다. 가장 변하지 않는 곳이 교회와 기독교기관이라는 말도 있다. 그만큼 변화하지 못한다는 얘기인데 그것은 변하고 싶지 않은 타성도 보여주면서 동시에 변화되기가 어렵다는 속성도 보여 준다. 그러나 실제로 우리 주변은 계속 변하고 있어 자의든 타의든 변화하고 있고 변화를 요구받고 있다. 선교도 그 변화의 흐름을 인식하고 신속히 수용해야 한다. 아니면 도태되거나 변질될 수 있다.

지휘소 또는 통제소(Control tower)의 필요

선교를 하다 보면 누가 전체 지휘소에서 어떤 방향으로 무엇을 어떻게 사역하라고 지시를 내려주었으면 하는 생각이 든다. 선교사에게 어려운 것 중의 하나는 계속해서 결정을 만들어 가야 한다는 것이다. 연구하고 판단하고 공부하고 다시 판단하고 집행하는 일이 결코 쉽지 않기 때문이다(사실은 그런 과정 자체가 리더십을 배양하기는 한다). 그래서 지휘부가 결정을 하고 선교사는 수행만 하면 좋겠다는 생각이 든다.

또한 선교사가 어느 나라 어느 지역에는 많이 몰려있고 많이 필요한 지역이나 어려운 지역에는 오히려 선교사가 부족해서 선교사 배치와 재배치가 필요한 것이 사실이다. 그리고 선교 사역이 중복되는 것도 피하고, 선교사 자녀들에 대해 종합적으로 대책을 세우는 것도 필요하고, 선교자원이 어느 한 곳에 집중되지 않고 적재적소에 공급하는 일도 지휘통제가 필요한 듯이 보인다.

교단, 교회, 선교단체와 선교사 사이에 불신을 허물고 거리를 좁히고 하나님 나라의 건설과 교회 개척과 다양한 사역을 이루기 위해 우리 모두가 노력하여 한 조직으로서 되지는 않더라도 구조적이고 기능적인 면에서 밀접하게 협력하고 나누는 선교가 되면 좋겠다.

영적 전쟁과 선교사들이 기뻐해야 할 것

"칠십인이 기뻐 돌아와 이르되 주여 주의 이름이면 귀신들도 우리에게 항복하더이다. 예수께서 이르시되 사탄이 하늘로부터 번개 같이 떨어지는 것을 내가 보았노라. 내가 너희에게 뱀과 전갈을 밟으며 원수의 모든 능력을 제어할 권능을 주었으니 너희를 해칠 자가 결코 없으리라. 그러나 귀신들이 너희에게 항복하는 것으로 기뻐하지 말고 너희 이름이 하늘에 기록된 것으로 기뻐하라 하시니라"(눅 10:17~20)

예수님은 전도와 선교하는 것이 사단과 귀신들과 대적하는 영적 전쟁이라고 말씀하셨다. 그러므로 선교지에서 선교사들을 힘들게 하는 많은 것들이 사단과 귀신들에게서 온다는 것을 선교사들은 인식하고, 영으로 깨어서 무시로 기도하고 성령을 의지하며 예수님께서 언급한 원수의 모든 능력을 제어할 권능으로 무장해 있어야 한다. 사단과 귀신이 항상 대적의 형태로 오지 않고 예수님을 시험하듯 시험의 형태로도 올 수 있는 것도 준비하고 있어야 한다. 선교사들 간의 갈등과 대립도 모든 원인과 과정을 사단에 연결할 수는 없더라도 사단에 이용당하거나 원수를 이롭게 하는 데 사용되지 않도록 서로 주의해서 적 앞에서 우리는 다시 연합하고 협력해야 한다.

　　그러나 영적 전쟁을 축신(귀신을 쫓아냄)으로만 몰고 가서는 안 된다. 예를 들어 눅 9:38~42절의 경련같이 어떤 증상들은 귀신과 관련이 있어 예수님이 귀신을 쫓아냄으로 회복되었지만 다른 병들은 귀신을 쫓아내지 않고 병 자체를 치유하셨다. 누가복음 9장에서 어린이에게서 귀신을 쫓아낸 것도 성경에 Healed(치유됨)으로 표현하신 것을 보면 병이 귀신과 관련이 있다는 것을 미루어 짐작할 수 있다(귀신이 병의 원인인지, 아니면 병의 경과에 관련된 것인지는 정확하지 않다). 그러나 거라사인 더러운 귀신에 들린 사람에게는 healed라는 표현을 쓰지 않고 더러운 귀신에 들렸고(Demon-possessed) 그 귀신을 나가게 하심으로 회복되게 하신 내용으로 설명한다. 귀신 들림과 질병 사이의 관계에 관해서는 여러 기관에서 부지런히 논의한 바 있고 상당히 정리되었는데 그 내용을 참고하면 좋겠다.

전문성에 따라 목회자 선교사는 어떤 질병(특히 정신과 질환)과 현상을 귀신으로 더 해석하기 쉽고 의료 선교사는 의료적으로나 생물학적으로 더 설명하려고 하겠지만 둘은 서로 보완적이며 협력적으로 접근해야 할 것이다. 분명한 것은 귀신 들림과 정신과적 질병이 모두 존재한다는 것이며 때로는 겹쳐서 나타날 수도 있다는 것이다.

누가복음에서 칠십 인은 많은 사역과 그 결과들로 인해 흥분되어 보고를 시작하였다. 그것도 기쁨임이 틀림없으나 예수님은 다른 기쁨의 중요성을 언급하신다. 우리 이름이 하늘에 기록되었다는 것이다. 하늘의 시민권을 가진 하나님의 자녀들이라는 뜻이다. 이 점이 선교사들의 보상이고 보람이다.

전도를 통해 사단에게 사로잡힌 영혼을 구원하고 교회를 개척하고 다양한 사역을 통해서 열매를 맺는 것이 매우 기쁘겠지만 자칫 그 열매에만 집중하면 열매가 없을 때는 기쁨을 상실하는 결과도 가져올 수 있다. 사역에 따라 일비일희하지 않고 영원하며 근본적인 우리의 이름이 하늘의 생명책에 기록된 것에 만족하며 기뻐해야 한다는 것이고, 동일하게 선교지에서 내가 전도하여 예수님을 믿는 이들도 하늘에 그 이름이 기록된 것을 생각하고 선교사는 또 기뻐해야 한다.

10년의 사역

장기 선교사로 선교지에 온 초임 선교사들에게 적어도 10년은 사역을 해야 한다고 꼭 말하고 싶다. 숫자 10년이 중요한 것은 아니지만 대개 안식년을 포함하여 두 번의 사역을 마친 시기이다. 필자가 1980년대 말에 수년간 OMF선교회의 한국 대표인 영국 출신 신이영(영문 이름 Senior) 선교사에게 영어성경을 배울 때에 들은 말이 있다. 훈련도 받고 파송을 준비하던 시기에 신 선교사님은 "Dr. Shim, 적어도 선교지에서 10년은 있어야 합니다"라고 조언하였다. 필자는 큰 의미보다는 중도에 그만두지 말고 오랫동안 사역하라는 뜻으로만 이해했지만 지나고 보면 10년은 중요한 뜻을 가진다고 본다.

10년 동안 다음의 시나리오가 가능할 것이다. 첫 4년은 언어를 배우고 적응하고 여러 사역을 구하고 찾고 두드리는 시기이며, 4년차 때는 다음 안식년 후에 어떤 사역을 할 것인지를 거의 결정하고, 첫 안식년 때는 이를 위한 사람과 재정과 사역 준비를 한다. 안식년 후에는 약간의 준비 기간을 가지면서 사역을 궤도에 올려놓기 위한 본격적인 기초와 하드웨어의 작업을 한다. 그리고 실제로 두세 가지의 사역을 시작하고 그 사역들이 본 사역에 이르도록 최대한 노력을 한다. 두 번째 안식년에는 후임 선교사들을 준비하고 다음 사역기에 최고의 사역을 하도록 계획과 실행안을 만든다. 그리고 세 번째 사역 때는 모든 것을 쏟아부어서 모든 사역을 감당하여 부흥의 역사를 만들어간다.

필자의 경험을 돌아보면 첫 4년은 계속 언어를 배우되 의료 전문성을 활용하여 대학병원에서 일을 해보며 알바니아 의료를 이해해 갔다. 동시에 전도하고 성경 공부 모임하고 교회 개척도 경험해 보았다. 그리고 미래 사역을 위한 건강 법인을 만들었다. 이후 첫 안식년을 가졌다. 안식년 이후 다시 대학병원에서 일하면서 의료와 교회를 같이 하기 위한 작업을 시작하였다. 장기 사역을 위한 하드웨어로서 땅을 매입하고 건물을 지었다. 법인도 다시 활성화 시켰다. 그때가 선교 9년 차였다. 후임 선교사들이 들어오기 시작하면서 교회와 의료 사역이 본격화되었고, 부흥을 위한 도전이 구체화되어 다양한 사역들을 활성화하였다.

모든 지역의 모든 선교사들이 이런 일정을 갖는 것은 아니겠지만 10년 동안 계속 기도하고 문을 두드리며 노력한다면 구체적인 역사와 열매들이 맺혀질 수 있다는 것이다. 2000년대 들어와 읽은 책으로 글래드웨이가 쓴 『아웃라이어』라는 책이 있다. 기자 출신인 그는 1만 시간의 법칙에 대해 언급하고, 매일 3시간 이상 같은 분야에 노력하면서 1만 시간이 지나면 자신의 분야 최고 자리에 오를 수 있다고 설명하였다. 그의 법칙에 무조건 동의할 수 없지만 상당기간 계속 도전하고 노력하면, 마침내 상당한 경험을 가진 이로 성숙하게 되고 사역에서도 상당한 성공을 거둘 수 있을 것으로 보는 것은 맞을 것이다. 그러나 개인 차이와 다른 요소에 따른 차이가 있을 것이다. 필자도 이 책을 읽기 전에 후임 선교사에게 우선 10년을 사역해 보라고 하였다. 어린아이들을 데리고 온 선교사가 10년 동안 계속 정진하며 사역을 도전하고 만들어가다 보면, 어느새 아이들이 고등학생이 되고 대학에 들어가는 일로 사역을 중단하거나 안식년을 길게 가져야 하는 경우가 생긴다. 그래서 그 전 약 10년 동안 최선을 다하여 최대로 사역하는 것이 맞다고 생각한다. 한편으론 장기 선교사들은 20, 30년 사역을 할 것이니까 모든 것을 쏟아 붓는 수고를 하지 않으려는 생각도 할 수 있어 10년 안에는 사역을 마친다는 각오로 최선으로 사역을 해야 한다. 10년 후에 교회와 선교부와 후원자들과 함께 다시 평가하고 다시 계속할 것인지를 살펴 헌신을 이어가는 것이 좋겠다는 판단이 든다. 20년이 지난 다음에 생각해보아도 그렇게 하는 것이 영적으로나 합리적으로 맞을 것이라는 생각을 한다. 필자도 2002년에 많은 후원자들에게 연락하여 여전도회관에서 모여서 10년의 사역 보고를 하고 함께 기도하며 다음 10년을 출발한 적이 있다.

선교와 한류

중동의 이란에서는 배우 이영애 씨가 나오는 「대장금」을 90퍼센트 이상의 사람들이 시청했다고 한다. 국제화 시대와 지구촌화 시대에 국가와 민족은 더욱 교류가 많아지고 가까워지고 있다. 실제로 방문과 이동도 많고 인터넷을 통한 접촉도 많다. 이런 국제화와 교류가 장단점이 있으며 선교에도 장단점이 있을 것이다. 그중에 한류는 이제 중요한 하나의 주제요 단어요 상품으로서 전 세계에 알려져 왔다. 예를 들어 가수 싸이의 말춤과 같이 유튜브를 통한 세계적 영향은 매우 커서 수억 명이 넘는 전 세계인들의 관심을 집중시킨다.

알바니아에서 우연히 만난 어느 치과 의사는 나와 아내를 보고 한국인이냐고 물었다. 그렇다고 하니 자기들이 한국 드라마를 보며 K-pop을 듣는다고 하였다. 그래서 한글을 어떻게 이해하냐고 물었더니 드라마는 미국서 들어오는 자막이 있는 드라마를 보고 노래는 음으로 이해한다고 하였다. 또한 알바니아 어린이들에게 한글을 가르치는 선교사 가정도 있으며, 많은 나라에서 한국의 배우나 탤런트를 알고 유튜브를 통하여 한글 노래를 배우기도 한다.

2002년에는 한국에서 열린 월드컵으로 인해 모든 알바니아인이 한국에 대해 더욱 알게 되었고, 그 뒤로 한국인으로 소개하고 사역하는 것이 매우 쉬워지고 편해졌다.

선교사는 어떻게 한류를 잘 활용하여 선교에 접목시킬 수가 있을까?

첫째, 한류를 연결하고 소개하면서 한국인과 친근함을 갖게 하는 것이 필요하다. 사람을 사귀는 접촉점과 도구로서 한류는 많은 도움이 된다.

둘째, 한류를 소개하면서 한국의 역사에 대하여 얘기를 나눌 수 있고 자연히 기독교 역사에 관해 나눌 수 있다.

셋째, 선교지의 큰 관심 중의 하나는 한국의 발전에 관한 것이다. 새마을 운동과 한국의 교육과 여러 자산을 연결하면서 선교지의 사회적 변화를 자극 주거나 조언할 수 있다.

넷째, 한류를 선교지에 초대하여 크고 작은 모임을 가질 수 있다. 예를 들어 크리스천 아이돌 그룹을 초대하고 현지의 방송국과 연결하며 공연을 할 수 있다. 알바니아에서는 가까이 있는 이탈리아에서 음악공부를 하는 기독인들을 초대하여 오페라나 공연을 하는 것을 기획하려고 한 적도 있었다.

다섯째, 기독 영화들이나 여러 교육적 영화들을 제작하여 이들을 공유할 수 있다. 캘리포니아 로스앤젤레스는 이런 독립 영화를 만들어 심사하고 수상하는 한국 기독인 팀들도 있어 많은 나라에서 작품을 발표한다고 들었다.

알바니아에 온 브라질 선교사들은 자국의 기독인 축구 선수를 초대하여 축구 교실을 열고 복음을 전한다. 축구는 그 나라의 큰 흐름이기에 알바니아도 알고 환영한다. 새롭게 전 세계에 알려진 한류를 잘 활용하면 선교에 큰 자원과 방법이 될 수 있다.

이슬람 선교

타 종교에 대해 설명할 것이 많으나 그중 이슬람에 대해 접근해 보려고 한다. 그러나 모든 것을 설명할 수 없고 경험을 중심으로 나

291

누어보려고 한다. 먼저 잠정적인 결론으로 정리하면 이슬람 선교는 간단치 않고 쉽지 않다. 많은 연구와 투자와 전략이 필요하며 시행 착오도 늘 생각해야 한다.

이슬람의 증가

이슬람 인구가 계속 증가하고 있다. 일부러 여기서 통계를 제시할 필요가 없을 것이다. 그 이유로 대표적인 것은 일부다처제와 다출산이고 그 외 여러 국가들이 이슬람으로 전환, 이슬람의 선교와 개종 그리고 이민과 이주와 결혼과 독신 불용에 따른 증가이다. 반대로 기독인들은 전도의 약화, 사회적으로 결혼의 기피 및 독신의 증가와 같은 이유로 점점 감소하고 있다.

기회

현재 이슬람 선교는 새로운 기회를 맞고 있다고 보아야 할 것 같다. 이슬람 사회가 여러 변화와 격동기를 겪고 있다. 외부적인 것도 있지만 주로 내부적인 일들이다. 아랍의 봄, 전쟁, 난민, 정치의 변화, 내부의 변화 욕구, 경제적 상황과 사회적인 격동들이다. 알바니아의 변화와 격동기에 입국해서 지내본 결과는 그런 어려운 시기가 적응해서 사역하기는 쉽지 않으나 현지인들의 열린 마음, 낮은 자세, 영적인 갈구, 외부의 도움을 원하는 영적인 수용성이 매우 높다고 본다. 즉 복음에 대한 갈급함이 많아진다고 생각한다. 이슬람 내부자라는 표현도 많이 등장하는 것은 이런 어려운 격동기에 예수님을 믿는 이들이 많아지고 그들이 복음의 첨병 역할을 할 수 있다는 것이다. 한국도 변화하는 조선 말기 격동기에 선교사들이 들어와서 사역하였고 갑오경장, 아관파천, 청일 전쟁, 외국 문호 개방과 외국인들의 진입, 새로운 문물 제도와 한일합병 같은 시기에 복음이 들어왔고, 그 격동기 중에 1907년에는 평양 대부흥이 일어났다. 이슬람권의 이런 변화를 필자는 하나님이 그 사회를 흔드신다고 해석하고 싶다. 그리고 우리에게는 이런 하나님의 마음과 역사를 이해하고 더 우선순위와 관심과 헌신으로 선교 사역을 더 하도록 도전하신다고 본다.

난민

1999년에 알바니아에서 코소보 사태를 경험하였다. 약 60만 명의 난민들이 코소보-알바니아 국경을 넘어와서 여러 곳에 큰 난민 캠프들이 생겼고 다양한 필요들이 발생하였다. 유엔만이 아니라 알바니아에서 일하고 있었던 모든 선교사들과 세운 교회들과 현지인 성도들이 이 봉사에 참여하였다. 우선은 전도와 선교는 생각도 없이 모든 이들은 많은 난민을 섬기고 도우면서 그들의 일차 필요를 채우고자 노력하였다. 구호 작업이 어느 정도 안정화되고 체계화되면서 상황이 나아지게 되었지만, 코소보 전쟁과 난민 사태가 얼마나 오래갈지 몰라서 모두가 장기 계획을 만드는 것이 큰 일이었다. 감사하게도 난민 사태는 3개월 정도 되어서 정리가 되기 시작하였다. 세르비아가 나토에 항복하면서 휴전이 되고 난민들이 코소보로 되돌아가기 시작한 것이었다.

후에 이 난민 사태를 정리해 보았다.

첫째, 하나님은 역사의 주관자이시다. 이 모든 사태를 바라보고 계시고 자신의 뜻과 계획을 이루고 계신다는 것이다. 누가복음 2장에서 가이사 아구스도는 천하에 호적을 하라고 영을 내렸다. 이에 나사렛에 있었던 요셉 부부는 억지로 베들레헴으로 이동해야 했다. 그러나 그것이 구약에 예언된 예수님의 베들레헴 탄생을 이루는 것이었다.

둘째, 복음과 선교의 기회가 되었다는 것이다. 선교사들과 알바니아 성도들은 난민들에게 복음을 나누기 시작하였다. 특히 알바니아와 코소보는 형제 국가로 언어 소통에 문제가 없고 문화적으로도 거의 일치해서 복음을 전하는 데 제약이 없었다. 결과적으로 많은 코소보 난민들이 예수님을 영접하고 세례를 받기도 하였다.

셋째, 난민이 아니었다면 코소보 사람들은 복음을 들을 기회가 없었을 것이다. 난민으로 왔기에 마음도 가난해지고 열리면서 복음에 대해 쉽게 영접하였다.

넷째, 이 코소보 사태로 코소보라는 나라가 전 세계에 알려졌고 많은 교회와 기독인들이 관심을 갖게 되었다. 알바니아에서 사역하던 선교사들의 일부가 코소보로 사역지를 이동하기도 하였고 여러 선교단체들이 선교사 파송을 준비하기 시작하였다.

이민과 이주

유럽에 이슬람 인구수가 증가한 것은 터키 같은 이슬람 지역에서 이주한 이들이 와서 아예 정착하고 세대를 거쳐 증가한 것이 일차적 원인이고, 둘째는 이민자와 난민의 계속되는 유입이고, 셋째는 유럽인들의 이슬람화이다. 그리고 그 이민과 이주는 전 세계에 걸쳐서 일어나고 있다.

한국에도 이슬람 국가의 노동자들이 많이 와서 일하고 있다. 그래서 이슬람 선교의 전선은 사실 이슬람 국가 중심이 아니라 전 세계에 퍼져 있다고 해야 할 것이다. 이민과 이주와 직업으로 이슬람 사람들이 퍼지는 것이 이슬람화의 확장의 원인이라면 반대로 우리 기독인들에게는 복음을 전할 기회가 된다. 일부러 이슬람 국가에 가지 않아도 되고 그 지역에서 제약을 받아가면서 비공개적으로 복음을 전하지 않아도 된다. 마치 열린 장소에서 대결이 이루어지는 것 같다.

극단성 주의

이슬람 이해와 접근에서 우리가 피해 할 것은 극단성이다. 예를 들어 이슬람은 알카에다와 IS(Islamic state,이슬람 국가)와 탈레반 같이 극단적 성향을 가진 이들이 있기에 이슬람 전체가 그런 것처럼 호전성과 적대성과 무력성을 강조해서는 안 된다. 그런 이들은 여러 사건과 역사를 모아서 이슬람 혐오나 공포감을 조성하게 되고, 대결과 적의 개념으로만 이해하게 만든다.

사실 상당수의 이슬람 인들은 오랜 세월 동안 태어나면서부터 이슬람만 보고 경험하며 살아왔다. 기독교에 대해 들어보지 못했다. 그들에게 기독교는 적도 아군도 아닌 미지의 것이다. 2007년의 샘물교회의 피랍 사태와 두 분의 순교와 소천은 많은 한국인들에게 이슬람에 대한 반감을 심어주었다.

반대로 이슬람을 쉽게 생각하며 일을 만들어가서는 안 된다. 사역을 지나치게 공개적으로 하여 이슬람의 반감을 일으키거나 위험한 지역을 공정한 판단 없이 다니고 사역하며 자신만 이슬람 사역하는 것처럼 진행을 해서 다른 선교사와 선교기관들의 사역을 어렵게 하는 극단성도 피해야 한다. 절제와 조정과 균형과 전체성과 협력과 관계가 중요한 것을 간과해서는 안 된다.

이슬람 전도의 여러 방법들

앞에서 언급한 대로 난민과 이주민을 대상으로 전도할 수 있다. 정말 좋은 기회이다. 직접 전도와 간접 전도 모두 가능할 것이다. 어떤 이슬람 지역에서는 이슬람 신자가 스스로 이슬람을 포기한 다음에 무종교 상태에서 다시 기독교를 선택하는 단계적 변화의 과정을 하고 있다. 이것은 이슬람에서 기독교로 개종한 것은 아니라는 이론이다.

전문인 선교, 사업 선교, 평신도 선교, 의료 선교, 문서 선교, 방송 선교, 구호 선교와 같은 다양한 선교적 접근이 있고, 그 외 더 많은 접근 방법이 있을 것이다. 중요한 것은 다양한 방법을 총체적으로 전략적으로 잘 활용하여야 한다는 것과 기관과 기관, 그리고 개인과 개인이 서로 파트너십을 가지고 협력해나가야 하며, 전략과 방법의 개발이 계속 이루어지면 좋겠다. 이슬람은 집단에 속해 있고 개인은 약하다. 그리고 정치와 종교가 일치되어 있어 분리가 되지 않는다. 그래서 한 사람이 예수를 믿는다고 해서 그 사람이 이슬람 사회 속에서 살아남는 것은 쉬운 일이 아니다. 그런 면에서 집단적인 회심과 변화도 우리의 전략에 들어가 있어야 한다.

우리가 믿는 것

복음은 삼위일체 하나님의 능력이 있어 사람과 사회를 변화시킨다. 복음은 한 알의 밀알같이 뿌려지면 많은 열매를 맺는다. 성경은 우리에게 지속적인 복음 역사의 변화를 설명하지는 않고 있다. 예수님을 만난 사마리아 여인이 그 후에 어떤 삶을 살았고 수가성이 어떻게 변화되었는지, 거라사인의 귀신 들린 자가 나음을 입은 후에 어떤 삶을 살았는지, 사복음서에 예수님을 만난 자들에게 그 후에 어떤 일들이 일어났는지, 빌립이 전도한 에디오피아 여왕 간다게의 국고를 맡은 내시가 고향에 가서 어떻게 되었는지 설명하지는 않지만 우리는 충분히 짐작한다.

우리가 그동안 뿌린 씨앗이 그리고 앞으로 계속 뿌릴 씨앗이 퍼지고 퍼져서 많은 이들이 이미 복음을 영접하며 이슬람 사회 안에도 정말 많은 기독인들이 존재하고 있을 것을 믿는다. 로마의 밀라노칙령 이후에 많은 귀족과 군인과 일반인 중에서 예수 믿는 이들이 수면 위에 정말 많이 등장한 것처럼 우리도 그런 역사가 일어날 것을 믿고 있다.

선교 동원

교회와 선교기관들과 선교사들의 중요한 사역은 동원 사역이다. 예를 들어 서구 선교사들이 세운 많은 선교 병원들이 더 선교 자원이 없어서 문을 닫고 있다. 단기 선교사로 유지하거나 비서구 출신 의료 선교사들에게도 많은 요청을 하고 있다는 것은 잘 알려진 일이다. 그러나 이제는 그런 일들이 바로 우리의 문제가 되었다. 한국 선교사들도 고령화되고 있고 사역을 이어갈 선교사들이 너무너무 필요한 데 실제로는 채워지지 못하고 있다. 어느 지역의 기관에서는 오랫동안 후임자를 찾고 있으나 아직도 충원되지 못하고 있다. 그런 일들은 현재 진행형이다.

그런 원인은 한국 교회의 약화와 특별히 청년 이하 그룹의 신자 수의 감소 그리고 선교라는 주제의 호소력과 감동력의 부재, 동원에 대한 노력과 전략의 부족, 선교사들의 참여 부족들과 관련이 있다. 한편으로는 후임자를 찾지 말고 현지인들의 리더십을 세워서 조기 이양을 주장하기도 하며 이는 설득력 있는 제안이지만, 모든 사역이 그 논리대로 되지 않으며 계속적인 선교사의 참여와 사역이 필요한 것도 현실이다.

동원과 관련하여 제안을 하고 싶다.

첫째, 교회들의 연합과 교류이다. 아마도 가장 근본적이고 중요한 내용이 될 수 있다. 우리나라 선교의 부흥을 위해서 꼭 그렇게 되었으면 좋겠다.

둘째, 맞춤형 훈련을 제안한다. 목회자들은 교단과 기관의 여러 선교훈련원이 있어 아주 어렵지 않지만 직업인, 평신도, 전문인에게 맞는 여러 훈련이 개발되고 필요하면 이런 훈련원 사이에 교류가 있어 통일성과 종합성을 가지면 좋겠다는 생각이 된다.

셋째, 선교대회 이후에 참석자와 관심자와 헌신자들을 끝까지 잘 관리해주는 시스템과 사람의 개발이 이루어지면 좋겠다.

넷째, 동원을 위해 앱과 네트워크 개발이 많이 되면 좋겠다. 청년들 이하의 사역은 SNS를 통해 동원하는 것을 병행해야 한다.

다섯째, 청년만이 아니라 이미 시작된 시니어 선교에도 큰 노력을 경주하면 좋겠다.

여섯째, 동원을 위해서는 재정도 병행해서 동원되어야 한다. 한국에서 동원을 해보면 다른 요소들은 많이 준비되었으나 재정 면에서 어려움이 있어 힘들어하는 것을 보기도 하였다.

일곱째, 선교 현장과 관심자 및 헌신자를 바로 연결해주고 네트워크화하기를 바란다. 이에는 많은 선교사들의 직접적인 참여가 필요하다. 제14차 의료 선교대회(2015년 10월 8~10일, 만나교회)에서는 조별 모임을 시작했고, 준비된 조장들 이외에 의료 선교사들이 직접 조장을 하였거나 각 조에 한 명씩 선교사나 선교사 출신이 들어가서 교제하며 멘토링을 하였다. 그리고 조별로 서로 카톡방을 만들어 대회 이후에도 계속 기도 제목과 소식을 나누며 교제하고 있다. 현장에 있는 선교사들에게 일부 부담이 되는 부분도 있으나, 이것보다 선교 동원이 더 효과적인 방법이 없을 것으로 생각한다.

선교 설문 조사

5

선교 일반 설문 조사

2015년 10월에 있었던 의료 선교사대회에서 의료 선교사들을 대상으로 아래와 같은 설문 조사를 하였다. 매우 정밀하게 더 조사하면 좋지만 전문 기관에 의뢰하는 것이 늦어서 준비위원회에서 만들어서 설문 조사를 하였다. 비록 전문인 의료 선교사들이지만 선교사의 한 부분으로서 그들의 여러 상황과 필요가 전체 선교사들의 상황과 필요를 이해하는 데 도움이 될 것으로 판단하여 내용을 소개한다.

1) 구분
  의사 28
  치과 4
  간호사 17
  한의사 3
  약사 2
  기타 1
  총 55명

  의사 + 목사 2
  치과 의사 + 목사 1
  간호사 + 목사 1

한의사 + 목사 1

한의사 + 의사 + 목사 1

2) 나이

의 1950~1974

치 1960~1970

간 1941~1974

한 1956~1970

약 1942~1966

기타 1965

평균 나이 51~52세

3) 결혼

미혼 8(간호사 중 7, 기타 1명)

4) 파송단체

인터서브

WEC

합동교단GMS

예장고신총회

누가회 + 치의선 + 인터콥

아프리카미래재단

익투스 + 국제의료협력단 + 누가회

기술과학선교회

예은선교회

연세의료 선교센터

HOPE

통합 + 치의선

세계기독간호재단

감리교단

지피선교회

MMF

Global Image care

UBF

WEC + 침례교해외선교회

WEC + MMF

치의선

누가회

SIM + 누가회

무소속

5) 훈련

55명 중 46명이 다양한 훈련 기관서 훈련 받음

6) 신학 과정

55명 중 22명이 신학 과정

7) 기타 교육과정

　　16명이 선교학, 사회 복지, 문화 연구 등 다양한 과정 수료

8) 사역 기간 — 여러 사역지 포함

　　55명이 응답한 것을 나누면 평균 10년, 간호사들이 11.9년,

　　의사가 9.2년, 전체적으로 1년에서 28년까지 다양

9) 사역 형태

　　의사는 단독 사역이 5, 팀 사역이 15, 현지 기관이 2,

　　팀+국제 기관 2, 팀+국제 기관+현지 기관 2, 팀+현지 3,

　　국제+현지 기관 1

　　간호는 단독 사역 3, 팀 사역 8, 현지 기관 2,

　　단독과 현지 2, 팀 + 현지 2

　　치과는 단독 사역 1, 팀 사역 3

　　한의는 단독 사역 1, 팀 사역 1

　　기타 팀 사역 3

　　전체적으로 단독 사역이 10, 팀 사역이 30 그리고 여러 형태

10) 선교사 애로 사항 — 복수형

　　(1) 관계

　　가족 관계 (6)

　　자녀 교육 문제 (14)

　　동료들과의 관계 (12)

파송 교회와의 관계 (2)

현지인과의 관계 (10)

기타 (5)

(2) 사역

의료 인력 부족 (24)

기타 의료 자원 부족(약, 의료기 등) (10)

재정 문제 (17)

건강 문제 (8)

심리 문제 (4)

위험 문제 (8)

현지 환경 문제(날씨, 음식, 교통 등) (13)

일이 양이 너무 많음 (7)

레크리에이션 부족 (10)

11) 한국 교회 및 의료계에 협조를 바라는 사항

의료 인력 지원 (21)

재정 지원 (18)

의료 자원 지원 (20)

컨설트 네트워크 (22)

온라인 원격 진료 시스템 (8)

의료 교육 (20)

기타 (5)

12) 선교사로서 좋은 점

　　현지인에게 복음을 전하는 기쁨 (39)

　　현지인을 치료하고 도우며 느끼는 보람 (47)

　　현지인을 교육하며 얻는 보람 (37)

　　좋은 동료들을 얻게 됨 (34)

　　한국 후원자들과의 관계가 좋아짐 (19)

　　가족 관계가 더 좋아짐 (24)

　　기타 (7)

13) 의료 선교 활성화를 위한 제언

　　― 아래에서 설명

　이것을 분석해 보면, 설문지를 낸 55명 중 의사 28명, 간호사 17명, 치과 4명, 한의 3명, 약사 2명과 기타 1명이었다. 연령은 1941년도에서 1974년 사이로 평균 나이 51~52세이며, 이는 시니어 사역자들이 있어 더 그렇게 보이지만 젊은 선교사들이 부족하고 헌신하는 나이가 늦은 것으로 생각되며, 앞으로 시니어 사역이 더 많아지면 평균 나이는 더 증가할 것으로 보이며 우리 모두 젊은 사역자 발굴을 위해 같이 노력해야 할 것이다.

　미혼이 8명 있고 파송 기관은 23종류(두 기관 이상 파송 받은 것 포함)이고, 그 중 두 기관 이상의 파송 받은 분이 7명이며 파송 기관이 없는 분도 7명이었다. 기관 중에는 인터서브가 가장 많고 다음으로 WEC선교회 합동, 고신, 누가회와 치과의료 선교회의 공동 파송들

307

이 있었다. 이와 같이 의료 선교사가 다양한 기관에 흩어져 있어 협력과 집중성을 만들기에는 어려움이 예상된다.

훈련은 46명이 3개월 이상 다양한 곳에 받았고, 22명이 신학 과정을, 16명이 선교학과 다른 과정을 했다. 평균 사역 기간은 간호사 11.9년, 의사 9.2년이고, 치과/한의/약사는 수가 적어 분석하지 않았고, 전체적으로 10년이었다. 사역 형태는 단독이 10, 팀 사역이 30이고, 그 외 국제 기관과 현지 기관에서 다양한 형태로 일하고 있었다.

애로 사항은 복수의 선택이 가능했는데 관계에서 어려움을 호소한 선교사들이 가족 관계에서 6, 자녀 관계에서 14, 동료 관계에서 12, 파송 교회와의 관계에서 2, 현지인과의 관계에서 10 그리고 기타 5였으며, 사역에서는 의료 인력 부족 24, 약과 의료 기기 등의 자원 부족 10, 재정 부족 17, 건강 8, 심리적 어려움 4, 위험 문제 8, 현지 환경 문제 13, 일이 많다고 하신 분도 7이나 되었으며, 레크리에이션(오락)의 부족 10명 그리고 기타 4명이었다.

한국 교회와 의료계에 바라는 것은 의료 인력 지원 21, 재정 18, 자원 지원 20 자문 네트워크 22, 온라인 원격 진료 8, 본인과 현지인 의료 교육 20 그리고 기타 5이었다. 선교사로서 좋은 점은 현지인에서 복은 전하는 기쁨에 39, 현지인에게 도움 주는 보람에 47, 현지인 교육37, 좋은 동료 34, 한국 후원자들과 19, 가족 관계 24 그리고 기타 7이었다.

의료 활성화를 위한 제언은 매우 다양하다. 지역적 균등 분배, 시니어 인력 활성화, 규칙적 선교대회, 팀 사역 활성화, 온라인 원격 진료, 네트워크, 파트너십 배양, 정보 공유, 기도 제목 나누기, 한국 전문 인력이 연중에 방문하기, 현지 의료 교육 시스템 개발, 후원 그룹과의 연결, 선교 모니터링과 평가 시스템, 구태의연한 사역 탈피, 비거주 선교, 전문 의료 개발, 의료 선교 연구소, 관심자와 헌신자 연결, 전문인 선교와 의료 선교세미나, 지역별 및 직능별 네트워크, 병원 중심 사역 등 매우 다양한 바람이 표출되었다.

　　선교사들이 고령화되어 가고 있고 젊은 인력이 부족하며, 선교지에서 무엇보다 우선적으로 사람을 필요로 하고 있다는 점을 인식하고 한국 교회와 선교단체들도 그 문제를 공동으로 해결하도록 노력해야 할 것이다. 기타 애로 사항과 필요들도 가능한 채워주도록 하려면 연합과 협력이 필수라고 생각한다.

　　선교사들의 어려움을 해결하기 위해 의료 선교대회를 마친 이후에 필자가 우선 한 일은 기존의 의료 선교사, 700의료선교네트워크 카톡방을 더욱 활성화 하는 것이었다. 그곳에 선교사들은 자신들의 필요를 올리고 있다. 그리고 선교사 자원 공급 면에서 선교 헌신자들을 카톡방에 모으고, 선교사들의 요청을 그 카톡방에 올리고 기도 제목도 나누며 선교사들과 직접 교류하도록 연결하였다.

선교 리더십과 멤버십 설문 조사

2012년에 어느 선교기관에서 설문 조사를 한 것이 있다. 리더십과 멤버십에 관한 것으로 다양한 질문을 만들어 질문을 하고 답을 들었다. 더 많은 선교사들이 있었으나 실제 설문 조사에 참여한 분들이 많지 않았다. 그래도 많은 선교사들의 상황을 직접·간접으로 이해할 수 있었다. 일반적인 질문을 1~10점으로 해서 본인이 추정하는 점수들을 받아서 평균하여 점수로 환산하였고 점수가 아닌 것은 사람의 수이다.

1. 23명의 설문 조사
   (평균 13.4년 차 , 10년 차 미만 10명, 10년 차 이상 13명)

2. 사역 지역은?
   (4명은 지역을 표시하지 않음)
   1) 라틴 아메리카 1
   2) 유럽/아프리카 3
   3) 중동, 중앙아시아, 러시아 4
   4) 동서남아시아(필리핀/인도차이나/인도) 11
   5) 동북아시아 (일본/대만/중국) 1
   6) 기타 3

3. 우리 기관은 아래 어느 것에 가장 가깝다고 생각하십니까?
   (가까운 것에 ○표)

   1) 가족 6

   2) 회사(회사 동료) 8

   3) 친목회(친구) 3

   4) 군대(상관과 부하) 0

   5) Parachurch(동료 간사) 6

4. 기관은 나에 대해(장단점, 재능, 달란트, 리더십…)에 잘 알고 있는가? (4.5점/10점)

5. 기관의 전체적인 선교 점수는? (6.4점/10점)

6. 기관이 권위적인가(부정적 의미),(없으면 0, 매우 권위적이면 10점)?
   (4.9점/10점)

7. 기관의 최대 강점(장점) 2~3개는?
   자율성(5), 수용성과 포용성(4), 선교사 인력이 좋고 많다(3), 동일 문화(2), 많이 알려짐(2), 멤버 케어(2), 다양성(2), 조직적(2), 다양한 사역(2), 수평적(2), 열린 마음(2), 개인 존중(2), 섬기는 마음(2), 사람 중심(2), 그 외 복음적, 법인 존재, 선교 원칙 충실, 교회 개척의 다양성, 팀 협력, 대화성, 충분한 이해, 상호 감시, 신사적, 융통성, 개인의 자질, 따뜻함

8. 기관의 최대 단점(약점) 2~3개는?

소통 부족과 통로(5), 행정 부족과 중심(5), 리더십 부재(3), 케어(3), 조직 부족과 무시(3), 전문성 부족(2), 너무 자율(2), 교육(2), 책임감 부족(2), 거시적 단체 정책 부족, 후원(2), 은퇴 후 대책, 리더 훈련 부족(2), 팀 사역(2), 그 외 선교 전략 부재, 질서가 없음, 공동체적 비전, 선교의 다양성 부족, 도움 부족, 관리 부족, 공감대 형성 부족, 변화 싫어함, 성령 인도 부족, 드라이한 모임들, 각개전투, 보호막이 없다. 동질감 부족, 다양성, 훈련 부족, 권위에 순종 부족한 구조

9. 가장 변해야한다고 생각하는 2~3개는?

리더십 양성(5), 의사소통 체계(3), 리더십 책임, 케어와 교육(5), 재정 후원 시스템(3), 팀 구조(2), 기본 강조(2), 전문성(2), 리더 선임(2), 그 외 의사소통의 하향식 및 불투명, 팀 사역 실패, 총체적 사고, 현장 중심의 전환, 약속된 내용에 순종, 대화 채널의 체계화, 공동체성(2), 세계화에 대한 인식, 열린 자세, 자기 계발, 기득권 포기, 변화에 대한 결정과 행동, 책무 교육, 사역 전략, 전통과 변화의 균형, 큰 그림의 미래, 평가 및 인사 기록과 전달, 견해차 극복, 사역 연구, 예배 중심, 공동체성 회복, 훈련원, 투명성, 정체성 부족, 독립적 태도, 토론의 지나침, 필드 지원 시스템, 합리성 부족

10. 핵심 가치 점수와 모델 선교사

구분	내용	현재까지 우리의 핵심 가치 수행 점수 (0~10점)
1	하나님 나라의 관점과 협력	6.1
2	전인적 성숙	5.3
3	개척 정신	7.0
4	자립과 지속 가능성	5.7
5	다양성 속의 일치	5.9
6	의사소통과 사역의 투명성	5.4
7	규범 준수	5.8
8	공동체성	5.4
9	교회에 대한 존중과 협력	7.0

11. 기관에 대한 헌신 점수는? (6.8점/10점)

12. 기관과 서로에 대한 신뢰 점수는? (6.7점/10점)

13. 본인의 선교 점수는? (6.95점/10점)

14. 본인의 행복 지수(만족도) 점수는? (6.8점/10점)

15. 기관을 떠나겠다고 생각한 적이 있는가?
   1) 전혀(4) 2) 5번 미만(14) 3) 5~10미만(4) 4) 10-20미만(1) 5) 20번 이상(1)

16. 기관을 떠난다면 가장 큰 이유 2개는?

의사소통 및 케어의 부족(6), 갈등(5), 소극적 해결 방식(3, 공정성 부족), 리더십 부재와 실망(2), 권위적인 태도들(2), 비전의 차이(2), 그 외 머물 이유를 찾지 못할 때, 소명 따라, 사역이 힘들어서, 성령 부재의 건조 분위기, 규정을 지키지 않고 자의적으로 해석, 본인상황, 조직의 횡포, 사역에 대한 평가와 도움이 없을 때…, 사역자간의 협력 어려움, 대처 능력 미숙, 선교를 떠날 때, 왕따, 개인적 이유, 공동체에 대한 방식과 중요성 차이

17. 지난 동안 기관 내에서 가장 즐거웠던 이유는(2~3개)?

동료 섬김과 나눔(7), 공동체 일원의 확인 및 교재(6), 모여서 놀 때와 수련회와 팀의 공동여행(5), 컨퍼런스나 팀 리트릿(5), 좋은 멤버들을 알게 됨(4), 섬기는 리더십의 경험(4), 복음 사역 감당과 열매(3), 태포(2), 그 외 격려, 수평적 대화의 가능성, 팀 사역, 세미나에서 배운 내용 적용

18. 기관에 몸담고 있는 동안 가장 실망스러웠던 이유는(2~3개)?

멤버 케어 문제(5), 의사소통 부재(4), 갈등(4), 정치적 성향(2), 행정 미비(2), 권위와 규정 부인(2), 공정하지 못한 일 처리(2), 그 외 준비 부족, 대인 관계, 후원, 인정받지 못함, 전문성의 결여, 대표들끼리만 의사 결정, 떠나고 싶다고 해도 무반응, 리더십에 대한 실망, 과정 없는 결정, 개인의 이익을 더 추구, 팀 웍의 부족

19. 지난 1년 동안 본인의 성장률은? (5.9점/10점)

20. 기관이 본인의 성장에 기여한 부분은? (4.6/10점, 0점도 3명)

21. 본인의 선교는 어느 정도 성장(진보)하였는가? (5.6점/10점)

22. 현재 기관의 리더십은 몇 점도라고 생각하십니까? (5.8점/10점)

23. 10점 만점에 최소한 어느 점수면 좋은 리더로 볼 수 있습니까? (7.2점/10점)

24. 대표가 된다면 꼭 해보고 싶은 일들 2가지는?
멤버 케어(5), 필드 일주 및 방문(3), 전체 수련회(3), 멤버십 강화(3), 행정 체계 재구축, 훈련(2), 지역 교회 관계(2). 리더십 배양(2), 전도(2), 그 외 연구, 간사 처우 개선, 지역별 수련회, 조화로운 팀 사역, 심리적 치료, 세대 교체, 타 단체 방문, 재정, 전문성, 기도운동, 심포지엄, 나눔의 장, 원칙 지키기

25. 자신의 재능과 은사를 가지고 제일 해보고 싶은 역할 1~2개는?
멤버 케어(9), 리더 지원 및 발굴(3), 행정(2), 상담(2), 훈련원(2), 전략(2), 그 외 팀 리더, 사역 내용 만드는 작업, 필드 선교사, 복음 이야기와 선포, 교회 세우기, 연구, 전략, 조정위원회, 촉진, 재정, 가르치는 일, 중보 기도, 선교사 자녀들 신앙 교육 및 실제 훈련

315

26. 리더로서의 성품과 실력은 어디서 배웠습니까(답은 여러 개 가능)?
현장과 사역(7), 하나님 관계와 성경(6), 선배 리더(5) — 좋은 모델
과 잘못하는 모델 통해서, 강의(3), 책(4), 세미나(3), 교회(3), 좋은
지도자(3), 다른 리더들과 동료 및 후배(3), 선교단체(2), 사회생활
(2), 훈련(2), 그 외 부모님, 경험, 제자 훈련, 글로벌 팀, 학교

27. 리더십으로 섬긴 후의 스스로의 평가는? (7.2점/10점)

28. 리더십 훈련과 개발이 현장에서 실제로 도움이 될 가능성
은? (6.9점/10점)

29. 우리 중 검증이 된 소수의 선교사를 미래의 최고 리더십으
로 집중적으로 양성하는 것은 어떻게 생각하십니까? (6.7
점/10점)

30. 기관 내에서 마음을 터놓고 얘기할 수 있는 친밀한 사람
은? (4.5명)

31. 서로에 대하여 얼마나 잘 알고 있습니까? (5.1점/10점)

32. 비판과 지적에 대해 얼마나 열려있습니까? (5.4점/10점)

33. 기관에서 상처를(부당한 대우, 억울한 일, 저평가 및 잘못된 평가…)

받아본 적이 있습니까?

  1) 없음(2) 2) 5번 미만(14) 3) 5~10번(5) 4) 10번 이상(2)

34. 기관 내에서 상처의 원인을 아래에서 선택해 주세요. - 중
    복 가능

  1) 본인의 실수와 잘못과 부족함 5

  2) 동료 선교사들 10

  3) 팀의 조직(본부, 제도, 역할 등) 7

  4) 사역과 열매 나눔 0

  5) 현지의 상황 0

  6) 기타 0

35. 기관은 본인과 다른 선교사의 상처에 대해 적절하게 잘 해
    결하고 있습니까? (4.5점/10점)

36. 기관이나 기관 소속 현지의 결정은 어떤 방식이 좋다고 생
    각하십니까? (답을 하나만 선택)

  1) 만장일치 6

  2) 다수결(소수는 무조건 다수에 따라야 한다.) 2

  3) 다수결(소수의 합리적인 의견을 최대한 배려) 13

  4) 제비뽑기 0

  5) 끝장 토론으로 결론 1

  6) 기타 : 토론 후 최후에 다수결 1

37. 기관 내규의 융통성 점수는? (6.0점/10점)

38. 선교사는 여러 조건에 상관없이 동등한 자격과 권위를 가
져야한다고 생각하십니까? (6.0점/10점)

책을 정리하며

한국의 선교 역사가 계속 확장되고 젊은이들이 선교에 많이 참여할 수 있는 기도 제목이 꼭 이루어지기를 바란다. 이론도 중요하지만, 더욱 중요한 것은 현장에서 순종하며 사는 것이다. 생애 동안 적어도 한 번 이상은 6개월에서 2년 사이의 단기 선교를 경험해보기를 권면한다. 나아가 하나님의 부르심을 따라 장기 선교사로서 살면 더욱 좋을 것이다.

필자가 장기 선교사로서 개인적으로 이 땅에서 받은 대표적인 축복 두 가지가 있다. 하나는 하나님의 말씀을 현장에서 새롭게 깨닫고 이해하고 적용하는 것이었고, 다른 하나는 하나님의 마음을 실제에서 느끼고 공감하는 것이었다.

예수님은 "누구든지 나를 따라오려거든 자기를 부인하고 자기 십자가를 지고 나를 따를 것이니라"(마16:24) 라고 말씀하셨다. 예수를 믿으면 예수님을 따라가면서 그의 자녀요 제자가 되는 것이다. 그런데 그런 이들에게 요구되는 것은 자기 부인과 자기 십자가를 지는 것이다. 예수님 자신이 그렇게 사셨기에 우리에게도 당당히 요구하신다.

부디 이 책을 읽고 행동하는 신앙인으로서 선교지 중심으로 살면 좋을 것이다. 그리고 주시는 선교적인 축복을 이 땅에서와 오는 천국에서도 누리기를 소망한다.

Follow me.